评课到底评什么

王小庆评析名师课堂

王小庆 著

长江出版传媒 | 长江文艺出版社

前　言

　　有一次，我所在的区教研室组织教师去观摩杭州市拱宸桥小学的校本培训。在那里，我观看了王崧舟君教授的《长相思》一课。这堂课使我大开眼界。我没想到一个老师可以这样上课。这样的课堂似乎不属于教育教学，它应当是一种艺术品才是，同时也是教师自己对生命的一种追问。

　　观课之后，我写了一篇题为《精神的诗学还是诗学的精神》的长文，表面上是以福柯的理论套证崧舟君的课，暗地里却潜伏着对他孤寂而高贵心境的认同与欣赏。

　　老实说，我们平日的课堂，大多只传递着知识，甚至只传授着应试的技巧。尽管有一种时髦的口号叫"课堂为天"，但对课堂的理解，却囿于教法技巧，而忽略了教授的内容，更忽略了课堂的生态，我们顽固地抱持着工具主义的论调，不愿理会课堂中学生（也包括教师自己）的生命状态。

　　因此，我们对课堂的评论也往往淡而无味，只隔靴搔痒地做一些技术上的分析，或者从设计的层面提出一些改进的建议。这使得我长期以来对所谓的评课很是不屑——

　　　　以技术的论调来分解他的课堂艺术是愚蠢的，正如我们不能以文章结构和字词安排来判断鲁迅作品的优秀一样；而东施效颦般地"学习"王崧舟的课堂教学方法更是可笑的，因为这样做，只能说明我们是以一种低俗的眼光看待艺术，以一种工具主义的论调亵渎艺术的人文主义精神。审视王崧舟的课，我们不能仅仅关注可以"学到什么"，更要反思他的课堂教学思想，反思他作为一个矛盾的人是如何将课堂作为载体，对语文教学乃至人的教育进行探索的。

崧舟君读到了我的课评后，相见恨晚，当晚就请我在西湖边喝茶；而祖庆君则组织学校的老师"学习"我这篇课评。这不免使我十分得意，从此像发现了新大陆那般，开始关注教育"人文"，隔三岔五地在"公开课"中寻找灵感，并随机写些评点文字，试图在课堂中找到一度失去的"精神家园"。

没错。倘若你仔细观察，你还真能发现不少具有探索意义的课堂——以及课堂背后教师独到的思想与个性。

譬如郭初阳君的课，不仅具有艺术的张力，更涌动着思想的潮流。他的课，具有对社会观察的敏锐力以及对人生指导的穿透力。

譬如周益民君的课，从民间来，到民间去。他将"民间"和"儿童"这两种文化有机地融合在课堂内，喜闻乐见，同时又蕴含丰富。

譬如丁慈矿君的课，仿佛是一位前朝遗少的学问播讲，教师的举手投足无不散发着"古色古香"，他的课，能带给人一种古雅睿趣的体验。

这样写着写着，不久便积聚了不少文章。

对于我的"反技术"课评，许多朋友并不以为然。譬如蒋军晶君就指责我的评课"不接地气"。老实说，我自己也很惶恐，觉得这样做对一线教师似乎没有实际的帮助。不过，后来有一位朋友替我解了围，说一堂课之后的第一轮评课，须让普通教师习到"招数"，第二轮评课，须让教师明白课堂背后的"课程"和"教育"理念，第三轮评课，则是让他们感到其中的文化念想。他的言下之意，是我所做的工作不仅没有白费，还具有一定的档次。我听了之后，不禁心花怒放，虽则心里明白，若真在现场，我恐怕连上场点评的机会都不会有。

话虽如此，对评课文章的写作，我一直是小心翼翼。这不仅是因为虚心，更是因为心虚。

首先，我很清楚地知道，我的学问和见识不足以让我的评课文章展现一种教育的典型面貌。我不是一个研究者，所以没有足够的课堂案例储备，所谓的课评，也是随性而至，只能算作"散论"，不能给读者以系统的参考。读了这本书，诸位恐怕会问：为什么要专挑"名师"的课堂？为什么只关注"公开课"？按理说，我们评的课，不只是名师的课，也应包含草根教师的课；不只是对"公开课"进行评述，更应对"常态课"发表看法。但我的评课文章，却似剑走偏锋。这些问题，说句老实话，我也回答不了。兴许是因为站在巨人的肩膀上，不仅可以让你看得更高、更远，还可以让更高、更远的人看到你——以为你也很高、很远。

其次，我对新课改提出的"生本主义"一直不够自信。虽然在理论上我举双手赞成，坚持其政治的正确性，但具体到精耕细作时，却往往言不由衷，言行不一。落实到评课文章，常感到有一种"教师中心主义"在统领作怪，而忽略了学生的立场。这好比我们虽然明白硬币有两面，但要同时看到这两面，几乎不大可能。

再者，一本书，按理须保持语言风格和行文逻辑的统一，但本书诸篇文章，却未必有这样的和谐美感，框架结构的安排，也未必合理。这是我作文本事不够的体现。或许，在写作时加一点"后现代"的"解构"之法，或者采取"读者反应论"的批判视角，会使评论增添一种时尚与深刻——但这样一来，又不免"远离初心"，陷入了文字的游戏之中。

近些日子，在反观自己的课堂观时，我忽然发现自己一直在"前评课时代"踌躇不前，而从未真正踏入过"后评课时代"。

所谓的"前评课时代"，大约是以课堂为中心——无论是用技术去分析还是用人文去发扬。课堂自然离不开它固有的几个要素：学生、教师、教材、方法、媒介，因此，所有对课堂的评述，都围绕着这些要素之间的关系而展开。其中，人的状态与追求，又是最具核心价值的。因此，评课便不该在技术的层面游走徘徊，而应透过课堂来剖析人的精神世界，从人的立场审视课堂内的细节和故事。

从这个意义上讲，"前评课时代"是从"人"的角度体味"课堂"。但我们不能不注意到，无论是人还是课堂，其实都是社会生活中的一个细小案例，仿佛大海中的一粒微尘。微尘存在的意义，除了建设自己，还应让大海更加丰富，更加有质。

于是，我近来愈发向往走入"后评课时代"——即试图建立课堂与社会之间的话语通道，以一种历史的视域、社会的责任，打通课堂教学与社会生活间的隔阂，使之形成深度对话，引发广阔思考。

这意味着，理想的评课必须怀抱建立类似"教育批评"的话语模式的野心。当然，凭我的学识，要做到这一点殊为不易。因为"教育批评"需要的不仅是立场、格局和观念，也需要必备的术语系统。我承认，我并不专于学术，但我希望我对课堂的看法和写法，能挤开一条缝，让外面的光线透一点进来。

这大概就是所谓的"新视野"吧，但愿我对于"新视野"的开拓努力，能引起人的注意，予人以启发。

王小庆

2022 年 3 月

杭州观旆轩

目 录 | CONTENTS

239　叁　课例实录

壹

新立场
新态度

无论是教师的教，还是学生的学，究其根本，是为了达致一种对于他们自身及周遭世界的理解。因此，观察课堂，其实就是观察课堂背后的价值诉求和理想追索，而不仅仅是技术与方法的运用。这或许是一种全新的评课立场或视角，也是我们对课堂精神的一种理想诠释。

评课：评价、评论与批评

一

有一次，王荣生先生提到，我们应当建立像"艺术评论""文学评论"那般的"教育评论"。他说这话时，学术底气十足，又显出深厚的理论修养。他的《语文科课程论基础》，便是对现今语文教育的一种入木三分的分析，而不仅仅是一种学问的入门书。而他后来写作的《听王荣生教授评课》，更是将其自身的理论运用到对课堂教学的观察之中。

但是我们一般的人，对于课堂教学的议论往往发乎我们对课堂的直观感受——当然，这种感受也是相当要紧的。而且，在我们评课时，我们还会不由自主地落入如下几个窠臼，而不若王教授那般高瞻远瞩、视野新异：

其一是以为评课就是"评价"。"评价"对授课教师影响甚大，因为一评价，课便要被定性；再具体点，被定性的又包括他的学科素质如何，他的教学程式如何，他的"教学智慧"如何，他的"以学生为主体"的意识如何，等等。这些评价，兴许直接导致了这位教师在学校中的地位，以及他日后在授课中能否有勇气继续保持其个性。当然，从教学的眼光看，这些评课的内容似乎名正言顺；但是评课一旦是为了"评价"，便有失公允，因为在此过程中，往往缺乏对话的精神，授课者自己通常被"噤声"。于是，所谓的评课，更像是一种"公审"。鉴于此，当下许多教师（包括专家）在评课时非常注意分寸，"七分优点三分问题"，或者顾左右而不着边际。评课的目的并未改变多少，只是其过程却成了和稀泥。

其二是不看课型笼统评课。按理说，汇报课、展示课、研究课、示范课、竞赛课，不同的课型需要我们有不同的评判角度。但事实上，我们却以差不多的模棱两可的标准，议论这些不同类型的课。譬如说，青年人的汇报课，重在检验其教学常规的运用程度，若以"课堂节奏""师生文化"当作评判的要素，会使他们的课看起来一无是处；反过来讲，如果我们以教学的技法去评价那些名师的课，也往往会吃力不讨好——因为你能说出来的好话，名师并不受用，他们的课的精神远不在你说的那些层面。

其三是技术主义的横行。评课的技术主义，简单地说，就是一切以教学的"有效性"为纲。其实技术主义并非一无是处，至少对于规范教学、优化管理、提高应试成绩十分有好处。譬如有人就认为观课议课的操作程序是以课前说课议课为起点，以课堂观察为基础，以课后议课以及反思改进为核心①。有了这三个环节，何愁实现不了"教学有效"？只是我们不能忘了，课堂同时是一种艺术性的生成过程，其中包含了师生借助教学而做的人生思考、理想追索；而这些东西，早就脱离了"教学"，成为一种范梅南所说的"即席创作"。因此，倘若一味地以技术化的眼光看待课堂教学，我们的评价只能浮光掠影，只能以"客观"而冷酷的面容应对课堂里随时发生的令人激动的生活内容，从而消解了课堂中"人"的因素。

二

产生以上现象的原因，我想大约有两个。第一是对于评课，我们其实是缺乏理论的，我们所谓的各种评课标准，实乃以教学管理、课堂技法为出发点，也以我们自身的授课经验为参考。评课是一门学问，需要我们专门习得和研究，而不是随心所欲发表议论，或者拿些条框进行套用。正如我们会做菜，却未必懂得欣赏美食，我们虽有教学的经验，但评论课堂教学到底是另一码事。第二是我们无论在观课还是评课时，都拘泥于"教育

---

① 胡燕，樊允浩，李影，等. 近十年来关于听课、评课研究的相关综述 [J]. 创新与创业教育，2010（5）：63-64.

教学"，尤其拘泥于其中的工具论调，而缺乏一种文化的视野，故对课堂内外所发生的事件，唯以为是为了推进教学，殊不知它还包含着其他如历史、社会、伦理等诸种文化要素。简单地说，我们对于课堂的研究，尚处于狭隘的、低层次的层面。"听课评课只是为了满足于教师改善自己的教育教学水平或帮助别人改善教学，而这种改善只是从自己的教学经验出发，而不是把别人的课堂当作自己研究的场域。"① 是的，什么时候我们把课堂当作自己"研究的场域"，什么时候我们才有可能打开一扇窗户，直抵一个新世界。

那么这个"新世界"到底是什么样的？我大抵以为，无论教师的教，还是学生的学，其实都是表面化的行为。他们是人，因此他们所做的，究其根本，是为了达致一种对于他们自身及周遭世界的理解。因此，倘若我们有些时候（不必总是）跳出学科，或者跳出教育，以人的高度来观察他们的课堂，兴许我们能发现更多的课堂背后的价值诉求和理想追索。这不仅是一种评课的全新视角，也是我们对于课堂精神的一种理想诠释："只有当教师的存在以一种个人的方式体现在课程当中时，只有当他或她能够让大家看到这门课程与他或她的个人生活之间存在着一种活生生的关系时，课堂气氛才能从死板的权威或约束转变为生气勃勃、充满活力。"②

如此一来，我们对课堂教学的评价，便不须专心于教育教学的技术分析。苏州的黄厚江先生将评课的视角定位为哲学、教育、学科、社会学、课程发展、美学等十一种，虽未必合乎学理逻辑，但也为我们的评课提供了一种思路。譬如他认为：按"教育视角"去评课，我们会关注教学对学生成长的影响，故"生命""人格""性格""心理"等是常见的关键词；而按照"美学视角"去评课，则会特别注重课堂的和谐美和节奏美。③ 这

---

① 胡燕，樊允浩，李影，等. 近十年来关于听课、评课研究的相关综述 [J]. 创新与创业教育，2010（5）：63-64.

② [加] 马克斯·范梅南. 教学机智——教育智慧的意蕴 [M]. 李树英，译. 北京：教育科学出版社，2001：262.

③ 黄厚江. 评课的多重视角及策略选择 [J]. 语文教学通讯·D刊（学术刊），2011（1）：22-23.

些说法，我是十分赞成的，虽则我们在具体评课的过程中，未必会套用这些专业的说法。一句话，若我们对课堂教学的评论采用"非学科""非教育"的视角，我们往往会有意想不到的思想收获。

由此，我顽固地得出结论：在评课时，我们需要"说三道四"，或曰"浅入深出"，不仅要以教学论的眼光来观察和评论课堂的"有效性"，更要挖掘其背后的文化动力。就像罗刚淮先生说的，"当我们把课堂教学推远成一部戏剧或者电影，从旁观者的角度审视，似乎更能发现教材、教师、学生以及其他元素在课堂这个特殊活动中的角色和作用，更能明晰课堂教学中教师该如何回归本位。……原来他们是在进行着课堂文化的重构"①。既是文化的重构，便一定要看重人（教师和学生）在课堂内的行为和作用，审视他们通过课堂反映出来的思想变迁和交往特性，甚至包括社会、时代对他们这些行为所造成的实际影响。唯其如此，我们的评课，方可有王荣生教授所说的"教育评论"的味道，也方可提升评课者自身的文化力。

三

不过，对评课这桩事能否算作"教育评论"，我还是有点心存忐忑的——毕竟"评论"颇具学究味。故而，我宁愿用"批评"两字。

相比评论，批评显得大众化、世俗化。至少大家都可以自恃对教育的关心，而随意借批评的名义对它指手画脚、说三道四。有一次我参加一个语文教学活动，其中有老师道：语文是一门谁都可以发表意见、进行批评的课。这话令我十分尴尬，因为我虽然不教语文，却也做着她所指责的活儿。至于"教育批评"的说法，1995 年即已有之②；2000 年，北京的刘生全先生还对其进行了一番概念上的阐述，认为教育批评"指的是现代社会

---

① 罗刚淮. 由评课谈课堂的文化重构 [J]. 中小学教师培训，2011（9）：52.
② 彭银祥. 教育批评与教育观念现代化 [J]. 教育评论，1995（6）：7-9.

中教育与社会之间的一种具体互动形态"①。互动的提法，很有道理，也十分鼓舞人，于是我便想，正因为我不教语文，所以对课堂的评论才会形成一种"互动"，能多少为语文教师提供一种思路。

这或许就是批评的魅力：它虽或没有像评论那般四平八稳，也不能显出知识掌握的丰富，但正因为它的"一孔之见""缺乏公正"，反让它具备了个性化的思想力度，并产生了更有价值的观点碰撞。

然而，事实上，我们对批评一直以来都带有如下成见：

第一，批评是有目的的。教育批评的功能，是革除教育的弊端、促进教育的发展。这是大多数立志于教育的人的基本想法。一句话，他们的教育批评，源于教育，走向教育。这种观点很容易得到传统的教育理论者的呼应。刘生全先生在《论教育批评》一书中又具体将这些功能划分为正功能和负功能两种②。但这样的功能划分，实际上是出于一种功利的眼光，即通过教育批评，来有效（或者无效）地干涉教育的政策制定和行为实践。于是，评课之中，我们便始终不敢忘记帮助教师改进教学这一根本目的。

我想，批评既然是"教育与社会之间的一种具体互动形态"，它便不仅可以批评教育，也不妨用教育的视野来批评社会、批评人生。互动毕竟是双向的，因而教育批评的目的，当不局限于教育。有些时候，倘若持有"非教育"的眼光，我们或许可以看到更多的本质道理。故教育批评的功用，实在可以更宽泛、更深入。

第二，批评是客观公允的。做理论的人，大多以为自己做研究时科学而公正。这是值得讨论的，因为批评既由个人发出，便势必带着个体的理想，要想做到公正，或者甚至想建立一种大家都认同的标准乃至权威说法，实在是批评者的非分之想。艾略特（T. S. Eliot）在《批评的功能》一文中就说过，艺术的创作并不需要什么目的，而艺术批评却常常宣称在考

---

① 刘生全，孟春莲. 教育批评的功能与回应 [J]. 高等师范教育研究，2000（6）：65.

② 刘生全. 论教育批评 [M]. 北京：教育科学出版社，2006：114-118.

虑一个目的，即"对艺术品的解释和对鉴赏趣味的纠正"；而偏偏在具体的操作中，批评又莫衷一是，成为"星期天的公园"①。可见，批评既要发生，便不能不带有批评者自己的好恶，也不能不带有他自己的见解和趣味。故我们做教育批评时，不要指望达成一致的结论，也无须"服从理性和批评的规范"。

当然，这样说，并不意味着我就认为批评如骂街，毫无逻辑、道理可言。我反对批评的"公正""客观"，是希望批评能成为一种个人思想的自然流露，虽然这样的流露依然需要逻辑的支撑。

第三，批评是大众的。我一向以为，"批评教育"的行为，可以由社会的民众随意发出；但要做"教育批评"，却多少需要学问和思想的支撑。彭银祥博士认为："把对教育的议论、闲话当作一种教育资源来建设，即通过有效激发、高效组合和科学化管理，使这些随机的、零散的、抱怨式的、破坏性的各种'闲话'，变成一种有序的、合理化的高水平的建议、意见、措施和方案，变成一种系统的、全面的、专业化的教育批评，那么，新世纪的整体教育环境，在各种积极的、建设性的、有序的、量大势强的教育批评的帮助下，将会变得更加和谐、健康、积极和充满生机活力。"② 这番宏论虽然因为其对教育的满腔热情而对社会之于教育的"闲话"采取了积极的包容态度，但他的"系统的、全面的、专业化的教育批评"的提法，仍使我感触良深。至少我们从中可以看到，他对教育批评的大众化趋势仍是忧心忡忡。

不是说大众化的教育批评不该发生，但那些批评，大多是对现象的描述和点评，并未深入到借助教育来观察社会、观察人生的地步。因此，严格地说，它们不是批评，最多叫"解释性行为"。平日我们对于课堂教学的各种议论，貌似灿烂如云，实则多未触及课堂的灵魂，更不用说从课堂的教学引发对人的思考了。所以，这种"批评"，只能算是"描述"或

① [英] T. S. 艾略特. 批评的功能 [C] //李赋宁. 艾略特文学论文集. 南昌：百花洲文艺出版社，1994：66.
② 彭银祥. 回眸与前瞻：世纪之交的教育批评 [M]. 长沙：湖南师范大学出版社，2000：260-261.

"议论"，不具备学理上的逻辑和内容。托多洛夫认为："解释性行为要比批评更为普遍，同时，从某种意义上说，批评所关注的是使这种行为专业化并阐明在其他地方不过是一种无意识实践的东西。"① 要建立教育批评，我们便不能不从这些解释性的行为中脱身出来，做到"系统而专业"，以历史的眼光，考察教育现象背后的伦理价值变迁、师生在社会中的文化身份、教学中的人际关系、教育中的人的生存状态及精神探索，等等。考察这些东西，可以使我们摆脱教育对我们的思考和写作造成的话语束缚，从而将对教育的理解，引申到对人生和对世界的理解。

因此，哪怕对普通的一堂课的评析，我们也可以"浅入深出"：不仅从技术的角度来观察课堂，而且以人的发展历史来审视课堂教学中的诸要素。课程建设、教学手段、学习方式不是孤立存在的，而是社会和历史的产物，也是文化的产物。故而，"批评是一般文化史的组成部分，因此离不开一定的历史和社会环境"②。教育的批评，也必须顺从文化的发展，要从教育的现象来阐明批评者自身的立场和观念。

于是，教育批评，如同艺术批评一样，具有了创造的张力。它不再是"就事论事"，而从教育出发，通过社会学、人类学、美学或哲学，深入到一门学问所能触及的精神核心，从而引发更为广阔的思考。"批评的任务……更重要的是要创造性地去研究它在不同的关联域中（的）意义，而这种意义是无限地发展的，从而为批评的创造活动提供了广阔的天地。"③ 有人指责"传统的听课、评课活动很少具备能为教师专业发展提供支持的元素"④，我想，其中的原因，恐怕是教师并未将教育批评上升到学理的层

---

① ［法］托多洛夫．批评的批评［M］．王东亮，王晨阳，译．北京：生活·读书·新知三联书店，1988：前言 1.

② ［美］雷纳·韦勒克．近代文学批评史：第一卷［M］．杨岂深，杨自伍，译．上海：上海译文出版社，1997：10.

③ 一部眼界宽宏的文学批评专著——《批评的剖析》译序［M］// ［加］诺思罗普·弗莱．批评的剖析．陈慧，袁宪军，吴伟仁，译．天津：百花文艺出版社，1998：4.

④ 郭威．课堂观察的实践探索及其价值分析［J］．教学月刊（中学版下），2009（5）：8.

面，也并未将批评作为发展自己的动力。

华兹华斯有一句名言："A false or malicious criticism may do much injury to the minds of others; a stupid invention, either in prose or verse, is quite harmless."（一种虚伪而恶毒的批评或许会大大地害人；一件愚蠢的创造品，譬如散文或诗歌，却往往是无害的。）聪明的批评者是不会为难自己的，他不会只在教育的角落里画地为牢，而会不断开拓新的领地；批评与它的对象正面冲突，不利于它的生存和生长，故要寻求一种广阔的空间，并认认真真地研习历史，研习人生，研习世界，从而与批评的对象和平相处，达致真正的和谐。

（原载《江苏教育研究》2019-12B 期）

"课堂关系学"刍议

我总是觉得，课堂教学的过程，其实就是建立关系的过程。

当然，这里说的关系，含义相当广泛：有知识输入与输出的关系，有技巧学习与素养生成的关系，有学习与生活的关系，有当下与历史的关系，有教师与学生的关系，有课堂内外各种权力的对抗制衡关系……这些关系错综复杂，浩浩荡荡，推动课堂教学的不断发展，并沿途形成了各种"教学模式"，让初进课堂的新手教师（novice teacher）不知所措，同时又心向往之。

不过，或许我故弄玄虚了。因为课堂内所有的关系，都可以简简单单地概括为两个字——

生态。

> 课堂生态系统是社会生态系统的子系统，教师和学生通过扮演一定的社会角色进行社会交往，产生相互作用，最终以课堂教学互动的形式予以体现①。

好的课堂生态，可以让各种关系沿着正向积极的方向发展；不好的课堂生态，即便你在细节上做得四平八稳，也难保学生不对你的教学生出厌恶之情，在课堂内不是打瞌睡，便是偷看闲书，或者干脆嬉笑胡闹、惹是生非。不幸的是，由于"师道尊严"，我们的课堂生态系统果然并非想象

---

① 陈中. 信息化环境下的课堂人际关系：一种生态学分析 [J]. 内蒙古师范大学学报（教育科学版），2020，33（1）：72-77.

中那么完美。

叶圣陶在他的小说《义儿》中有这样一段描写：

> 他的血管涨得粗了，头脑岑岑地响了；一种不可名的力驱策着他奔下讲台，一把抓住了义儿的左臂，用力拉他站起来。义儿有桌子做保障，他两手狠命地扳住桌面，坐着不动；他的脸色微青，坚毅的神采仿佛勇士拒敌的样子。英文先生用力很猛，止将义儿的左臂震摇，桌子便移动了位置；且发出和地板磨擦的使人起牙齿酸麻之感的声音。义儿终于支持不住，半个身体已离开桌子了；桌子受压不平均，忽然向左倾侧。一霎的想念起于英文先生的脑际，以为桌子倒时一定发重大的声音，这似乎不像个样子。他就放了手，义儿的身躯重复移正，桌子便稳定了。课室内的战事于是暂时休止。

义儿这位学生，素爱绘画，以至于上课铃响了仍不知觉。结果，惹恼了英文先生，遂有了上述冲突。显然，此处师生间的关系，早已与学科教学无关。他们之间的斗争，实在是两种不同的阶级阵营之间的斗争。只是英文先生虽然以他自以为的权威迫使义儿处在"弱势"地位，但终究在最后尴尬地败下阵来。而周围的同学看客，不论之前与义儿是否有矛盾，都一致地站在了义儿的立场。

这是我们做老师的很不愿看到的。然而之中的原因却只有一个：师生良好的关系尚未建立，课堂良好的生态尚未形成，故师生冲突迟早都会发生。

我刚做老师时，也经历过上述英文先生几乎同样的遭遇，只是情形还要更惨。当我正要撸起袖子"用力拉他站起来"时，当事学生的几位小兄弟呼啦围将过来，大有与我干一架的气势。我自知不是他们的对手，只好作罢，灰溜溜地退出争端。

这之后，每当有年轻的老师向我吐槽课堂内学生的不良表现时，我都这样劝他们：

"什么话，都别急着说出来；什么事，都别急着做出来。等一分钟，就一分钟，你的言行会发生根本的变化。"

其实，曾国藩也早就这样谆谆教导过人：

"走路宜重，说话宜迟。"

后来，过了许多年之后，我逐渐明白了教育的某些道理，知道做先生的，要始终爱护学生，要懂得教育学生的办法和技巧。但有一个问题却始终悬而不决，那就是：

为什么初入职场几年教出来的学生，与老师的关系最好？

是的，即便当初那些准备对我围殴的学生，后来也与我亲如兄弟。问了一圈周围的教师朋友，大多也有这样的感受。其实，现在想来，这个问题的答案很简单——

关系，或者立场。

当你与学生站在同一立场时，你会想他们所想，乐他们所乐，怨他们所怨。你们的关系，也绝不会因为一些细节上的不和谐而有所动摇。否则，即便你对他们叹一口气，在他们看来，也是一种天大的侮辱，能成为他们自暴自弃乃至离家出走的理由。姜松林老师在他的《语文课堂中人际关系的教育价值分析》一文中也认为："如果交往双方都能满足对方的需要，相互间容易形成接近、友好、信赖的心理关系。如果交往双方不能满足对方的需要，相互间就容易形成疏远、回避甚至敌对的心理关系。"[①]

我在初任教师时，对课堂教学的技法几乎一无所知，但无端学会了老派教授（如四川的蒙文通）的做法。比如，我从来不屑于备课，也不屑于拿着教材进教室，即便拿了，也从来不翻看，因为教材里的内容，在我看来，实在是小儿科；再比如，我喜欢端着一个茶杯走进教室，并且偶尔要耍耍脾气以表示我的与众不同。有一次，不知为了什么生气，一抬手把茶杯摔破了。结果第二日，发现学生买了个新的茶杯放在讲台上……

学生对我的宽容，恐怕源于我与他们之间的"没有代沟"。因此，除了平日的嬉笑玩乐，在课堂内，我也随心所欲地实践自己的想法，真正达

---

① 姜松林.语文课堂中人际关系的教育价值分析 [J].中学语文·大语文论坛，2011（7）：35–36.

013

到了薛瑞平老师说的"给我一个班,我就心满意足了"的境界。一节课 45 分钟,我总是上到半小时就觉得无话可说了,于是就给他们讲文学家和他们的作品,并且给每位同学取了希腊罗马神话中各种人物的名字,并不厌其烦地给他们讲这些人物的传说。

于是,本来是讲授语言知识的课堂,不小心横生出许多乐趣。而这种乐趣,反过来又巩固和推进了师生间的良好关系。

我有一位同事朋友,长得一副明星模样,时尚而有趣,深得学生的喜爱。我在上课时,常听到隔壁的他大声骂学生,学生非但不怨恼,反而与之更加亲密无间。可见,积极而有趣味的师生关系,可以让传统的师德教育失去阵地,同时又能取得比传统的师德教育更好的效果。

以上我啰里啰唆地讲述了一些自己的非典型性教育史,无非想说明:生本的立场能造就和谐的课堂生态,而和谐的课堂生态则可以让课堂的每一个细节具有积极生长的可能。

当然,这只是一个笼统的观念,要具体推进"课堂关系",还需要对一些技术问题进行研究分析。

比如,教室里座位的分布与变换,多少反映了教育公平与教师智慧在具体场域中的实现情况,另外,也能潜移默化地影响师生、生生交往的性质与效果。据说早在 20 世纪 30 年代,魏拉德·沃勒(Willard Waler)就发现,坐在教室前排座位的学生,要么学习上过分依赖老师,要么学习热情过分高涨;而坐在后排的学生,往往是些捣乱的或不听讲的学生。[①]

比如,教师的语言风格与语言密度,多少反映了课堂内"符号暴力"是否泛滥,以及课堂学习的话语权是否合理分布。

这里不得不提及一个重要的概念——对话。"对话是一种创造行为。……没有了对话,就没有了交流,没有了交流,也就没有真正的教育。"这是巴西教育家保罗·弗莱雷在他的《压迫者教育学》中的一段话。其中的道理虽然很清楚,但要真正做到"对话",殊为不易。在一个集权的课堂里,

---

① 徐敏娟. 从教室座位安排透视教育过程均等 [J]. 现代教育论丛, 2007 (6): 42–46.

在一个话语霸权旁落的课堂里，所谓的"对话"，往往都是假的。

江苏宝应实验小学的荀步章老师在他那篇《儿童数学课堂文化"三转变"》里，提到课堂教学必须由"独白式"向"对话式"转变。在这篇文章的开头，他指出：

> 数学课堂文化是师生在数学教学活动中表现出来的人际关系、行为方式、思维方式和价值取向。教师与学生是两个平等的文化主体，数学课堂文化主要形成于这两个主体之间开展的数学教学活动。①

其实这一论点，无论对哪个学科，都是适宜的。

比如，课堂内心理环境的建设，也是事关"生态"和关系建构的课题。我在教高中生英语时，面对芸芸"差"生，不得不时而插科打诨，说些社会上的事，时而弄点心灵鸡汤，以免他们动辄瞌睡走神。这个做法效果不错，因为顾及了他们的学习心理。

比如，我们必须时刻将学科知识的学习与社会、历史建立联系，以使学生有所对照，有所辨别。这对于他们的成长是十分重要的。我想起近现代的名校中，曾陆续涌现出一大堆具有高度社会责任感和历史意识的教师。这些教师不光学术精湛，也无时不对学生进行时势教育，并且对未来充满了坚定的信念。在我看来，这些人之所以能称之为"先生"，是因为他们真正具有"学识"——学问，以及见识，能打开学生的视野和格局，而不仅仅是提供方法和技巧。

课堂关系学（假设这个说法成立的话），关注的是课堂内各种元素之间的关系，而其最终的目的，是培养一个完整、自由、独立的人，以及为此所需的各种技能和方法。显然，"人"的培养是第一要紧的：不仅要将学生培养成人，也要将教师自己培养成人。因此，我们对课堂的观察与评价，也绝不该只是从知识的层面，或者从教学的层面发生，而更需从人的关系建构角度去思考。

---

① 荀步章. 儿童数学课堂文化"三转变"[J]. 教育科学论坛，2015（3）：24.

关于评课中的几点注意

一般来说，我们评课的目的并非简单地去评判一节课的好与差。一方面，事实上，能够让你评的课，大多是精心设计过的，所以从大体上看，这些课不会脱离教育教学的基本原则。但是，我们依然要说它，原因是我们希望通过我们的评，得出一些规律性的认知，也从中习到对我们自身有益处的东西。另一方面讲，评课毕竟基于评论者自身对于课堂的理解，故表面上你是在评课，事实上却是在研究自己。这便是评课的基本立场。

那么，评课时我们需要注意一些什么呢？

第一，要认真听课。听课的重心，须是学生的活动，须观察他们学习的真正效果。你可以做一些数据记录，以便让你的评课有根有据。

第二，听课须有目的，最好能带有主题。聆听课堂，不可能将课堂内各种因素悉数观察和研究透彻（除非通过团队合作即"协作性课堂观察"），故你在对课堂教学有个整体感受之后，要有选择地就某些要素进行专门观察，譬如师生的问答情况、学生的眼神、教师的板书、教学的框架、课堂的节奏、师生的语言，等等。这些要素，若有足量的课堂观察做支撑，必对你的研究产生积极有效的影响，也必使你的评课具有专业的水准。

第三，要时刻关注学生的学。因为课堂教学的根本目的，是让学生学会学习，是让学生得到发展。故在听课时，你的眼光和思想，要始终落在学生身上。看他们是否因为这一节课而有了学习的冲动，是否依然保持着对学习的兴趣，是否认可老师的教授方法，是否对所学的内容具有新鲜感而又成功领会。当然，学生的学的问题，我们不能一概而论，这里关乎你对教育的理解，譬如：我们到底是培养精英还是进行扫盲？我们的教学是为了应试还是为了培植文化？这些问题虽然宏大而复杂，但时刻对其进行反思，能促进你的思想进步，也能潜移默化地优化你的教育观念。

第四，不同类型的课，评判的目的和角度须有所不同。譬如，你会发现，对于名师讲授的、经过细心打磨过的课，除了一味说好之外，再无别的语言可以形容；对于新教师的课，你又觉得他的基本功很不扎实，对付学生缺少招数；对于研究性质的课，你又觉得成就多多，问题也多多。因此，课堂类型的不同，要求我们在评课时选取不同的立场、目的和方法，以使我们的评课价值最大化。到什么山上唱什么歌，这个道理其实十分清楚。

总体而言，我们评课，主要是为了促进自身对教育教学的本质理解，甚至是为了关注人类精神的发展。因此，评课不是简单的技术操作，它需要你的细心观察，需要你对教育的高度负责，当然，也需要你的学识积累、文化视野和思想闪烁。

贰

新视角
新方法

想要挖掘出一堂课的生命价值，我们不能总倚靠技术的分析（譬如教材解读、环节设置、活动策划、任务布置等），许多时候，不同的课堂观察和评价视角，往往会带给我们意想不到的结果，能让我们更好地理解教学中的责任意识、美的追求以及文化情怀。

学识与责任

　　教师在课堂内无非传授给学生两样东西：其一是学，学的内容和学的方法；其二是识，通过学达致对人和世界的认识。故一堂课中，教师的责任重大，他必须将自己对文本的理解，十分有效地转换为教学的资源，为之设计出喜闻乐见的课堂活动，并为学生所认可，成为他们生活和见识的一部分。

四两拨千斤

——赵群筠《泥人张》教学风格赏析

我一直认为，教师的授课风格，在某种程度上取决于他与生俱来的特性和习惯，譬如他的语速、他的音质、他的脸部表情，甚至是他的身材和走路架势，当然，也包括他的性别特征。因此，我曾顽固地相信，女教师适于教授情感类的课，而对男性味十足的文字，即便她处理到位，在课堂内的演绎也必不能使人称心如意。

因而，当得知赵群筠老师要公开教授《泥人张》时，我着实感到一阵担心。因为在我看来，《泥人张》是一篇彻头彻尾的男性文字，且不说其中的"天津味"，即便从文字中表现出来的精神，亦让人觉得这样的文学实在是充满着力量，而非柔情：

第一，整篇文章中的人物，一概是男人。无论是泥人张，还是海张五，还是那些"摞高的"的，似乎都不包括妇女。当然，或许看客之中有几位女性，但是非常不幸，她们都被天庆馆里饮酒的吃客的声音掩盖了。

第二，女性的缺失，不仅仅在于人物的安排，更在于语言的力度。如果观察《泥人张》的文字，我们会发现，其中对话的紧急、节奏的紧凑、情节的精进，以及各个人物在故事中的姿态，无不体现角色之间力量的抗衡。这是文字中体现出来的男性精神，它与细腻见长的女性文字实在有着天壤之别。

不过，进一步细读之后，我们仍能发现，虽然能体现男性风格的"刚硬"是这篇文章的"神"，然而，其中还是偷偷藏匿着一种女性理性，这种女性理性，大约便是文章的"气"。有了"神"和"气"，这篇文章便可"活现"，能让读者觉察到其中的生命所在。这偷偷藏匿的女性理性，虽未必明显，却似"四两拨千斤"一般，赋予了文章一种修辞上的美。

这"四两拨千斤"，在文中至少有两种体现：

第一，泥人张对付海张五的策略。在整个故事中，泥人张似乎一直处在劣势，但他不动声色，不做正面抵抗，也不在语言上求胜，而只把海张五的恶劣的话"在他手里这团泥上全找回来了"。他离开天庆馆的一个动作"把这泥团往桌上'叭'地一截，起身去柜台结账"，表明他的以柔克刚策略已取得全面胜利，只留待海张五去狼狈收拾残局。这正是女性化的优势：在恶势力面前的抗压性。

第二，在语言的选择上，文章亦透露出"四两拨千斤"的写作策略。如果对比描写海张五和泥人张的文字，我们会发现，所有的"多""大""粗"等强势语言，都属于"海派"，而"泥派"（表面看就泥人张一人）却只轮到"小""少""细"等弱势语言，但偏偏泥人张把海张五捏成了"只有核桃大小"，以完成"全然没有把海张五当个人物"的用心。这一对比，反显出女性"弱"的理性更高一筹。

因此，从这个角度看，一篇男性味十足的文字，其实是穿凿了女性化的智慧和韧劲。这或许为赵群筠老师的授课创造了一个契机。事实上，观察她的课堂之后，我们也可以得出一个类似的结论：赵老师对付这样的文本，也一样用了"四两拨千斤"的教学策略。

首先，教师非常巧妙地将课文的解读置于"故事"的框架之中。这既发挥了女教师擅长于叙事的优势，也符合初中孩子的认知规律，更要紧的是，这样的做法，避开了与文字之刚性特点的"硬碰硬"：既不从思想或伦理上展开，也不对文字进行各个击破，而是通过叙事的水，润泽、调和文字中的锋芒。这样做的好处，是学生能因此对文章形成一种直观的理解。

其次，针对课文中出现的语言技巧，教师不急于逐一分析。这样做也有两个好处：其一免于课堂时间的紧张，其二好让学生在课后有进一步思考的可能。

然而，原文中的文字颇具特色，要想回避，到底有悖于教学的责任。那么，赵群筠老师在课堂内是如何处理这一问题的？她的招数着实简单而巧妙：寻关键词，"给我一个支点，我可以撬起地球"。

支点一：找人物

> 学生：（朗读课文第一段）
>
> 教师：好，找到了吗？他喜欢去哪两个地方？
>
> 学生：一是东北城角的戏院大观楼，一是北关口的饭馆天庆馆。
>
> 教师：他去的哪个地方多点？
>
> 学生：天庆馆。
>
> 教师：去干什么？
>
> 学生：去看人世间的各种角色。
>
> 教师：我们看下这天泥人张看到了哪些角色？文中找一下。（学生找）

教师引导学生"找人物"时的视角十分重要：她要学生用泥人张的眼睛去观察天庆馆内的各种人物，这便意味着读者的同情从一开始便落在处于劣势的泥人张身上。当然，我们也可以以海张五或其他人的视角来观察，但那样做未必合了原作者的写作意图，也未必合了一位女教师的教学心思。

支点二：人物性格概括

按我们一般人的想法，文学作品中的人物性格必定是文学欣赏时的最要紧之物。殊不知，能刻画人物，只是文学语言的功能之一，除此之外，它还能反映出人与人交往中的普遍道理以及作者对世界的基本看法。因此，赵群筠老师在"人物性格分析"这一环节中，并未铺张陈述，更未借用过多的文章语言。因为学生早在上课前即已对课文的内容尤其是人物的性格有了大致的了解。何况语言毕竟是活的、流动着的，唯有在叙事之中才能得到更好的演绎。故教师只引导学生对吃客、泥人张和海张五做一番大致的分析，而其主要的精力，则花在以人物的性格引出故事本身以及故事背后的道理之上。

即便在对人物进行概括性分析时，教师和学生的语言也是精简到了极致。"俗世奇人"（泥人张）、"雅世俗人"（海张五）、"俗世闲人"（众人），这样的概括，十足沿袭了原文的简练风格，而教师在其中颇有意味的插评，更使这些概括被赋予了一种深刻意味：

学生：他是阿谀奉承的，俗人是因为他有点钱而已。
教师：老师为什么要加个双引号呢？他是貌似生活在雅的世界中，其实骨子里是俗人。
……
教师：（屏幕）俗世俗人。他们平常有一点小毛病。代表一种真实的百姓的状态。
……
学生：当面叫他五爷，背后叫他海张五。
教师：同学们要注意，背后的话才是真实的。

支点三：回归原文
在概括了文中人物的性格特征之后，教师忽然说：

教师：老师在想，这样三种人放在一起，肯定有故事。
（屏幕）推动故事情节的关键字词有哪些？

这个过渡实在是巧妙。本来，故事就是发生在人身上的事，这三种人既然各有性格特征，放在一起，岂有不丰富的故事？更为巧妙的是，教师并未叙述（或者要学生叙述）故事本身，而要学生"找到推动故事情节的关键字词"。这个看似写意的做法，恰到好处地让学生寻到故事的精神所在；教师也不仅仅在推出故事，更在暗中传授故事叙述的要素，不是"授人以鱼"，而是"授人以渔"。

教师：我们找故事的起因、经过和结局。老师也找一找，看老师找的和你们的是不是一样？谁先找到谁到黑板上写，只能写一个。

学生1：（写）找乐子。

学生2：（写）贱卖。

学生3：（写）"回报"。

学生4：（写）牛。

教师：同学们找了4个字词。这4个字词里面，回报、找乐子和贱卖有些重叠。故事的起因是？

学生：找乐子。

教师：老师觉得应该是牛。然后是找乐子、贱卖。看冯骥才的功力，他为什么要用这三个字？

"牛""找乐子"和"贱卖"这三个关键词，构成了这一故事的三大要素。之后师生的探讨，便顺理成章地有了深度，也有了广度。不过有趣的是，教师此处用的"回归原文"法，是将这三个关键词又恰如其分地运用到了对泥人张和海张五的性格对比上，只是此时的对比，已经不仅仅是一种概括，更包含了故事情节的逻辑发展和对人生价值的判断，同时，也加大了对课文语言修辞的挖掘。譬如"贱卖"一段：

（屏幕）贱卖

学生：我觉得贱卖的意思是说价格低廉，价格低廉说明在泥人张心中，海张五的地位是很低的。

教师：在故事的情节推动中有什么作用？

学生：这为下文做了一个铺垫，因为下文中说"第二天，北门外估衣街的几个小杂货摊上，摆出来一排排海张五这个泥像，还加了个身子，大模大样坐在那里。而且是翻模子扣的，成批生产，足有一二百个。摊上还都贴着个白纸条，上边使墨笔写着：贱卖海张五"。

教师：贱卖是指不值钱的，泥人张就来了成批量的；成批量的，说明价格高不高？不是说贱卖都没人要吗？最后谁买了？

学生：海张五自己花大价钱买了。

教师：这样说，海张五还是挺男人的，输了就认栽。

教师最后一句话颇有意味。这或许是女性对男性的期望吧。不管怎样，她对海张五的下台阶式的点评，使得这节课顿时被赋予了喜剧的效果，而并非充满着针锋相对的斗争色彩。

　　其实，《泥人张》这篇文章的意蕴远非课堂演绎的那般简单。但教师不必将之一股脑儿说透。对初中学生而言，他们的社会经历尚且简单，我们无需将人生的复杂过早地教与他们；但教授他们以文字的玄妙，却能为他们日后观察人世提供一把钥匙。有了这把钥匙，学生自然会不断地反刍这一课文中所体现出来的精神，也会对人的尊严、对手艺人的风骨有愈来愈深的领会。因此我们不妨说，赵群筠老师的这堂课，亦或是学生人生中的一个支点，支起来的，兴许是他们的乐观思想，以及对恶势力、恶境况的抵御和抗争。

"露出地面的是轻轨"

——郭初阳《绿野仙踪》课堂回述

终于又有机会听郭初阳君的课了。

事实上，不只是他的一节课。"越·读小库"第一期课程共有 12 节课，分别由 12 位老师开授。上课老师的配比很有意思：小学、中学、大学及作家各 3 人；上课的内容也令人神往："读小库"中适合小学生阅读的12 本中外经典读本；上课的形式更是极具创意：线上、线下同时开课，互动、点评、研讨、出版一起推动。

"故事"还是"书"

初阳君的这堂课，是和学生一起研读美国人鲍姆写作的《绿野仙踪》。

第一步先是读题。这一步很常规。但一读题，问题就来了。师生们发现，"绿野仙踪"并非原书名的意思，原书名的意思是"来自奥兹国的女巫"；接着，另一个问题也被发现了：封面上的外文书名，竟然是德语！原来，这本书是从德语翻译过来的，属于"翻译的翻译"，这是否会导致书中会有与原著相出入的地方呢？的确有，至少故事中提到的"金砖路"，大家就觉得很不妥，仿佛是"用黄金铺成的路"，事实上，原文中它只是表示颜色而已。

读题的过程也就两三分钟而已，但教师的风格却赫然显现。初阳君平日做学问，严谨细致，引文必有出处。此处带学生对书名进行如此考究，正是他学习风格的一种体现。有趣的是，在课堂结束时，他在幻灯片上出示的书名，竟然是"The Wonderful Wizard of Oz"——注意，是英文，不是德文。

第二步是读地图。教师不知从哪里弄来了一张地图，然后让学生根据地图中的各部分名称回顾故事中人物所走过的路。地图一开始是灰色的，等到孩子们说清楚之后，各部分便被涂上了颜色。

说到颜色，不得不提及师生们在课堂中的另一个重大发现：故事最后一章的插图中，亨利叔叔穿的是蓝色背带裤，而在第一章的叙述中，这条裤子却是灰色的！除此之外，孩子们还发现，在第一章的文字中，出现了大量的"灰色"。这多少让文本带有了隐喻的色彩。那么，这样的"灰色"家乡，多萝西为什么还要朝思暮想地回去？

可惜这个问题之后并没有继续深入。后来在课后研讨中，初阳君说，他本来想在这里引入顾城的那首《感觉》——天是灰色的/路是灰色的/楼是灰色的/雨是灰色的//在一片死灰中/走过两个孩子/一个鲜红/一个淡绿。是啊，为什么不引入呢？也许，从灰色讲开去，会有更多的发现。

第三步是读插图。这一环节耗时很长，一直持续到课堂第 40 分钟。每次出示书中的插图时，教师都会附上学生在预习作业中的发现。

这些发现都很神奇。

比如，有孩子指出，多萝西穿上的北方女巫的水晶鞋，竟然一只大一只小。

比如，有孩子发现，芒奇金人其实都是小矮人。

比如，有孩子感叹，罂粟花居然是有毒的，看似美好的东西不一定安全。

比如，有孩子得出结论，每个国度的国民都有自己喜欢的颜色。

……

尽管解释这些发现或者讨论其中的疑问占用了大量的时间，但师生们都不亦乐乎。我明白初阳君这样做的苦心：他一方面不希望孩子们的预习作业受到冷落，希望大家能在不同的课堂环节中"展露成果"；另一方面，他也想借此机会，让一些细节的讨论更生动、更深入。不过，在课后的研讨中，这样的做法遭到了黄云老师的质疑：这个环节，是否可以更加精简？

是的，这是个两难问题。对个体的尊重和欣赏自然令人佩服，然而，一旦个体众多，如何减少"旁观者"，如何让整体的课堂经济有效，这不能不引起我们的重视。

第四步是读目录。目录内容不少（24个章节条目），于是教师带着学生直扑关键点：多萝西和她的朋友们总共经历了几次"出发"？答案是三次，然后大家一起回顾是怎样的三次。通过这样的方式，又将故事理了一遍。当然，其中也穿插了一些小的问题探讨，比如教师问：罂粟花到底有没有毒？为什么人们会被它迷晕？学生众说纷纭，莫衷一是。

初阳君后来老老实实地说："我就是不懂啊，查不到资料，所以才把这个问题留给了学生。"

到目前为止，课堂内的"故事回顾"环节就结束了。我们猛然发现，初阳君在这一环节做的，并非"讲故事"，而是"教书"，他和孩子们一起讨论的，不仅仅是故事本身，更是整个一本书，所以才有了读题、读地图、读插图、读目录这些做法。《绿野仙踪》的故事虽然吸引人，但作为一本书，想要让孩子乐意去读，我们便不能不教给他们有关"书"的各种概念，比如说故事，比如说插图、目录，甚至是色彩、字体以及纸张的手感等。

一旦将教学的媒介定义为书而非故事（不要忘了，这个课程的本意是进行"整本书阅读教学"），教师在这一环节中的一些创意做法便值得我们细细体会了：

1. 故事重述

显然，在这节课里，教师并没有简单地让学生口头重述故事，他动用了地图、插图、目录等手段，多方位地对故事进行了回顾、整理。这个做法，疏密有致，富有节奏，从而使得学生能积极投入。

2. 研究性学习

无论是对书名的质疑还是对"金砖路""罂粟花是否有毒"等问题的探讨或是对"灰色"的统计分析，都体现了教师对阅读教学的一个基本理念：阅读不仅仅是一种情感的活动，更是一种思考和研究的过程，在这个过程中，教师需要培养学生的理性思维，从而帮助他们做出科学的判断。

课堂内的"绝招"

好的课堂，教师必须有"绝招"。

如果从"故事重述"的角度看，之前50分钟的课堂，尽管有创意，仍属常规做法。要想课堂深入，要想阅读教学有"含金量"，甚至要想教学有"高潮"，教师必须在剩下的一半时间内拿出"绝招"，让孩子们从书中获得更有质感的东西。

初阳君在课堂内的绝招，是"思辨"，是"启蒙"。不过，这同时也是他的基本功，符合他科学、严谨的学习个性，以及独立而有思想的人生底色。

从《鸟的天堂》之后，初阳君似乎进入了"后初阳时代"。他不再给学生大量的课前阅读材料和课后阅读书单，不再扔给学生一堆材料并在其中偷偷藏匿好自己的目的，他改成了从学生的阅读体验和阅读疑问中开始教学。这次的《绿野仙踪》也一样。在课前，他给学生的预习作业中有这么三个问题：

1. 也许别人没有注意到，我在《绿野仙踪》的第_____页，有一个独特的发现_____。

2. 如果我见到了奥兹，我想跟他说：请你施展法术，给我_____。

3. 读完这本书，我最大的一个疑问是_____。

对这些问题的讨论，贯穿课堂的始终。但初阳君似乎仍不满足这些问题和答案的层次，所以，在课堂进入第二个环节后，他不由分说地主动介入，向学生提出了两个供讨论的问题：

第一，故事中的人物身上最令我赞叹的一处。

第二，这些人物最怕的是什么，他们有没有克服恐惧的经历？

从表面上看，这两个问题并无多少深度。但初阳君作为一位实力派教师的功力正体现在这里。经过细致分析，师生们得出结论，多萝西、稻草人、铁皮人和狮子最怕的分别是风、火、水、土——等一下，当教师将这几个词语写在白板上的时候，我们是否觉得有点儿眼熟？这个时候，早有学生在底下叫道，这个故事是要我们"回到古希腊"，因为这些东西正是构成世界的元素！

这或许是进行原型批评的一个开始。不过，在这节阅读课里，教师并不想让孩子们走上"歧路"，他继续带着他们回到故事人物的内心世界。

事实上，上面第二个问题需要学生的"文本细读"。王崧舟君在课后说这堂课"教师对文本烂熟于心"，其实，学生又何尝不是"烂熟于心"呢！所以他们很快、很准确地找到了这个问题的答案，尽管教师说这个问题"有点难度"。

　　稻草人虽然怕火，但为了不让多萝西着凉，克服了对火的恐惧，给她盖上了干树叶。

　　铁皮人虽然怕水，但为了和大家去找金砖路，默默地在水里撑木筏。

　　……

教师的聪明之处在于，在这个时候不着痕迹地进行了价值观的"软植入"。他提醒学生，为了朋友而"奋不顾身"，能够使人忘掉恐惧，也能够使人成长。

这种价值观的"软植入"，比起明目张胆却严重失血的道德宣讲，显然要高明得多。

能够体现"思辨"和"启蒙"的地方还有很多。教师接下去继续和学生讨论一些很有意思的问题，譬如：

　　铁皮人连踩死虫子都要流泪，为什么杀死野猫时如此果断？

故事结束时，铁皮人为什么选择去做温基国的国王，而不是去娶他所深爱的姑娘？

对第一个问题，师生们总结出来的理由是：铁皮人杀死野猫是出于正义，正义的原则应该大于善良的原则。对第二个问题的讨论就更有意思了。有的孩子说，铁皮人这样做是为了答谢温基人对他的帮助和友善；有的孩子说，铁皮人这样做体现了他的一种舍弃精神；还有一个女孩则认为，铁皮人只有做了国王，才能真正找到自己的生活。对此，教师不置可否，但提供了一个重要的信息：本书的作者鲍姆后来又写过 14 本系列故事，其中就包括铁皮人与他恋人间的故事。这种"欲知详情，且听下回分解"的做法，是阅读教学中一个常见却有效的招数。

聆听阅读课堂中的问题探讨甚至是思想交锋，是一件特别让人过瘾的事。因为在这样的探讨和交锋中，我们看到了文本与读者的对话，也看到了课堂与生活的交融。尽管我们的本意未必是要孩子从此变得深刻，但看到他们从中获取成长的养分，我们仍觉得无比开心。

这堂课的剩余部分，也有一些值得我们圈点、思考甚至不以为然的做法：

● 选择《戳穿奥兹的骗局》中的对话文本，师生分角色朗读；

● 罗列学生在预习作业中整理出的"我觉得很重要的一个词语"，从而以格式塔的形式展示学生对故事的整体理解；

● 播放《绿野仙踪》影片片段，提出问题：你对影片中的结尾是否认同？

● 布置回家作业：写一封信给作者或译者或电影导演或故事中的任何一个角色，和他探讨你的想法。

含金量

这次授课，教室后面坐了不少听课者：诗人舒羽、学者颜炼军、名师王崧舟、教研员黄云及其团队，当然，还有看热闹的我。

这些人大部分都是"老师"，所以特别看重课堂内的教学招数、师生互动等，也在思考这样的课堂对其他教师所具有的意义。不过，在我看来，大家对这堂课的关注动机未必只是教学——有对"越读馆"创意课程的建设，有对"整本书阅读教学"的探索，有对小学生阅读品质提高的努力，等等。所以，当黄云老师提出"含金量"这个关键词的时候，我忽然觉得像抓住了一根救命稻草，可以借此游到这一活动的核心区域。

可是，什么是含金量？

在我看来，含金量至少有两层含义：一是文本（其实是书）的含金量，一是课堂（即教学）的含金量。

遗憾的是，在这节课里，师生并未对《绿野仙踪》这本书的经典性进行挖掘，包括故事的架构，包括文字的精妙，包括情节的推进，甚至包括人物之间错综复杂的关系以及对社会的映射，等等。师生们做的，是对故事的回顾，以及对其中某些问题的发散式探讨，所以尽管"基于文本"，但这样的回顾和探讨，并没有触及文本的"经典性"。

而课堂的含金量，我相信是足量的，包括之前我提到的创意设计，包括师生对待文本的严谨与科学的态度，包括对问题的探讨，甚至包括价值观的植入与启蒙。

而对于初阳君来说，他的课堂的另一个含金量是他的语言。有些时候，教师的言语风格（语速、用词、表情、动作、师生距离等），直接决定了他与学生之间的对话方式，甚至影响到他们对某些问题的探讨程度。初阳君的课堂内，教师并无"小学腔"，甚至很少有"教师腔"，他那平易近人又不失幽默的说话方式，让孩子们迅速消除了对师生关系的成见，从而积极投入，有效对话。

一堂课的时间毕竟有限，而"整本书阅读教学"则是一个系统的、有序列的过程，所以在课堂内选择某个点进行"以点带面""以教促读"，恐怕是授课者必须思考的问题。

譬如，当我们得意于学生提出的对文本的疑问时，我们是否想到，这些问题其实是大量的，在课堂内是无法真正解决的？

于是，我们是否考虑暂缓解决某些问题，而替之以在课堂内展示这些问题并留与学生在课后思考、讨论？

譬如，哪怕是对文本的分析，一堂课也不可能做得非常充分，因此，我们是否可以从某个点切入，"四两拨千斤"，从而"撬起"整个文本？如对"灰色"的挖掘，几乎可以组织成一堂颇具特色的课。

回村的路上，初阳君和我一同感慨"整本书阅读教学"的水之深。课堂，无非是"整本书阅读教学"中的某个环节，是能够让人看得见的环节，仿佛一列隆隆的地铁驶出了地面。

这地面上的一截，叫轻轨。

一堂课不一定带来什么，但必须点燃

——蔡朝阳《不要成为无聊的大人》一课评析

一碗"心灵鸡汤"

前几天，阿啨（蔡朝阳）兄给小学生上了一堂阅读课，选用的材料是读库的口袋书《不要成为无聊的大人》。

这是一本日本人写的小书，作者是小山薰堂。书不厚，篇目却不少，大多是对生活和工作中一些细节的感悟，包括创意和想象带给人的惊喜，简单地说，这是一本"心灵鸡汤"类的书。

我不知道阿啨兄为何要选择这样一本书给孩子们上课。在我看来，这本书无论是语言还是思想，都平庸无奇。他是否有着特别的意图，想从这碗鸡汤中吃出骨头和肉来？

话说，阿啨兄原是一位高中语文教师，前几年辞去了公职，去经营他的"白鱼文化"，并从此由教学的"内行"变为了"外行"。如今这个"外行"重返课堂，会给孩子们带来什么不一样的东西？

上课伊始，阿老师问学生：大家喜欢这本书吗？学生说，不喜欢。

这个回答多少有点令人意外，但也证明这碗鸡汤真的不好喝。老师说：不喜欢也得读啊，否则我们没法上课了。

我坐在底下差点没晕倒：老师怎么能说出这番话？课后研讨时，阿啨兄对这句话也耿耿于怀，说应该问问孩子们为什么不喜欢这本书。

然而，如果真的这么问了，后面的课也许就不一样了。

被"重置"的课堂

阿啃兄做过老师，所以课堂结构的安排对他来说并非难事。他的课堂，清清楚楚地分为这几个环节：

第一个环节：解读"无聊"。

教师在课前布置了一项作业："无聊"是什么？

结果学生的回答五花八门。有一位叫舒芬的女孩这样写道：

> "她"往往跟"烦"搭调，常泛起于想做某件事却做不了于是想去做另一件事的时候。就像心上的蚜虫，不根除会越长越多，直到整个心都被啃光，渐渐空虚，很难受却又说不出口……

另一项作业是：为什么会有"无聊的大人"？

这个作业潜藏着一种导向，即大人们都是无聊的。于是，坐在我边上的葛岭老师开始忧心忡忡，生怕孩子们从此会对成人怀有偏见。可阿老师似乎纵容孩子们的这种偏见，并且及时补刀："我们该怎么挽救这些大人？"孩子们于是进言献策，提出了诸多教育大人们的招数和策略。

分享与研讨这两项作业，花去了半个小时。虽然师生们交谈甚欢，但他们的谈话似乎与书无关。换句话说，他们谁都没有喝这碗"鸡汤"。

第二个环节：与文本若即若离。

其实，在第一个环节中，师生们并非完全置文本于不顾。比如，教师就曾问学生这样一个很有"语文味"的问题：这堂课所讲的书与之前两堂课的《绿野仙踪》和《看不见的收藏》有什么区别？

于是有学生指出，之前两本书的故事是"创造"出来的，而这本书讲的是"发生过"的事。这就涉及了文体学中的两个重要概念——虚构文本与非虚构文本。可惜的是，教师没有趁机告知学生这一必要的知识。

换言之，教师似乎从一开始就不主张走"文本主义"的路线，他之所以选用这本书，只是想找到一个"用件"而已——是的，偶尔用用而已。

在第二个环节，教师让学生"分享小书中让你眼前一亮的章节"。坐在后面听课的老师这才松了一口气。

然而，这一环节似乎并非阿啃的强项，所以在学生罗列了他们喜欢的章节之后，教师便急匆匆地又一次跳出文本，大谈《入殓师》中的石文，并播放了王村村《一个无聊的人》的演讲片段。

在追求课堂效率的教师看来，阿啃兄的这堂课已经越来越不像语文课了。大家只能耐着性子，等着他和学生们一起把这本小书当作跳板，跳到一个我们想象不到的世界——一定会有这个世界的！不信，你瞧瞧他在这一环节留给学生的最后一个问题：通过阅读，通过观看短视频，我们发现无聊是一种什么样的东西？

学生回答：有趣，耗时，坑人，没有意义，跟本人没关系，荒唐，勇敢。

最后那个回答，还是那位叫舒兮的女孩给出的，并且似乎是专门给阿老师量身定做的。

第三个环节：雇佣"童工"。

教师在屏幕上打出几个字——"策划案，阿老师的难题"，并在下面列出几道"难题"。

> 难题一：如何经营一家文化创意类微店？
>
> 难题二：卖书是书店主业，怎样才能尽可能多地卖书？
>
> 难题三：我命名了一种茶叶，叫"蔡茶"。但是，怎么销售？
>
> 难题四："白鱼"微店适合开发什么样的周边产品？

教师群中马上有人惊呼：这不是在变相做广告吗？

是的，就像阿啃兄擅长的在公众号上写作的"软文"，这堂课，一不小心就成了一堂"软课"。

事后，阿啃兄说，上面这些问题并非专门为上课而设计的，而是他遇到的真问题。

好吧，倘若真是那样，阿老板就是在"雇佣童工"了，希望用儿童的大脑来解决成人的问题。

而学生们却因此变得兴奋起来。他们根据这四个问题分成四个小组，一阵交头接耳之后，各派出一名代表为阿老师排忧解难。从环境布设到线上线下经营，从饥饿销售到趣味活动开展，创意点子之丰富、表达之清晰，着实令人咋舌。

教师不免得意忘形，感觉课堂渐入佳境，浑然忘记了下课的时间——须知场外的家长正等得苦不堪言。

最后，教师不忘给这堂课一个完美的结尾，他要孩子们"回到书本"，挖掘出其中"重复最多"的一个词：重置。

是的，这堂课的确让人不断"重置"。

文本主义与课堂的新视界

这是一堂语文课吗？

不是。因为课堂里看不到师生对文字和篇章的分析理解，也看不到相应的语言活动，并且，这堂课的"社会味"很浓，"学科味"很淡。另外，教师虽然选用了某个文本，但从语文的角度看，这个文本几无可取，正如前述，它纯粹是一碗"鸡汤"，何况师生们还压根没去喝过一口。

那么，这是一堂阅读课吗？

也不是。阅读课虽然未必就是语文课，但它必须围绕文本——要么分析内容，要么掌握逻辑，通过对片段信息的处理，让学生学会读"这类书"的方法。然而，在阿老师的课堂里，这一点似有若无。

阿啃兄说，他之所以不选"文学书"，是因为在对文学的理解和解读上，他并不比他人更擅长。所以他选择了一个启发性文本，希望课堂能够具有"实操性"，并借机对学生进行"思维训练"。

那么，这堂课真的是"思维训练课"吗？

如果要训练，首先得教给学生某种策略或方法，毕竟所有的训练都应该科学、有序。然而，在这堂课里，学生在出谋划策前，并没有学到一鳞半爪的本事，他们尚未接受培训，就匆忙上了岗。

当然，之前教师的确与学生聊过"无聊"的概念，以至于颜炼军兄曾一度认为这堂课可能是"思维启蒙课"，但之后的大尺度实操，表明这堂课的目的并不是启蒙。

从实际场景来看，阿啃兄的这堂课又像极了"综合实践课"，但"综合实践课"也一样需要让学生预备一些本事。

就这样，经过一层层剖析，我们发现，这堂课不断重置了我们对课堂的期待。然而，无论学生还是家长，都表示非常欢迎这样的课。

于是，郭初阳君提出，我们做教师的，头脑中一直存有文本主义的课堂观，以为语文课堂必须有文本，必须有规程。现在，阿老师的这节课，显然打破了我们对课堂的固有想象。

是的，按照我们传统的看法，一堂课必须带给孩子们一些东西——要么是知识，要么是能力，并且这种知识和能力，须借助于师生对文本的解读和运用，否则，我们就会觉得脚底发软。但是，我们却忽略了一点：课堂的功能，不仅是"带来"，还可以是"点燃"——点燃激情，点燃想象力，点燃创造力。阿啃兄的这节课，正是点燃了孩子们蛰伏已久的创新能力，一种能摆脱"无聊"、投入生活的激情与能力，从而让他们像发现新大陆那般惊喜和激动。

从这个意义上说，他的这节课极具价值。只是作为观察者，我们不能不考虑以下两个问题：

第一，文本去哪里了？这个问题真的很要紧。教师只要选择了文本，就必须在课堂里使用文本，虽然用多少、怎么用取决于他对课堂目的的考量。

第二，教师是否是课堂中真正的"平等中的首席"？尽管阿老师与学生们一起欢乐，一起实操，但他必须清醒地认识到，他在课堂中必须带领孩子们走向深入，走向丰富，而不是让他们萝卜炒青菜，从原点回到原点。

最后，颜炼军兄问阿老师：

"如果让你再上一遍这样的课，你会怎么上？"

阿啃兄叹了口气，有点气馁：

"我可能会在课堂中增加一点文本含量。"

但是他又说：

"其实，课上得好不好，现在对我来说已经不那么重要了。拆掉围墙，没有边界，没有成见，是一件非常可爱的事。"

这话说得有些悲凉，却又无不意味深长，像一颗炸弹，把在场的老师们都炸蒙了。

坐在旁边的颜炼军兄也叹了口气，说：

"其实，我们一直都在戴着面具看待课堂。"

如果说，作为非职业教师的诗人舒羽进入课堂，是对教育的一种"入侵"，那么，作为原职业教师的阿啃，他对课堂的探索，则是一种"还乡"。只是，课堂的"入侵者"反而被教育同化了（有人说她比老师还像老师），而"还乡者"阿啃，却在事实上给教育带来了"异化"，让我们不得不重新思考课堂，重新思考教育。

课堂中的人文坚守

——朱兴祥《说"屏"》一课评析

朱兴祥兄和我做过大概一年的同事。他是一位语文老师，虽然我对他之前的研究并不了解，但凭着他在工作上的一丝不苟，我知道，他对语文学科是付出了真爱的。对当前语文教学中存在的许多问题，他也有着自己独到的看法，而更可贵的，是他在教学中主动出击，用行动来诠释他对语文教育的追求。《说"屏"》一课，便是其中一例。

《说"屏"》一文的作者是陈从周先生，著名的园林艺术专家。巧得很，当初朱兴祥兄和我工作的单位，就在大运河的边上。每天午饭之后，我们都会沿着河边走路（俗谓之"走运"）。不到两分钟，便能见到"陈从周故居"的石碑，旁边还有一座凉亭和若干个石凳子。坐在凳子上面，听运河的水声，闻往来货船散发的桐油味，任凭思想的出格，恍然间，仿佛回到了幼时的江南。朱兴祥兄应有与我同样的感受吧，所以他选择了陈从周，选择了《说"屏"》，并试图在课堂内复现他心底里的记忆。

从这个意义上说，我十分理解和赞成他在文本解读和课堂教学中的各种主张。《说"屏"》一文据说是篇"说明文"，而且在教材中只是篇"选学"课文，但朱兴祥兄却大力挖掘其中的价值，并将他的发现在课堂内与学生一起分享。在《〈说"屏"〉之"是什么"与"教什么"》一文中，他据理力争，说本文"若按说明文文体来组织教学，实是只游走于浅表"。当然，对教材中的篇目进行机械的"文体"划分，并因此对应阅读和写作策略，本来就十分好笑。朱兴祥兄在这篇学理文章中想要表达的，恐怕是他对过往艺术的向往，以及对语文教育中渐行渐远的"人文性"的坚守。

有了这样的价值取向，我相信他哪怕不选择陈从周，不选择《说"屏"》，也会选择其他相应的文本。但是，选择陈从周的《说"屏"》，并以这种方式阐释和教学，直接冲击了我们对于"说明文"和"理工男"的刻板印象。原来，一切的文本，一切的人，都具有内在的、也许是强烈的人文特性，而这一点，正是我们以往的语文教育所熟视无睹，所未加开采的。

一旦心中有了明晰的人文教育目标，教师对这一文本的教学处理便显得得心应手。"诗意"，这是朱兴祥兄从这篇课文中提炼出来的关键词。他摒弃了《教师教学用书》提供的"作者的着眼点在于对屏风的使用和设置发表一些自己的看法，希望借此唤起建筑师、家具师乃至使用者的注意，以期屏风在今天得到更好的使用"这种浅表性的文本理解，而直接从"生活方式""文化气息"的角度来重构文本。

那么，师生们在课堂内是如何挖掘这个文本的人文价值的？或者说，他们是如何对这篇"说明文"进行另辟蹊径的解读的？

意图显著

教师在课堂内毫不隐藏自己对这篇文章的喜爱之情以及他的个性化解读。上课伊始，他就在屏幕上展示对陈从周先生的介绍：

> 陈从周（1918—2000），浙江杭州人，中国著名的古建筑、园林艺术专家；还擅长文、史，兼工诗词、绘画，是著名画家张大千的入室弟子。
>
> 其代表作《苏州园林》，是第一本研究苏州园林的专著。其著作《说园》，总结了中国园林建筑的理论，文笔清丽可诵，引人入胜，被叶圣陶赞为"熔哲、文、美术于一炉，臻此高境，钦悦无量"。

这就是所谓的"此地无银三百两"，用这样的文字介绍陈从周，无疑是要让学生打破对这位"理工男"的刻板印象，而直接从"熔哲、文、美术于一炉"的角度去理解作者，当然，也理解作品。

这样做好不好？会不会落入"新批评"所指责的那种"意图谬误"？

从"以生为本"的教学理念来考量，这样的做法具有很大的冒险性，它可能直接剥夺了学生对于文本的初始理解（所谓的"初读感受"），从而使他们不得不在教师设定的框架和路线中匍匐前行。然而，我们不要忘了，多年的文体教学，早已使学生对"说明文"的结构、用法、语言等有了一种固有的、模式化的理解，这种"八股式"的阅读很难使他们从文本中发现新的价值。

> 师：这样一位才华横溢，兼具诗人与画家气质的园林艺术家，晚年时写下一篇《说"屏"》，入选了我们的教材。《说"屏"》与古建筑会有关吗？他为什么要写这样一篇文章呢？我们一起到书上去找一找。
>
> 要求：默读课文，从文中找到表明陈从周先生写这篇文章用意所在的句子，在下面画横线，并有感情地朗读这一句子。（学生默读，画找5分钟）
>
> 生：我找到的是文章的最后一段——"聪明的建筑师、家具师们，以你们的智慧，必能有超越前人的创作，诚如是，则我写这篇小文章，也就不为徒劳了。"我从"诚如是，则我写这篇小文章，也就不为徒劳了"中看到了作者写这文章的用意。
>
> 师：那你就具体说说这个用意。
>
> 生：就是希望建筑师、家具师们，能有超越前人的创作。在屏风的制造方面有超越前人的创作。

这就是学生眼里的文章写作"用意"，是长期的所谓"文体教学"的结果。显然，这不是教师希望的结果，所以，他的"彰显意图"，是为了扭转我们对于"说明文"的固有观念，而着意从另一个角度去挖掘文本的价值，大而言之，他在课堂内做的，是一种文化上的努力。

方向明确

为了挖掘出文本写作的真正意图——或者更准确地说，是文化意图，教师在课堂教学中明确了这节课的路径和方向，具体而言：

1. 情感指向

> 师：真是殷切期盼之情啊！俗话说"没有无缘无故的爱，也没有无缘无故的恨"，陈从周先生如此期盼为哪般呢？
>
> 师：凝望这一份期盼，拨开这一份期盼，请大家再次默读全文，思考这一份期盼之情的背后，其实还包含了作者的哪些情感？
>
> （学生默读全文，画找相关句子）
>
> 生：还有对屏风的向往之情。
>
> 师：说说你是从哪里找出来的，请把原句读出来，并分析一下。
>
> 生：我是从第一段的第三行中找到的。"后来每次读到诗词中咏屏的佳句，见到古画中的屏，便不禁心生向往之情"，这里很明白写出了"向往之情"。
>
> ……

还是讨论"写作意图"，经过教师这样的处理，学生顿时摆脱了之前的功用性思维，而直接沿着"情感"路线走入了文本深处。

这个"情感"不同于以往的"情感教育"，它更多的是从写作者的文化追求（甚至是追念）角度去理解文字细节的，因此，它需要的不是"感动"，而是"感怀"。

不过，要十几岁的孩子去追念和感怀已逝去多年的"屏风"文化，毕竟有些强人所难。因此，教师耐心地从文本出发，带学生层层剖析其中的意蕴。

> 记得童年与家人在庭院纳凉，母亲总要背诵唐人"银烛秋光冷画

屏，轻罗小扇扑流萤"的诗句，其情境真够令人销魂的了。

后来每次读到诗词中咏屏的佳句，见到古画中的屏，便不禁心生向往之情。

因为研究古代建筑，接触到这种似隔非隔、在空间中起到神秘作用的东西，更觉得它实在微妙。

这三句话，师生翻来覆去地研究——研究其中的顺序，研究其中的修辞，研究其中的"变与不变"，最后，学生恍然大悟：原来陈从周先生在文中注入了他对屏风的"痴爱"，他对建筑师、家具师们的期望，实际上是基于他对传统文化没落的失望之情。于是，一篇短短的小品文，顿时被赋予了无限的悲情和张力，它带给学生的，已经不仅仅是知识与结构，更是一个丰富的文化世界。

2. 诗意目标

不过，若纠缠于情感路线（哪怕这个情感被冠以"文化"的名义）不放，课堂的教学势必会像朱兴祥兄自己说的，"游走于浅表"。为此，师生需要突破，需要深入，需要走向一个更高远的目标。

师：陈从周先生期盼建筑师、家具师们去超越前人，那你觉得建筑师、家具师们要怎么做才能实现这样的超越呢？根据文章的内容，请你向建筑师、家具师提出一些合理化的建议。

显然，这样的"合理化建议"绝不会停留在技术的层面。有了之前的"情感牌"做铺垫，学生朝着"诗意目标"进发也就顺理成章了，譬如：

生：聪明的建筑师、家具师们，以你们的智慧，如果能让屏风起一点文化休憩的作用，那么就有超越前人的可能。

师：你能说说什么叫"文化休憩"吗？

生：（有点为难）充满文化的气氛，看起来有一种悠闲的感觉吧。

师：根据你的体验，生活中哪些地方具有文化休憩的作用？

生：书店吧，书店的布置很别致，大家都可以在里面安静地看书。有些酒店、咖啡店、料理店，挂了很多字画，似乎也有这样的感觉。（生笑）

学生的这一解释非常接地气，因为他是在自己的生活环境中找到《说"屏"》中的文化意象的，是实实在在的"对等"。事实上，师生在讨论之后，概括出了"功能和美感结合"以及"文化休憩"这两条建设性意见。当然，此时的教师并未被学生"热烈的讨论"冲昏头脑，他明白，想要宣扬传统文化中的"诗意"，必须回到文本本身，而这，也是语文课责无旁贷的任务。于是，他不失时机地说："我们的任何观点，都必须来自文章。接下来我们再一起研读一下与这两个观点相关的句子。"且看师生用于讨论分析的几段屏显文字：

> ●近来我也注意到，"屏"在许多餐厅、宾馆中用得很普遍，可是总勾不起我的诗意，原因似乎是造型不够轻巧，色彩又觉伧俗，绘画尚少诗意。
> ●"屏"是真够吸引人的，"闲倚画屏""抱膝看屏山"，也够得一些闲滋味，未始不能起一点文化休憩的作用。
> ●银汉红墙消息断，夜阑梦也匆匆。茜窗人去碧廊空，西风飞白露，冷月照孤松。几次欲眠眠不得，蕉心剥尽重重，隔屏数遍五更钟，泪珠和恨滴，封在枕函中。
> ●说与旁人深不解，愁多转觉心闲。纸窗竹户屋三间，垂帘无个事，抱膝看屏山……——张恨水《金粉世家》
> ●银烛秋光冷画屏，轻罗小扇扑流萤。天阶夜色凉如水，坐看牵牛织女星。——杜牧《秋夕》

这叫什么？简单地说，是"群文阅读"。通过对课内外文本的游走分析，通过对文字的细读感受，让学生真切而深入地理解陈从周先生这篇小文中所体现出来的诗意理想，理解他这篇文章对于现实的意义。

"读" 出理解

我大概统计了一下，这节课中带有"朗读"性质的活动有将近 20 次，其中有齐读、个读、默读、对比阅读等形式。在中学的语文阅读课里，如此强调朗读，实属难得。关键是，每一次的朗读都有明确的指向——或体验情感，或加深理解，或读出疑问，或对比品读。朗读，的确是阅读教学中的一种有效工具，尤其在面对人文意蕴深厚的文本时，它更能帮助学习者加深理解。

至于文本的"细读"（或曰"品味"），在本节课中也随处可见。这虽是语文老师在课堂中的常用手段，但也的确能引领学生走向文本深处。譬如对文章开头三句话的反复评析，譬如对"总勾不起我的诗意"这句话的玩味，譬如对"仅仅把它当作活动门板来用的缘故"中的"仅仅""原因似乎是造型不够轻巧"中的"似乎""只得借助屏风"中的"只得"等词语的不断推敲，虽只是些貌似技术分析的手法，但置于一种大的课堂文化追求的语境当中，仍可以看出教师有意为之的努力。

朱兴祥兄的《说"屏"》一课，是在一个传统没落、工具主义横行的时代，一位人文主义者对于文化的坚守行为。虽然对于如何创设一种适宜的教学模式来进行人文教育渗透，我们还可以更加深入地讨论。在本节课中，当教师带学生分析"小时候厅上来了客人，就躲在屏后望一下""旧社会男女有别，双方不能见面，只得借助屏风了""从前女子的房中，一般都有屏，屏者，障也，可以缓冲一下视线"等句时，并没有从儿童情趣以及女性文化的角度阐发，而仅以"神秘"和"微妙"等似是而非的特征词来对屏风文化的"诗意"做注解。这样做，恐怕于学生的文本理解帮助不大；另外，在本节课最后，教师似乎终于控制不住自己的激情，以独白的形式，表达了对"回归诗意"的理解。这个做法虽然可爱而有个性，但毕竟与教学的原则有所违背——好在我们相信，到这个时候，在座的学生已经能充分理解这位课堂上"带头大哥"的所作所为了。

在诗歌中发现精神的力量

——罗才军《古诗两首》教学点评

我一直以为，诗歌的教学，是为了让学生能够更有效地阅读诗歌，或者培养其阅读更多诗歌的冲动。为此，我们必须在课堂内做好以下几个功课：

其一，诗歌的解读。首先，教师对诗歌的解读必须合适到位，其次，他还必须通过教学，引发学生对诗歌更为丰富、更为多元的解读。其中涉及相关的阅读理论的运用，也考量阅读者对诗歌语言的敏感。

其二，价值的凸显。简单地说，每一首优秀的诗歌，必定涌动着超越于文字的情绪和思想，这便是诗歌的非语言价值（Non-linguistic Value）。教学诗歌，须将这种价值提炼出来，并内化为读者心中的力量，从而彰显诗歌的精神。

其三，文体的鉴赏。似乎朱光潜先生说过，自从文字出现以来，文学就成了少数人的奢侈品。教学诗歌，便不能不培养学生对诗歌形式的鉴赏能力，否则，像古诗词一类的文体，将愈来愈成为"古董"而被年轻的一代所抛弃。

其四，调节好"指导"与"学习"之间的关系。教师为了能将诗歌课上好，往往不遗余力地进行"课堂设计"，甚至努力创建"诗歌教学模式"，然而我们不能忘记了，这一切的根本，是为了让学生认识诗歌，爱上诗歌，理解诗歌，自行去寻找诗歌中的美。

才军兄自然明白这些道理。因此，他在教授《古诗两首》时，动用了自身深厚的学养，也动用了他天才的教学智慧，课堂显得有条不紊，节奏分明。更关键的是，在他的诗歌教学中，自始至终渗透着一股精神的力量——无论是对故国的爱，还是面临亡国时的悲情。这种力量，使得课堂内的师生无不融入诗歌的情境之中，并成为诗歌叙事的一分子。

事实上，他的这堂课可圈可点之处颇多。他几乎用足了当前诗歌教学中的各种招式，并在课堂内成功进行了演绎。这对于一般的教师而言，颇有"可复制性"。不过，课堂所体现出来的关于诗歌教学的几个重大问题，以及这种教学样式给予我们的启示，或许是本节课最有价值之处。

首先，诗歌读什么？

当然，对教师来说，这个问题是"诗歌可以教什么？"古诗对小学生而言毕竟是个新鲜的事物，因此才军兄在课堂内不敢造次。他首先要做的，是一本正经地帮助孩子们了解如下与诗歌相关的内容：

1. 背景知识：包括作者简介、作品背景等；

2. 字词、句子的"意思"：简单地说，是为了扫除诗歌中的语言障碍。

他的这种做法，容易招致"作品中心主义者"尤其是形式主义和新批评之拥趸的鄙视。他们或许会认为，这样的教学无异于南辕北辙，甚至可能导致学生先入为主，未读诗句，其义已显。

不过，从儿童阅读者的心理来看，一旦文本中存在过多的语言文字障碍，阅读的顺畅度（Reading Fluency）便得不到保障。古诗词不像现代散文，其中的信息落差问题一旦不能解决，便很容易导致阅读的无趣与无效。

事实上，才军兄在课堂内并非"告知"学生这些内容的，而是通过预习作业的展示、师生的对话等方式，潜移默化地让学生了解相应的"知识"。而之后的课堂推进，更让我们明白，这些"知识"的学习实乃醉翁之意不在酒：

师：没错。安史之乱说的是唐朝安禄山、史思明发动的内乱。战乱使杜甫整整八年流离失所、无家可归。看来大家的预习非常到位。下面请大家拿起笔，把这两位诗人的名字端端正正地写上一遍。写字的时候人坐正，脚放平，把你对这两位诗人的崇敬和仰慕都凝聚到笔尖。

教师在此处的过渡语，使学生得以从略嫌烦琐的"知识学习"中脱身出来，以一种郑重的态度，面对诗歌，面对诗人。

不要忘了，诗歌的意义，不仅在于字词句意和背景知识，还在于弥漫在诗歌中的情绪以及由此产生的精神力量。

师：陆游其实把这一切都看空了，诗中有一句说明了这一点。

生：死去元知万事空。

师：可就是这么一个"死去元知万事空"，把万事都看空的陆游，却对一件事情耿耿于怀、念念不忘，哪件事？

生：祖国的统一。

师：用诗句中的话来说。

生：但悲不见九州同。

师：万事都搁得下，唯有一件事情难以搁下，那就是——

生：（齐）但悲不见九州同。

师：他说"死去元知万—事—空"，但悲不见——

生：九州同！

师：他说"王师北定中原日"其实就是想看到——

生：九州同！

师：他说"家祭无忘告乃翁"其实就是想听到——

生：九州同！

师：诗歌读到这里，我们发觉整首诗读着读着其实可以读成其中的一句。那就是——

生：（齐）但悲不见九州同！

师：甚至可以读成其中的三个字！

生：（齐）九州同！

师：请你把九州同这三个字圈出来。（师相机板书：九州同）

这一节十分经典。如果说之前的逐句分析多少有点"老套"，那么，此处的阐释则独辟蹊径，其中潜藏着对陆游《示儿》诗之核心精神的挖掘。"九州同"既是本诗之悲情所在，也是诗人，不，是所有具有历史良知的中国人的共同心声。相信学生到了这一环节，心中积聚的情绪已然使他成为该诗歌的二度创作者。

从这一点出发，我们便能很好理解教师在教授第二首诗歌（杜甫《闻官军收河南河北》）时，引导学生对六个"喜"的探讨了。

师：这里既有喜悦的神情"涕泪满衣裳、愁何在"，也有喜悦的动作——

生：漫卷诗书、放歌纵酒。

师：既有喜悦的现实"青春作伴好还乡"，也有喜悦的想象——

生：（齐）巴峡、巫峡、襄阳、洛阳。

师：正是这些喜悦一而再，再而三，三而四地叠加在一起，才形成了这首诗歌如此丰富，如此磅礴，如此一泻千里的喜悦。来，带着这样的理解，一起再来读读这首诗。（师领诵，生有感情齐读）

这一"悲"一"喜"的对比阅读，使得诗歌的主题跃然而出，并进驻学生的心。虽然我们有时候不肯承认"诗歌有意思"，但毋庸置疑，诗歌应当具有"意义"，这个意义，不仅是对诗歌形式的认同，也是对其中的情感的内化。一句话，通过诗人、诗歌、教师、学生的精神对话，诗歌的力量，从此彰显。

其次，诗歌怎么读？

小学的语文课堂一直强调"诵读"的重要性。然而，对古诗词而言，"诵读"绝非简单的摇头晃脑，也不是不知所云的"带着想象去阅读"。它必须具有情感的基础和对语言的起码认知。

我们发现，在这堂课中，无论是对"背景知识"的预习交流，还是对诗歌语句的逐一解释，其根本的目的都是为了一种情感的积聚和对"诗义"的理解。教师的高明之处，是他在指导学生"读"的时候，并非"守株待兔"，坐等孩子们有了情绪才引出"诵读高潮"，而是"过关斩将"，一路指导孩子以诗歌的各种读法。

譬如，在学生尚未对《示儿》一诗有所感觉时，教师只从技术（节奏、韵律）的层面来对学生的诵读进行指导，并指出：

> 师：这才叫"读诗"呢！不仅要读得字正腔圆，读出节奏和韵律，还得随着作者的情感起伏读出抑扬顿挫来！不过同学们，读诗读得抑扬顿挫，读出节奏和韵律还不是读诗的最高境界。你知道读诗的最高境界是什么吗？
>
> 生：读出诗人内心的情感。

可是怎样才能"读出诗人内心的情感"呢？于是，"一句一句来"，师生又开始对诗歌"含义"进行释读。这个过程不是简单的技术分析，因为它还包含着对作者情感的认知、认同。于是，等到大家认识到"九州同"原来就是该诗之诗眼时，此时的诵读，便迥然不同了。而教师又不失时机地利用复沓、利用其他文本资源，促成诵读者（学生）的情感外露，促成他们对诗歌之精神的认同。

就小学生的诗歌学习而言，同"情"远比入"思"来得重要。好的课堂，本身就带有一种诗意的力量，能引导学生不断深入文本，深入情感。

最后，从诗歌的教到诗歌的学。

虽然才军兄在课堂内用到了不少高招，并通过对诗歌的解读和诵读，凸显了《古诗两首》所蕴含的爱国主题，也让学生初步领略了古诗词的形式美，但毋庸置疑，这些招数明显带有"教"的痕迹。诗歌教学的根本任务，是真正促成学生对诗歌的认识和热爱，这也是判断一堂诗歌教学课成功与否的重要标准。

按照我粗浅的看法，读者对诗歌的理解，主要涉及三种能力：其一，鉴赏能力，即通过学习，能领会诗歌的语言、意境以及其中的情感力量；其二，批判能力，即读者能对诗歌形成自己的观点和看法；其三，内化能力，即通过阅读，能将诗歌中的精神转换为自身的情感和力量。唯其具备了第三种能力，诗歌的学习，方可谓到了"入乎其内，出乎其外"的境界。

在这堂课中，学生这三个方面的能力均有所获得，尤其是第一种和第三种能力（小学生阅读诗歌时，要想形成"批判能力"，殊为难事，故不必过分要求）。问题是，这几个方面能力的获得，是否是他们"自主活动"的结果？换言之，他们能力的形成，是否依赖于教师的"教"？

课堂之中，学生的"自主活动"（包括思维和情感）还是较多的，但较为零散。其中最明显的有两处：一是对诗歌之"背景知识""字词语句"的学习，二是《闻官军收河南河北》一诗教学中的"留白写作"。对于材料和语句的学习，正如前文所述，教师运用了非常巧妙的方法，既让学生习得了知识，也突出了文本的主题，更培植了学生阅读的情感。这是这堂课的最大亮点。但若放手给学生自行阅读，效果是否依旧？这个不好说。本节课中，教师并未将解读诗歌、内化情感的一般方法教与学生，课堂的话语权基本控制在教师手中。另外，"补白"（无论是想象、言说或是写作）是语文课中常见的策略，是某种意义上的"再创作"，就技术而言，不啻为一种训练表达能力的好方式。在这节课中，教师多次用到了"补白"策略，如在对"六喜"的分析中，教师鼓励学生用想象进行情景补白；之后又让学生写下杜甫"对他的朋友、他的家人们"可能会说的话。可惜的是，这种补白或写作，仍属于教师授予学生的任务，并非出于学生的自发冲动。想要使诗歌的阅读更有深度更有广度，需培养学生自发表达的愿望与能力。

诗歌的教学，应当帮助学生习得诗歌的读法，但又不该深陷于具体文本的具体解读。才军兄在课堂内分别为两首古诗引入了一些恰当的补充文本，既如此，我们何不以"综合活动"的形式，引导学生对其中的诗义、境界、主题做一番综合考察呢？

另外，无论是陆游还是杜甫，他们对国家命运的关注，以及由此创作出来的诗歌艺术，无不是对孩子进行爱国主义教育的优秀材料来源。只是，若缺乏"作者视角"与"读者视角"的连接，这些材料便只能成为遥不可及、毫不相关的死材料，无法真正引发学生内心的情感体验。解读诗歌，语言自然很关键，而诗歌文本所蕴含的跨越时空的人性，作者赋予诗歌文本的特殊情感，更是学习者借以诗歌学习而要抵达的世界。

故此，诗歌的教学当十分谨慎：我们既不能无视教学，以为放手就可以让学生自主习得诗歌的精要；也不能过度教学，越俎代庖，在貌似精彩丰富的课堂语境中，束缚孩子对诗歌的本真理解，阻遏他们对诗歌的可持续阅读。还是一句老话：授人以鱼不如授人以渔。诗歌教学应该成为学生阅读诗歌、理解诗歌，甚至创作诗歌的一个令人兴奋的起点。

整本书阅读教学：从问号到问号

——评王文丽的《35 公斤的希望》一课

《35 公斤的希望》是法国作家安娜·嘉瓦尔达的一部获奖作品。故事内容并不复杂：格雷古瓦（多多）厌恶上学，却有一双巧手，会制作各种东西。但是除了他爷爷，没有人能理解他。多多因此恨自己的学校。后来，在爷爷的鼓励下，他鼓起勇气给格郎尚中学的校长写信，希望能进入这所技工学校，并由此开启了新的生活。

这样一本书，或许并没有太多的技巧和张力，却与生活密切相关：所有的人，无论是西方的还是东方的，都能从中找到自己的影子，都能对其中最核心的问题进行思考，那就是——孩子的教育问题。

所以，将这本书作为整本书阅读教学的材料，对小学的师生来说，真是再合适不过了。

这是一本书

是的，这是一本书。所以，作为经验丰富的老教师，王文丽非常清楚，她不能用对待篇章的手段来教授这本书。

她用非常简明扼要的方法带领学生认识书的各个部分，比如书名：

师：最初看到这本书书名的时候，你有什么疑问吗？

师：那么，读完了这本书后，你对这个书名又有着怎样的认识呢？

这两个问题一前一后，虽然简单，却遥相呼应，将师生对整本书的理解、分析包含其中，平淡之中孕育着丰富的变化。

再比如故事的梗概：

师：……谁来介绍一下这本书主要讲了怎样的一个故事呢？

无论是对篇章的阅读，还是对整本书的阅读，概括能力都是学生的一项基本能力。这一点，在这节课里得到了很好的体现。不过，做到这一点还不够。教师继续问：

师：了解一本书讲了什么故事，可以通过阅读全书。除此之外，还有一些小窍门。你知道还可以从哪儿知道这本书主要写了什么吗？

生：有的时候，一本书会单独有个内容简介，有的时候书的内容会在序或者后记中有所体现。

仍然是对书的知识的普及，不过，这次教师引入了"序""后记"和"内容简介"，以及很有专业色彩的"前勒口""后勒口"和"辑封"。

但是如果我们由此得出结论说，教师在此处做的是出版普及的工作，那就错了。当教师带领孩子们高声朗读勒口处的全书简介（以一首诗的形式）以及那个代表多多个性的核心句子时，我们感到，这节课的精彩从此拉开了帷幕：

我不是很高，不是很胖，不是很壮，我有 35 公斤的希望。

入乎其内，出乎其外

《35 公斤的希望》毕竟是一本故事书，在课堂内，师生免不了要对故事的内容进行回顾和评论。但如何回顾如何评论，不同的教师有不同的做法。

王文丽老师在课堂内的做法，是"入乎其内，出乎其外"。

先说"入乎其内"。

检测读者对故事的理解程度，最简单的办法便是让他重述故事，并对其中某些细节进行点评，对某些人物进行分析。在让学生高声朗读上述故事的核心句之后，王文丽老师开始与学生一起分析多多这个人物。

师：主人公多多是个怎样的孩子呢？谁能来说说他给你留下的印象？

由于课前进行过仔细的阅读，孩子们开始叽叽喳喳地谈论多多的点滴故事：他在原学校所遭受的委屈，他在发明创造方面的特长，他为家人和朋友所做的一切……他们谈论多多，仿佛就在谈论自己。因此，当教师引导他们分析为什么多多在原学校生活得如此痛苦，甚至说出了"我恨学校，恨它远胜于世界上的任何东西，甚至更加严重，学校毁了我的生活"这样的话时，孩子们深有感触。他们的分析，已经不是简单的"理解文本"了，而是带有了自己的经验，带有了自己的情感。一句话，他们已经走进了文本。

生：我觉得这个主人公很可怜，没有人理解他，反而去惩罚他。

生：我感到同情。

生：一个在某些方面有缺陷的孩子，更需要别人的关爱和理解。

这是教师组织学生观看了电影《地球上的星星》片段后孩子们做出的回应。应该说，这个电影与《35公斤的希望》有着一样的教育主题，因而能获得孩子们的同情心。

有了这种同情心，孩子们便能用自身相似的经历与文本、与文本中的人物进行零距离式的对话了。当他们在格朗尚中学找到了自尊和希望后，他们开始对教育进行"控诉"，也对教育进行"建设"。从某种意义上说，这一环节是教师特意安排的，她希望借此让学生"出乎文本"，同时又能借机表达她自己对于教育的观点和看法。

要"控诉"一种路人皆知的社会问题并不困难。课堂内的"控诉"，层次分明：先"控诉"家长，再"控诉"老师，之后"控诉"校长、局长，孩子们发现，任何一个人都是教育这个链条上的牺牲品、受害者，同时也是该链条下一节点的施害者。

教师在此过程中，始终不忘以"家长""老师"的身份与孩子对话，引导孩子换位思考，理解他人的处境，从而从宏观的层面探寻教育问题的根源。

不过，在课堂上带着孩子大谈教育，多少让人感觉有些无奈。老实说，师生在课堂内的议论，顶多表达了一种匹夫之责，无法真正解决问题。更何况，在语文课或者阅读课中，脱离文本、信马由缰地去议论某些社会问题，是否会招来文本主义者的责难，而被认为远离了语文课的"初心"？

课堂的边界

从教学的层面来说，王文丽老师的这堂课给了我们很好的示范。教师对课堂环节的设计，对节奏的把控，师生互动的丰富，与文本、与社会之对话的深入，以至与生活的结合程度，都显得炉火纯青，令我们大开眼界。不过，如果将这堂课置于整本书阅读教学的语境之中，我们还是不得不考虑以下几个问题。

第一，这堂课能不能不上？

整本书阅读教学是一个系统的过程，课堂只是其中的一个环节，并且未必是必需的环节。如果学生在课前通过各种活动，对书中内容了然于胸，甚至能很好地将书中的内容延伸到自己的生活，就书中的相关问题能清晰地阐述自己的观点，我们是否还有必要进行类似的课堂活动？

我这样说，并非对王文丽老师这节课进行全面否定，而是希望引发阅读教师对课堂边界的重新认识：有些课，真的可以不上，甚至上了还不如不上。保持阅读的新鲜度，保持思想的活跃，保持对话的不断深入，这是我们在组织孩子阅读整本书时的终极期待，这种期待，不该被我们的"课堂意识"横插一杠，从而使阅读失去本该有的吸引力。

第二，对整本书的探讨，除了主题和内容，我们还可以谈什么？

显然，从课堂的内容设计来看，王文丽的这节课还是比较传统的——分析人物、分析情节、情感代入、观点阐述，这些做法，严格地说，是"篇章"教学的翻版。在整本书阅读教学中，我们是否还有别的东西可以教授给学生？

当然有。比如阅读的方法与技巧，包括预测、概括、笔记、解构，再比如各种文体学的知识以及跨学科性的阅读策略，等等。并且，这些方法、技巧、知识，还应该是互相关联的，如同一张网，渐次推进。在这堂课里，师生在主题式学习和研讨过程中，的确潜伏了若干种阅读的方法和技巧，但若想使学生借助整本书阅读形成一种"能力地图"，这一堂课的努力是否显得单薄、缺少呼应？

更何况，相比篇章，整本书还有属于它自身的元素：版式的设计、目录章节的安排、插图的艺术，等等。这些元素也都蕴涵着与书的主题相关的价值，有待读者去积极开发。

第三，课堂里的老师，是"语文老师"，还是"阅读老师"？

这两者是有区别的，虽然未必泾渭分明。前者注重的是文本的细读和语文能力的培养，后者则在与孩子共读一本书的过程中交流技巧、方法，并拓展孩子的视野。就我观察过的有限的整本书阅读教学课而言，大多数老师，仍念念不忘自己是教语文的，所以课堂的设计感过强，容量过大，倚重内容和主题而忽视阅读的科学性。

如果新课程改革中，"整本书阅读"作为一种课程理念被提出来，被逐步实施，那么，我觉得我们有必要将这种课程的指导教师定位成"阅读教师"——他们的任务是系统地指导学生完成整本书阅读的活动，包括学习、研究和表达，而不是简单地把全书内容作为一个文本传授给学生。

其实，以上三个问题，归结为一点，仍是课堂的边界问题。在整本书阅读教学中，课堂这一概念，有必要被重新审视。这是我最近几次观课后最强烈的想法。

在本节课中，王文丽老师曾说过这两句话：

　　一本好书，读过之后还想再读；一个好的读者呢，未必一定要把
问号变成句号，非常有可能读过之后还是问号。

　　阅读不是光让自己富有同情心，阅读还会让自己有一份责任心。

那么，在观察了她的这堂课之后，我们是否有责任制造出更多的问
号，并沿着这些问号深入到阅读教学的内核呢？

何处是江南?

——闫学《忆江南》一课赏析

一

一般而言，对同一个文本，教师的解读与他在课堂中的教学实践总是存在着差异。有时候，这种差异是如此之巨大，以致我们不得不在"学术"与"教学"之间举棋不定、犹豫不决。

譬如，对于白居易的《忆江南》，倘我们深入去研读，我们会发现，文字表面的脂粉气息之下其实包藏着一种对人生的感慨，以及对理想的可想而不可即的哀愁。可是由于我们在教学中时刻要考虑到学生的"接受能力"，也时刻要顾及他们对世界尚存的美好与渴望，我们不得不屈就于诗文中艳丽的色彩、轻快而柔和的韵律。我们津津有味地追索着其中的"诗味"，却忘记文字背后还有人生，以及人生所带来的悲情和心理异动。

这种矛盾到了后来，使得教师在解读文本时习惯于放弃文字背后的思想，为了取悦课堂，直接采用印象式的解读，以浮光掠影般的表象捕捉，来应对课堂教学中可能出现的"艺术熏陶"的需要。譬如《忆江南》一诗，大家便热衷于分析中间那两句——"日出江花红胜火，春来江水绿如蓝"，在"想象""诵读"的惯常手段下，引导学生对"江南"产生约定俗成的印象。

于是，学生在这样的诗歌课堂里，也学会了浮光掠影般的分析、判断方法，而不从思想的层面去探析文本。

闫学显然对这种解读及教学的倾向十分警惕，因此，在设计《忆江南》这一课的教学时，她就提醒自己：

解读这三首词，人们历来以赞美、怀念为主旨，纠结于绚丽的意象，止步于诗词表面所凸显的情感，对诗人复杂的内心世界缺乏深入挖掘，从而大大降低了这组词的艺术魅力。表现在教学中，则采用封闭而线性的教学模式展开，未能帮助学生充分理解和领略这组词的思想内涵与艺术成就，仅仅满足于让学生理解词意、能背诵、会默写这些最基本的学习目标；教师在课堂上很难组织起有价值的对话，更难以把学生的思维引向深入，教学始终在一个层面上展开，课堂效率可想而知①。

其实，她说的课堂效率，在实际的操作中未必十分糟糕，至少教师在课堂内可以营造出一种"江南味"；但是，这种课堂，由于止步于"绚丽的意象"和"诗词表面所凸显的情感"，很难引起学生对人生的思考。因此，设计一堂能真正体现"人道"的课，真正引领学生走向高阶思维的课，便显得迫切而有意义了。

二

闫学对《忆江南》一课的设计，大致包括三个部分：

其一：想象明艳的江南。从第一首词入手，想象诗人记忆中色彩明艳的江南，初步感受诗人对江南的怀念。

其二：感受温暖的江南。将另外两首《忆江南》词引入教学，引导学生了解诗人与江南的情感渊源，体会诗人身在中原、心系江南的情感，以及诗人对美好生活与逝去岁月的无比眷念的人生感触。

---

① 闫学. 能不忆江南——《忆江南》整组诗词的解读与教学 [J]. 语文教学通讯（C）. 2008（7）：79-83.

其三：向往心中的江南。在学生充分体验诗人情感的基础上，通过多种形式的有感情的诵读，感受诗人心中那个永远的江南梦，并初步有所感悟：每个人的心中都有一个美好的江南。

这三个部分，简单地说，是对"江南"的三个层次的理解。第一个部分"色彩明艳"的江南，是诗歌文本中可以直接获取的印象江南；第二个部分的江南，则是创作者眼里的江南，是与记忆相关的江南；第三个部分的江南，则已从地理的概念变为了心灵的映射，此时的"江南好"，无不具有人生的回望意义。

这样的教学设计，透露出授课者对《忆江南》的本质理解：作者心中的江南到底在何处？唯有明白"江南"的内涵，唯有明白"江南"的意趣，我们才可以真正理解作者为什么要说它"好"，也才可以让学生体会到诗歌所蕴含的情感以及作者对命运的审思。

这样的教学设计，既顾及诗歌的艺术性，又开掘了诗歌的主题性。

就艺术性而言，《忆江南》的文字大致具备"诗情画意"的特征，尤其是中间极为工整的两句对仗。在分析这两句时，我们大多采用以下三个角度：其一，色彩；其二，对仗；其三，韵律。其中色彩的对比，能使诗中景象跃然纸上，仿佛一幅斑斓的山水画，写尽"江南"特质。

师：真是太好了！刚才我们反反复复读，一遍一遍读，好像怎么也读不够，怎么也读不厌。哪一句你最爱读？

生：日出江花红胜火，春来江水绿如蓝。

师：这两句最美，那么我们就美美地来读这两句，边读边在脑海里想这个画面。

令人惊讶的是，闫学老师虽对诗歌文本有着深度解读的能力，但其课堂教学却出乎意料的平淡，甚或平淡得有些世俗，譬如此处的"想象"和"诵读"。这两个极具小学特色的语文阅读教学法，在课堂内被反复使用。教师不断鼓励学生对"江南"进行想象，进行诵读，进行创作。

不过，如果我们观察整节课，就会发现，教师在带领学生游走于文字表面的同时，也在暗暗地推动学生对"江南"的理解。

> 师：其实江南的美景数不胜数，仅仅我们湖州，就说也说不完，道也道不尽。同学们想，白居易他本来还可以写哪些江南的景物呢？
> 生：他可以写杭州的山寺与亭子。
> 生：杭州美丽的西湖。
> 生：……
> 师：但是在这首回忆江南的词中，这些风景他统统都没有写，只选取了在他的印象中最美的画面、最美的景物，那就是——
> 生：日出江花红胜火，春来江水绿如蓝！
> 师：那绿如蓝的江水、红胜火的江花，是白居易记忆中江南最美的画面，最美的风景。这最美的画面，通过寥寥两句就表现出来了；这最美的季节，最独特的味道，都浓缩在这短短的一首词中了。白居易不仅是一个诗人，简直就是一个——
> 生：画家！

在这个简短的讲评中，教师渗透了一种诗歌创作和欣赏的理论，即"无为"。"无为"的目的，是为了"有为"；无言之美，更在言外。教师希望通过学生对言外之意的探索，明白"江南"其实不限于地理上的概念，她要让学生明白，此处浓郁灿烂的"好"，衬托着彼处沉重艰难的"不好"。当她问到"对于白居易来说，江南仅仅是一个地方吗？他怀念的仅仅是一个地方吗"时，她已经煞费心思地带领学生移步到诗歌的"人道"——而这人道，正是诗歌的"言外之意"。

那么，白居易《忆江南》的人道，到底体现在何处？

白居易作《忆江南》三首时，年近七十，已在洛阳苦闷地住了十二年。此时的他心情十分糟糕，对江南的回忆或思念，恐也大多带有感怀和惆怅。因而，《忆江南》中艳丽明快的色彩，反使我们警觉而不安：这些亮丽的文字底下，是否涌动着他内心最不亮丽的情绪？

按理，从作者生平和社会背景角度去评判一首诗，并不是最佳的文本鉴赏方法。不过，人生的有些矛盾，是普适性的，能够穿越时空，能够带我们走进经典，体会作品的情感和美学张力。

> 师：江南对白居易来说，可不是一个普普通通的地方。……江南的一草一木都留在了他的记忆中，他为此还曾经写下了另外两首《忆江南》。（出示后两首《忆江南》，师生齐声诵读）
> 师：读了这两首词，结合下面的注释，想一想，白居易怀念的是杭州的什么？怀念的是苏州的什么？
> 生：他怀念杭州山寺里的桂子，怀念在郡亭看钱塘江潮水。
> ……

小学生对人生的认知并没有我们想象中那样悲观，他们只是替教师从诗文中找到了那些不"普通"的江南痕迹。但当中仍有一位学生道出了一句令我们大为惊诧的话：

> 生：他可能是在卧着看，看潮水一会涨一会落，好像自己的人生，会涨会落！

会涨会落，这正是《忆江南》所要表达的人道！这节课所要教给学生的，不仅是诗歌语言中的"江南"色彩，更是作者对人生涨落的思考。作品当中明丽的色彩和轻缓的节奏，多少负载着作者的人生之梦：其中有美好，有苦涩，有憧憬，有无奈，所有这些历程，都通过"能不忆江南"根植在他的心底。

三

如果这样说，《忆江南》一课，一定会招致学生本位主义者的不满。因为教师仿佛不理会"学生第一"这一主导新课程改革的教育理念，反倒要以教师对人生的"偏见",引导学生也对这个世界产生"偏见"。

这里关涉对师生关系和教学内容的不同理解。我个人以为,课堂的教学,必须包容教师的个性,也必须容许教师在适当时候"主动出击",以其学识影响学生的学习。这是教师之为教师的责任,也是他的专业要求。

师:……对于白居易来说,江南仅仅是一个地方吗?他怀念的仅仅是一个地方吗?

生:他还认为江南是一个仙境!

师:哦,一个仙境,他怀念江南的美景。

生:还想念自己在江南的种种过去。

莫要小看此处的过渡。教师悄悄地置换了"江南"的概念,也置换了对诗歌解析的重点。这种置换基于她教学设计中的主体思路:"江南"不是一个地域,而是一个梦;这个梦,不仅在白居易,更在所有人的心中。

师:也许,他曾经无数次在梦中回到江南。在那无数次回到江南的梦中,他都梦见了什么呢?

生:也许他梦见了江南的小溪流哗哗地流着,江边的花开得比火还要明艳,江水绿得好似那一丛蓝草!

师:他梦见了那一江春水,梦见了那江边盛开的火一样的花。他还梦见了什么?

生:还梦见他与几个朋友在寺庙里饮酒作诗!

师:还找桂花,还喝茶。

生:他可能还梦见了竹叶青酒的香味!

师:竹叶青酒的香味让他难以忘记。他会与朋友一边饮酒,一边做什么?

生:他可能与朋友一边饮酒,一边作诗。

生:还谈心呢!

生:或许他们还在看苏州的少女跳舞!

梦境之所以刻骨铭心，正因为它的美与好。在这种朦胧而清晰的梦境中，《忆江南》虽带着幽怨，却义无反顾地折显着对完美人生的憧憬。

因此，当教师在课堂内一声声问学生："江南真是那么好吗?"学生即便没有白居易的人生体验，也照样觉察到了一丝悲情。他们不由自主地高声回答：

江南好，风景旧曾谙，日出江花红胜火，春来江水绿如蓝，能不忆江南?

30 分钟上完一节课?

——徐巧飞老师《湖心亭看雪》一课背后的尴尬

徐巧飞老师是我新来的同事。小姑娘酷爱文学,对语文的教学亦十分痴迷。进校后,拜马小平君为师,更是认真观摩,勤奋学习。不久,便登台上"公开课",篇名为《湖心亭看雪》。

《湖心亭看雪》文字不到 200 言,语言清楚简练,但回味无穷,不失为一篇经典的明清小品文:

> 崇祯五年十二月,余住西湖。大雪三日,湖中人鸟声俱绝。是日更定矣。余拏一小舟,拥毳衣炉火,独往湖心亭看雪。雾凇沆砀,天与云与山与水,上下一白。湖上影子,惟长堤一痕、湖心亭一点、与余舟一芥,舟中人两三粒而已。
>
> 到亭上,有两人铺毡对坐,一童子烧酒炉正沸。见余,大喜曰:"湖中焉得更有此人!"拉余同饮。余强饮三大白而别。问其姓氏,是金陵人,客此。及下船,舟子喃喃曰:"莫说相公痴,更有痴似相公者!"

在语文教学界,流行着"长文短教、短文长教"的做法。既然这篇文章短小精悍,课堂的演绎自然需要精彩纷呈,掘地三尺而后快。巧飞妹妹也明白这个道理,故在马小平君的指导下,悉心备课,精心组织课堂语言,准备将平日所学所思在课堂上尽数展现。

不料人算不如天算,上课到 30 分钟时,巧飞发现她已将内容全部上完。尴尬的她一脸茫然,只好匆匆宣布"下课"。这令听课的老师们目瞪口呆。要知道，这堂课不仅是"汇报课"，更是"教学比武课"，于是在之后的评委会议中，领导指示：提前下课这么多时间，应"一票否决"。

这真是一个奇特的教学事故。作为当事人的徐巧飞，她自然难过而懊丧，在事后的反思中，她这样描述这次"颇具特色"的上课经历：

> 我硬生生将 45 分钟的课堂内容上成了 30 分钟，当我一声"下课"脱口而出，课堂戛然而止，我面对的是学生诧异的眼神和在座同行一声声始料未及的惊叹，我不知如何反应，那一刻的尴尬让我无所适从……

毕竟是新老师，所以她只从自身的感受去回忆这次事件，却不明白事件的背后，是课堂教学界的种种规则与圈套——这些规则与圈套，有些是固有的，有些则是人为创造的。而我在观课后，也不由自主地想到了如下三个问题：

第一个问题：45 分钟的课，我们能否用 30 分钟上完？

恐怕马上会有许多人跳出来说：不行！少上了 15 分钟，说明你的教学预设不到位；提前下课，更是对学生的不负责任。一句话，课堂还是需要"规范"的。

他们说的"规范"，是一个非常专业的术语，简单地说，是指教学环节、教师语言、师生活动等，都需要一定的标准，即便是板书设计、问答节奏等细节问题，也需要仔细斟酌，力求完美。唯其如此，你才对得起"课程标准"对教学提出的种种要求①。

落实到具体的语文阅读课，这种规范便是你必须将文本的信息通过"解读"传达给学生，必须通过思考和讨论将文本背后的意义挖掘充分，必须通过练习让学生掌握基础知识，等等。

---

① 张祖庆君新近写了一篇牢骚文章《语文公开课艺术化的忧思与追问》，其中说到现在的公开课"越来越美，简直就是一场'唯美'的盛筵"。他虽然针对的是那些"名师"的课堂，但"唯美化""程式化"，的确是公开课的普遍做法，并且愈演愈烈。

学校（以及专家）对这样的规范了然于胸，这使得他们的教学管理和教学评价十分方便；而教师若了解了这些规范，则可以在短时间内掌握教学技巧，迅速成长为一名"合格"的教师，甚至可以通过公开课脱颖而出，成为"名师"。

这些道理，巧飞未必不清楚。在授课前，她就对本堂课的"教学目标"和"教学内容"做过全面预设，而课堂的演绎，也正是按照这种预设进行的：有师生对话，有文本分析，有对作者情感的体验，有对课堂学习的小结。一句话，语文课堂所需要的程式和内容，在这节课里一应俱全。

然而百密必有一疏，巧飞没想到的是，她苦心经营的规范课堂，却因为提前15分钟下课而坏了规矩，成了她课堂展示中的死穴。这令她苦不堪言。

老实说，如果教师能在30分钟内完成教学目标，要么说明他的教学水平高，要么说明学生的领悟力强，我们为何还要强求在对剩下的15分钟内磨洋工呢？多出来的时间，我们完全可以随心所欲，师生共乐，此等好事，怎么反而成为课堂的硬伤了？

看来，"课堂规范"已成了一种僵化的教学思维，在影响着我们对课堂的评价。而其背后，则是我们一直以来对课堂教学怀有的一种莫名其妙的完美情结。对新教师的规范要求，正逐渐演变成对教学形式主义的追逐。

因此，当巧飞在30分钟时宣布下课，我至少觉察到了一位新教师的实用主义勇气。有效的课堂学习，未必需要用足45分钟。正如我们看到学生的书包空空荡荡，以为他们轻松无为，便想方设法弄些资料帮他们填塞，结果反而弄得他们身心疲惫，最终对学习产生了厌恶之情。

第二个问题：30分钟里，教师和学生在做什么？

虽然躲过了时间决定论，巧飞的课，仍然有必要在教学层面进行反思。事实上，她在课后的确分析过她在教学中的各种不足：

1. 导入语言过于正式，这使得原本活泼好动的学生都变得"正襟危坐"，朦胧中觉得课文"很难"，无法放开。

2. 教学过程中教师不懂得"追问"，心里想的仅仅是如何"安全地"走完既定程序，不出任何纰漏，从而失去了各种教学生成的机会。

3. 收尾匆促。

这份检讨，有一定的道理，至少从一个侧面探讨了"为何多出了 15 分钟"这个问题。

我们先回顾一下当时的课堂导入：

师：王国维在他的《人间词话》中讲道："有我之境，以我观物，故物皆著我之色彩。"古来吟咏西湖的名篇颇多，诗人心中有一个春天，他笔下的西湖就春意盎然；诗人的心中有一份柔情，他笔下的西湖就温柔缠绵。

这段话说得诗情画意，浪漫灿烂，而其问题，也在此处。这种具有"语文特色"的课堂语言，绝非师生正常交流的媒介，因此不能得到孩子的认同。于是，课堂从一开始就被赋予了一种古怪的话语腔调，仿佛师生被一条无形的绳索牵引着，走向一个并不属于自己的世界。

之后师生共同探讨《湖心亭看雪》一文中的"不寻常之处"。就教学设计而言，此处非常具有特色，所谓"语不惊人死不休"，文章之高明，正在其"不寻常之处"。但巧飞回忆课堂时，发现这里"有些吃力"，原因是"没有精彩的追问，没有学生自己的课堂生成"，一句话，教师仅仅是走了程序，而不是和学生一起真正探讨。

那么什么是"精彩的追问"？追问当然须基于学生对文本的初始理解，比如有同学说："这里的量词比较奇怪。"这便是一个很好的"初读印象"。事实上，张岱之原文，几处量词均与"独""小"相携，以此暗藏自身之心境。若教师能引导学生从"技术性"的量词和数词走入作者的心里，则学生可实现"与文本的对话"了。可惜，巧飞当时只顾着推进自己的教学，一句"是啊，说明这里的景很不寻常"，关上了学生进一步探究文本的大门。

探讨文本的"不寻常之处"之后，按照课堂环节的设计，应该是"体会作者的情感"了，按理也是课堂的高潮之处。巧飞对这一环节的教学显得胸有成竹，她试图通过对"雪景"的品析体会，让学生真正感受到张岱笔下的那份空灵和诗意。可是她很失望，因为"学生对雪景的感受也只能是点到即止，流于表层，无法深入和透彻"。

果真如此吗？我们不妨看看两位学生在这期间对文本的理解。

当教师问到为何作者眼中的景物这么小，甚至是"越来越小"时，有同学认为，当时雾凇沆砀、上下一白，作者看不清楚也是常理。

当教师问到为何作者说"独往湖心亭看雪"，明明有舟子做伴却视而不见，学生"小声嘀咕"道："老师，舟子不是来看雪景的。"

看得出来，学生对文本的理解虽然朴素，却也深刻。"雾凇沆砀、上下一白"，从而使人看不清楚眼前之物，这的确是常理，是生活的经验。但这样的回答，与教师的设想不同："作者写景，用的量词有很明显的变小过程，其中人在里面排在末位，是最小的。这说明人在这苍茫的天地间，犹如沧海一粟，自然感觉孤单。"至于"舟子不是来看雪景的"这个说法，更点出了张岱身在俗世尚觉孤独的悲凉。然而教师一门心思想要出示她的标准答案，并没有注意到学生的回答暗含着某种深刻与准确。

可见，教师所谓的"深入和透彻"，与她预设的标准答案有关。她一直守株待兔般地等待着——等待学生说出她期望的答案，可她偏偏忘记了，当课堂内学生的话语权被剥夺，当教学依照"程式"和"标准"运行时，文本与生活的关联会戛然断裂，一切的对话遂成为不可能。于是，理想中的教学仿佛海市蜃楼一般，只远远地浮现，而无法实际触摸。当学生的回答只能是"小声嘀咕"时，我们几乎可以断言，他们只是边缘化的看客，与课堂无关，即便这样的课堂只持续了30分钟，他们仍是"度日如年"。

可见，时间这东西，不完全是物理上的概念，也是心理上的感应。我们说"快快乐乐"，可想只要是乐事，便一定过得快；而一旦是与己无关的事，则一分钟都嫌长。巧飞的课堂问题实质，并非她在物理时间上的利用不足，而是因为追逐教学的程式，在心理上造成了师生之间、读者与文本之间、知识与精神之间实质上的背离，从而使教学"无的放矢""闭关自守"。究其原因，是她主动站在了知识本位，忽略了课堂精神环境的建设。

课堂需要开放，而开放的前提是包容。30分钟上完一堂课本身不是问题，而缺乏开放、包容的意识，则是这堂课的大问题。

第三个问题：剩下的15分钟，我们可以做什么？

尽管从文化的层面上看，巧飞的课堂尚有不完美之处，但作为一名新教师，她其实已经做得非常不错了，至少她完成了"知识教育"的一般步骤，并在一定程度上启发了学生对文本的思考。但接下来的一个问题对她来说十分关键，也十分棘手：课堂内多出来的15分钟，到底能够做什么？

直接宣布下课显然是下下策，因为这意味着对课堂教学的实施和管理亦到此为止，的确是"对学生的不负责任"。依我朴素的理解，教师在课堂内须做两样事：其一，教授学生以知识和方法；其二，建立和维持师生间的关系。现在，知识的学习似乎可暂告一段落了，但是师生的交往却仍在持续。这是我们身在课堂须时刻明白的道理。因此，你哪怕在这15分钟内与学生插科打诨，说笑打闹，也比"放羊"更符合教育的原则。

事实上，巧飞妹妹的"15分钟"尴尬，我在年轻时亦遭遇过。入职后第一次站在讲台上，感觉便十分狼狈。之前设想好的教学内容，没几分钟就讲完了，剩下的时间，正如《围城》中说的那样，"像白漫漫一片水，直向开足马达的汽车迎上来，望着发急而又无处躲避"。好在我及时学会了方鸿渐的做法，不断地在黑板上写字，方才摆脱了无话可说的尴尬。巧飞的不幸，是她的这一故事竟发生在"公开课"上，于是躲闪不及，只好宣布"下课"。

我的同事马小平君，一位在教学上卓有成效的老师，也有过差不多的经历。有一次她在教授《丑小鸭》一文时，自以为文本简单，便设置了三个一般性的问题，让学生在文中找答案。学生的表现"虽然缺少激情但到位而完整"，于是她满意地开始做课堂小结。不料有学生忽然发问："马老师，这篇课文上完了？"并表示还想继续上《丑小鸭》。这使她猛然意识到，学生之所以提出这个问题，是因为他们"对文本抱着期望，寻觅成长的精神需求"。于是，她和她的学生重新走入文本，通过简简单单的诉说、诵读，为自己找到心灵的慰藉①。

正如马小平君在这一案例中总结的那样，"画着教参上的重点寻思从哪几个方面可以把文本讲清楚"，既是师生阅读的错位，也往往导致教师对文本的误读。在她的这堂课里，真正意义的教学发生在学生提问之后，也就是师生一起分享丑小鸭的快乐和痛苦，并从中寻找一种力量，一种能抵御现实挑战的精神支柱的时候。我想，倘若巧飞再磨练几年，她应该明白其中的"教学智慧"究竟意味着什么，也会明白，在冲破"规则"牢笼的同时，我们究竟该做什么。

---

① 马小平."老师，这篇课文上完了?"——《丑小鸭》课堂教学反思 [J]. 教学月刊（中学版下），2009（11）：63-65.

绘本教学的热思考

一

绘本，我是不懂的。

我小时候读的那些有图画的书，他们告诉我不是绘本，是"连环画"，没有太多的艺术性。后来，冠以"绘本"（picture books）的东西出现了，可是我后知后觉，等到想要赶时髦时，发现儿子已经小学快毕业了。那时候的我鼠目寸光加刚愎自用，以为绘本只适合低段孩子学习，便没有给儿子补课阅读。于是，没有读过连环画、没有读过绘本的他，懵懵懂懂地和他的小伙伴们一起升到了初中，升到了高中，升到了大学。

再后来，有关绘本的阅读、教学、研究如火如荼，俨然不接触绘本，人生便是不完整的。于是，我慌了。

要命的是，我到源创做的第一本书，竟然就是有关绘本的！是闫学老师的《绘本课程这样做》。本来这本书不是我负责的，可是法源兄的意思是说，我跟闫学关系好，对小学教学尤其是绘本教学比较熟悉，做这本书应该得心应手。

我不知道他是真的糊涂还是故意刺激我。总之，我就硬着头皮审读闫学的大作了，啊不，应该是学习。

其实，闫学原来所在学校的那个大名鼎鼎的"爱丽丝绘本馆"，我是去过几次的。可是，除了对其中的装修设计能说上几句好话，对摆在书架上的各类绘本，基本上是莫名其妙——当然，我曾诚恳而不合时宜地给闫学指出过，其中有一本绘本"倒过来放了"。

阅读闫学的《绘本课程这样做》，果然扫了我不少的盲。虽然我对"课程"还算有所了解，也非常赞同她在书中所设计的"绘本阅读九大课程板块"，但由于对绘本原著的阅读几乎为零，就整本书而言，几乎没有什么感觉。

写作这本书的，不光是闫学，还有她学校里的"绘本阅读课程"团队成员。看得出来，这些人都是高手，无论对绘本的理解，对绘本的教学，还是对绘本课程的建构，都有独到的想法和做法。她们使我从此相信，绘本真的是一种艺术，一种独立于语文学科、独立于语言文字的艺术。绘本虽然大多是在讲故事，但这种故事，按照林文宝先生给大家扫盲时说的，既包含了"文字讲的故事"，也包含了"图画暗示的故事"，更包含了"图文结合后产生的故事"。因此，对绘本的认识，若停留在"语文教学的资源"，便显得对这种艺术有些不尊重，至少没有充分挖掘出其固有的价值。

二

然后就是绘本的教学。

其实早在十来年前，在我根本不知道什么是绘本的时候，我就听过一堂"绘本教学课"，执教的老师是南京芳草园小学的刘颖。当时刘老师只是简单地把绘本中的图画拍照，传到幻灯片上去，然后一页页地把故事讲下来。讲到差不多时，她让孩子们也轮番上台讲述（似乎中间还穿插了一些简单的问答）。当时我听了后，产生两个疑问：

（1）既然是讲故事，如果不用那些插图（当时我不知道，图乃是绘本的重要元素），是否反而更能激发孩子们的想象以及对文字的敏感？

（2）既然幻灯片可以展示绘本中的内容，为什么还要鼓励孩子们去买昂贵的纸质绘本？

其中第一个问题，后来在阿宝老师的讲座中再一次被提了出来，只是他取的是另一个角度：

● 图画本身能否独立讲述这个故事？

● 如果没有文字部分的话，图画叙述是否完整？

而之所以有第二个问题，是因为我当时对"书本"有一种盲目的崇拜，以为只有触摸了纸张页面，方可称得上"阅读"。对绘本而言，既然它是"艺术"，那么，无论其色彩、明暗、层次、空间、文字排列，等等，都是极其考究的，匆促地拍照后做进课件，仿佛一首 CD 音乐被做成了 MP3，即使肉耳肉眼分辨不清，长此以往，也必将损贬孩子的审美能力。——这个观点，我至今保留着，并且发现有不少专家也在默默地支持着我。

阿宝老师对绘本进课堂仿佛是持反对意见的，他认为这样做会破坏语文课程的固有结构及规划，因此建议绘本只作"课外读物"；另外，李玉贵老师也对师生在课堂内翻来覆去对绘本进行解读和挖掘表示了担忧，认为这无异于加重孩子的负担。不过，将绘本带入课堂，或者以课堂教学的形式阅读绘本，似乎已成为一种不可逆转的趋势。我们现在要考虑的，恐怕不是老师该不该教学绘本，而是绘本到底该怎么教。

我不懂绘本，但教学好像还能说上几句。这些年中，听了一些绘本的课，加之被朋友们灌输了一些绘本的知识，忽然觉得也应该对绘本的教学指手画脚一番了。

有趣的是，刘颖老师的课虽然过去了许多年，但许多老师上绘本课时，并没有在形式上有太多的突破。前几日在上海参加某活动，听到一些老师依然在课堂内声情并茂地"讲故事"，而孩子们依然在目瞪口呆地看屏幕，看老师。我忽然十分理解阿宝老师说的，我们没有必要将绘本带入课堂教学，因为这样的课堂，不仅仅在浪费孩子的时间，它甚至也在消磨、泯灭孩子对阅读的兴趣。

话又说回来，如果语文老师的讲述能像电台主持人那般动听，至少还能给孩子带来听觉上的享受。可惜不幸得很，不少老师教书久了，似乎都不会正常说话了，只会一味地用一种小学腔"朗诵"，用一种令人毛骨悚然的方式不断地糟蹋绘本故事（包括其他很多故事）。

三

事实上，在这次活动中，由于授课老师们"各怀鬼胎"，想法不一、做法不一，因此课堂分别呈现出各自的目的和效果，譬如——

1. 挂羊头，卖狗肉——信不信由你，狗肉还真的不错。

比较典型的是何捷兄的课。何捷兄的大名我早有耳闻，但现场听他的课却是第一次。我发现他身上有一种别人所没有的素质，那就是：后现代的语言风格以及解构能力。

这种说法也许过于学术化。简单地说，他的说话幽默冷峻，他对文本以及现象有一种天生的深入解剖的能力。

他这次上课的课题为"读绘本故事，漫溯心灵转角"，非常诗情画意的一个题目，其中引用的绘本，也足够心灵鸡汤，似乎是日本长田弘先生关于人生思考的一个绘本（《第一次提问》）。但是何捷兄的课堂可一点儿也不鸡汤，他以他特有的幽默和深刻，解读了这个绘本中的每一个问题，也鼓励学生提出更多的问题。

课后，何捷兄问我怎么看这堂课。我大致罗列了几个问题供他思考：

第一，诗情画意的绘本如何与貌似"无厘头"的课堂语言和谐一致？我的建议是：解构，解构，再解构！

第二，如果没有这个绘本，甚至没有这堂课，学生能否提出这些人生问题？如果能，这堂课该如何引领他们走向深入？我的建议是，要么提出更宽广、更深刻的问题，要么引导学生就这些问题发表新的见解。

然而，等他走了之后，我忽然想到，他的课，其实与绘本没有半点关系——虽然学生照样很喜欢这样的课，以及这样的老师。绘本是羊头，而学生吃到的，其实是狗肉。

2. 挂羊头，送羊肉——注意是送，虽然送的不多。

罗一宸兄是一位来自香港地区的"儿童教育工作者"。其实他做过许多事情：记者、编辑、画家、作家，同时也是一位称职而优秀的爸爸。他不是一位职业教师，但他仍然用课堂的形式给孩子们讲了一个绘本，这个绘本的题目是《我的老师是怪兽》。

我粗粗地翻看了一下这个绘本，发现其中讲述的，其实是一种交往能力的培养技巧，当然，还有师生状态的真实描写。凭着直觉，我发现这个绘本不仅可以讲给低段孩子听，也可以讲给高段孩子听，甚至可以与家长、老师们一起交流。我给旁边的曹爱卫说："你开三堂课吧，然后我来综合评点这个绘本课所蕴含的社会意义。"

然而罗一宸兄并不想这么复杂。他面对的虽然是五年级的孩子，但他用近乎一二年级的标准和要求进行授课，并且动用了许多夸张的肢体语言来取悦孩子们。这使得这堂课一直游走在故事情节的表面，缺乏深入细致的拓展分析。我是老师，底下坐着的，也大多是老师，大家都替罗兄着急，认为他低估了五年级孩子的智商，也浪费了这个美妙的绘本。

然而回头一想，罗兄在课堂内要传递的，其实未必就是绘本故事本身，他希望通过这堂课与孩子们建立起一种新颖的、积极的师生关系。这种关系虽然大家向往已久，却很少有人能真正实现。

我们再回顾这一绘本的本意：《我的老师是怪兽》不就是希望师生关系是一种平等、民主、对话的关系吗？

所以说，罗一宸兄的课，虽然看起来肤浅，却给了孩子们真正的东西（羊肉）。

与罗一宸兄一样不当老师却喜欢用课堂形式讲授绘本故事的，还有来自上海的"故事妈妈"黄欣雯女士。黄女士一看就像一位妈妈，言谈举止充满了温柔与雅致。她是做阅读推广的，旗下的妈妈志愿者仅在上海就有一千多人。不知怎么的，我对那些做阅读推广的人特别敬佩，觉得正是因为这些活雷锋，儿童的阅读才能够得以普及，学校的阅读教学才能够得以有效补充。与"三叶草"等其他阅读机构不同，黄妈妈的阅读推广活动主要是通过"阅读进校园"的形式来进行的，简单地说，就是故事妈妈们说服校长，在学校的课表上专门安排时间让她们进教室给孩子们讲绘本。这种做法虽然简单有效，但我也暗暗担心是否过于粗暴，是否会在形式和内容上作茧自缚，从而约束了阅读的真正推广。

现在，黄妈妈亲自通过课堂演绎了她的"故事妈妈"们所做的工作。

她用温柔、舒缓的语调，给四年级的孩子们讲述了《一只有教养的狼》中的故事。中间当然也有提问，有思考，虽然这些问题和思考很简单，很随意。我看旁边的几位老师，听着听着就开始瞌睡了，心想台上的学生真厉害，竟然没有被催眠，而且还能配合黄妈妈继续把课上下去。

《一只有教养的狼》，无论是故事还是画面，都适合幼儿园的孩子。给四年级的学生上这个绘本，多少有点挑衅他们的认知能力。不过，如果黄妈妈能另辟蹊径，发掘故事的另类价值，或者发挥阅读推广机构的优势，从形式上给予孩子们冲击，兴许能让这节课体现出独特的价值，达到一种意想不到的效果。然而她没有，她采用的仍然是传统的讲述法，她送出去的虽然是羊肉，但有些发酸、过时。

3. 挂羊头，卖猪肉——猪肉虽好，也不要贪吃哦。

曹爱卫女士是我的好友，她近年来专门研究绘本以及绘本的教学，应该说积累了不少心得，她的教学也被越来越多的人所认同。

当然，爱卫首先是一位老师，所以她会更多地从教学的层面看待绘本。比如说，一堂绘本课中，教师到底要实现怎样的教学目标？教师在课堂中需要用什么样的教学技巧？教师所做的一切是否真正有利于学生的发展？等等。

于是，她吸取了绘本教学前辈们的教训，从教学的角度认真设计每一堂课，认真上好每一堂课。这次她带孩子们阅读的绘本是《礼物》——惭愧得很，这也是我第一次听她上课。

响马夫妇创作的《礼物》，从故事情节来看，是比较简单的，简单到适合于幼儿园的孩子阅读。大意是小鸟、小猴、小猫等收到了礼物，打开包装后却发现里面并不是他们想要的东西，但他们转念一想，这个礼物只要用在恰当的地方，仍能发挥意想不到的作用。显然，这个绘本故事的核心在于"意外"。可惜许多老师没有注意到这一点，所以设计课堂时不免隔靴搔痒：

能发现礼物的包装和动物之间的联系，并根据这种联系预测故事情节。

理解疑问句和感叹句的使用情境，能在朗读中运用恰当的语气。

了解赠送礼物和接受礼物的相关礼仪。

这是某幼儿园老师对这个绘本的教学设计，这是将绘本当作教材的节奏啊！

爱卫是一名语文老师，她声称一定要站在语文的立场去看待、去挖掘这个绘本，所以她的课堂更多的是为培养孩子的"言说能力"而进行设计的。简单地说，是每到一个环节，都要孩子们根据自己的认识和理解，去叙述画面、叙述情节。为此，她还动用了讨论、展示、小结等课堂技巧，努力使这节课有形有料。

然而她的问题也正在于对自己身份的清醒认知。课后我给她的评价是"教师职业病发作"，设计感过于明显，从而破坏了学生阅读故事、欣赏故事乃至评价故事的固有节奏；另外，作为语文老师，她过于注重"语言的表达"，而忽略了这种表达的可能源头——图片信息，没有让孩子们从图片的细节中寻找"意外"发生的原因。

我在和爱卫大谈特谈绘本课堂时，临平的姜晓燕老师在一旁默默地听着。晓燕我是第一次见面，也才知道她已经在绘本教学上钻研过好几年了，实力不俗。她也是老师，听了我的胡说八道后，据说连夜将自己的教学设计改了，彻底地改了。

为什么要改？她后来告诉我，是基于两种考虑：一是怕课堂的信息输入量过少（大概她听到我老在叫嚣："十分钟就可以读完的绘本，为什么要花一个钟头去上？"），二是怕走绘本教学的老路，讲个故事完事，没有留下更多的东西。

显然，晓燕是一位负责任的语文老师，也是一位要求进步的语文老师。她在原先给孩子讲述《金胡子和红毛衣》绘本的基础上，增加了一个绘本——《米莉的帽子变变变》，并试图从"想象力培养"的角度将这两个绘本串联起来。

这个做法，与其他老师相比，多少算个创举；而她课堂内最大的亮点，则是给了学生充分的阅读和思考的时间（虽然课内阅读与课外阅读其实是很不一样的）。

然而她的课堂的职业化特点也非常明显，譬如小学腔，譬如教学技巧的繁多，还有，正如景洪春女士所指出的，两个绘本似乎缺少逻辑可比性。（这点我十分同情她，因为设计是连夜改出来的，要寻找一个替代绘本的确不容易。）

曹爱卫和姜晓燕的课，几乎代表了广大"优秀的语文老师"对绘本教学的探索和实践。他们本着"教学"的立场，努力挖掘绘本的价值，并以他们在教学上的能力，为孩子们输送养分——虽然这个养分未必就是孩子们最稀缺、最需要的。

四

上海的这场活动（活动全名是"第二届海峡两岸和香港儿童绘本高端论坛暨教学观摩研讨活动"），是我参加过的相对比较系统、全面而深入的有关绘本及其教学的活动。在这场活动中，我感受到了绘本研究和绘本教学中的许多成就，也见识到了绘本教学中的许多不足。另外，我也深刻地认识到，无论是谁，在展示活动中都要尽量拿出自己最擅长的、最感兴趣的东西。因为就大多数老师而言，他们是来"取经"的，而不是真正来"研讨"的，所以那些不成熟的、匆促的课堂或观点，最好先在"录音棚"里训练多遍后再拿出来展示。我这样说，是因为发现这次活动中，混迹着几位语文教学精湛而绘本教学未必高明的名师，他们的存在，或许是主办方为了吸引人气特意安排的吧？当然，主办方自有他们的考虑，但对绘本教学的研讨，似乎并不起多少作用。

回头重新审视闫学的《绘本课程这样做》，我忽然无端产生了不安。虽然专家们可以替广大语文老师进行绘本教学的"顶层设计"，但这种设计一旦落实到教学，便"百花齐放"，令人眼花缭乱。绘本，到底是用以阅读推广，还是用以课程拓展，还是直接融入教学内容？老实说，我糊涂了。

还是一句话：绘本，我是不懂的。

课堂之美学

  从某种意义上讲，课堂是师生共同创造的一件艺术品，因而我们不仅在"上课"，更是在"造课"。无论是教师还是学生，都能在课堂的场景中感受到艺术的力量，能从中读出在其他场合所无法得到的美感。

作为艺术而存在的课堂

——王崧舟《两小儿辩日》一课的美学境界

在每个领域中出现的凡是值得被称为艺术性的活动，都必须具有审美意义。

——［俄］斯托洛维奇

王崧舟在推出《两小儿辩日》一课之后，便有众多的专家、同行惊呼他的"风格"变了。这一声惊呼，大约缘于王崧舟本人所倡导的"诗意语文"的演进，更缘于其他人对"诗意语文"的解读。

"诗意"当然可以有各种解法，但最不应该被理解的，恐怕是"像诗一般"，或者指向"情感性"的教学。否则，在观赏了《两小儿辩日》一课之后，有了一头雾水，也不足为怪了。即便从唯美主义的角度去理解"诗意"，在我看来，也仍是捉襟见肘，隔靴搔痒。有时候我们太在意某一种提法的理论建构和阐释，殊不知越是这样，反而越道理不清。王崧舟自己也写过一些文章评点"诗意"，但他的文字，唯"感悟"而已，对我们理解"诗意"，"仅供参考"。对"诗意"的最好注解形式，恐怕仍是他的课堂。

因此，《两小儿辩日》一课之后，我们该反思下对"诗意语文"的理解是否有所偏颇，也该重新审视下王崧舟课堂教学中所体现出来的真正精神。

一

必须承认，虽然大家对王崧舟的课堂教学褒贬不一，但无论是学生还是老师，在聆听他的课堂时，都会凝神屏息：他们不仅在课堂中享受到了"美"，也会在课后忍不住去"思"。这正是王崧舟课堂的魅力所在，也是青年教师企图学习而从不曾真正学到的精神。从这个意义上讲，王崧舟从来都不仅是在进行着课堂教学，他更是在进行着一种艺术的创作。在这个过程中，他以自己对人和世界的理解，以一种艺术性的行为去解读文本的生命意义；同时，用他的教学思想，激活课堂参与者（包括学生和听课老师）的精神追求。我们或者可以说，他的课堂，是一个艺术连续体，一个对内凝聚、对外辐射的艺术作品。

这首先表现在他对语言的艺术性观照之中。

《两小儿辩日》一文，并不以语言的力量打动读者。但文本的意义，却往往在于教师和学生如何对它进行解读。事实上，这一文本的要义，在于"辩斗"，于辩斗中显现人的精神。王崧舟敏锐而准确地抓住了其中的两组关键词语：车盖、盘盂，苍苍凉凉、探汤。而这两组词语正是引出"辩斗"的先导。教师非常巧妙地通过学生对这些词语之关系的探讨，明修栈道，暗度陈仓，很自然地将课堂活动引向了"辩斗"。这一导入策略，表面上看是对常规课堂教学的妥协，实质上却是利用了听课者的期待，制造出一种非常规的阅读心理，从而达到了"陌生化"效果。

对于"辩斗"，一般人都认为是《两小儿辩日》一课的精华所在。这固然不错，但也往往会招来一些质疑。譬如，为何要辩斗？辩斗如何能促进"语文"？可是，当我们仔细分析整节课的进程之后，我们惊奇地发现，"辩斗"竟是王崧舟极力倡导的"诵读"的另类形式，是一种突破语言的囚笼，达到思想之表现的途径。

就整堂课而言，传统的诵读形式并不多见，虽然其精神仍是一以贯之。王崧舟一直认为，诵读是感悟作品的基本策略，是"唤醒感觉的过程"，是"激活诗意的过程"。因此，他鼓励学生在诵读中找到自己：

师：好的，这是你的发现。你把这两处找到，读给大家听听，行吗？不着急，听清楚要求。注意你在读的时候，这四个词语怎么读，你琢磨琢磨。（对大家）我们听，他是怎么读这两小儿的话的，这四个词他是怎么读的。

这里的"琢磨琢磨"，耐人寻味。教师后来说："四个词读得重一些，读得强调一些，更能让人感受到他们说的都是事实。"可见诵读的结果，是读者借语言的声响彰显了内心的思想。但每个人眼中的事实并不一致，因此辩斗不可避免。在《两小儿辩日》一课中，辩斗成为诵读的又一具体形式。我们看到，无论是师生辩斗，还是生生辩斗，参与者从来都不曾脱离文本；而辩斗中先导词语的及时变化，又无不反映出教师对诵读进程的把握和学生对文本意义的理解提升：

……

师：一儿曰——

组1：日初出大如车盖，及日中则如盘盂，此不为远者小而近者大乎？

师：一儿曰——

组2：日初出沧沧凉凉，及其日中如探汤，此不为近者热而远者凉乎？

师：一儿坚持曰——

组1：日初出大如车盖，及日中则如盘盂，此不为远者小而近者大乎？

师：一儿争辩曰——

组2：日初出沧沧凉凉，及其日中如探汤，此不为近者热而远者凉乎？

师：一儿不服曰——

组1：日初出大如车盖，及日中则如盘盂，此不为远者小而近者大乎？

　　师：一儿反驳曰——

　　组2：日初出沧沧凉凉，及其日中如探汤，此不为近者热而远者凉乎？

　　师：一儿扯着嗓子曰——

　　组1：日初出大如车盖，及日中则如盘盂，此不为远者小而近者大乎？

　　师：一儿拍着胸脯曰——

　　组2：日初出沧沧凉凉，及其日中如探汤，此不为近者热而远者凉乎？

　　……

　　在这个诵读辩斗过程中，师生们艺术性地重构了"辩斗"的情境，同时又并未放弃文本语言，反而以语言为势，以语言为魄，通过语言来创造力量。作为课堂艺术的创作者，他们不仅完成了对文本的解读，更完成了与自身心灵的对话。

二

　　在这追求生命意义的课堂艺术体中，教师以他的才气和性情进行着创作。诗意课堂，常常是王崧舟实践他教育美学的最佳场所。在这里，艺术创作的手法和技巧，作品所显现的张力，无不使读者（学生和观众）得到一种美的体验。

　　先是教师对课堂节奏的艺术性把握。观察整节课堂，我们发现，教师对于课堂的动静、错落、疏密、起伏的把握艺术而和谐，甚至对于课堂活动的时间分配，也是天然协调——师生开始"辩斗"的时刻，正处于课堂时间线的黄金分割点位置！同时，在辩斗之时，师生的语速愈来愈快，情绪愈来愈投入，课堂语势层层推进，而此时教师却能自始至终地保持着冷静，并未因为"忘我"而使课堂主线滑散松弛。显然，教师在课堂内被分割为两个自我：第一个自我被课堂情境捕获，全心投入"辩斗"，为课堂之"魂"；第二个自我则是课堂之"理"，他非常明白，自己是"平等中的首席"，有责任控制课堂内话语的发展。由此可见，课堂内主线与辅线、明线与暗线、内线与外线相互制约，在韵动中显出理性，在激情中显出和谐。

同时，恰如其分的修辞手法，使得整个课堂产生了一种唯美的情趣。同样是辩斗，有学生的词句诵读，有两位同学之间的辩斗，有教师与学生之间的辩斗，甚至到了最后，有小组与小组之间的辩斗，课堂进程愈趋高潮。而忽然间，观众正要会心击掌时，辩斗声却戛然停止：

师：辩啊，（众笑）怎么不辩啦？怎么不辩啦？怎么不辩啦？

生1：嗓子喊哑了。

师：你怎么不辩啦？

生2：孔子来了。

师：你怎么不辩啦？

生3：孔子说话了。

此种情境，大约如修辞中的突降（anticlimax），其中的艺术效果十分明显。它打破了读者（听众）对辩斗的期待，同时教师及时借学生之口完成了课堂进程中的角色转换，在极动极静的时空中迅速引出了辩斗之外的声音：孔子，从而使人产生无限的遐想空间。这大约便是中国传统哲学中的"大音希声，大象无形"，即"听之不闻其声，视之不见其形"。课堂艺术作品正是在这种强烈的反衬中完成了美的意义，也从而达到了潘新和先生所说的语文教育的"化境"。

这种境界，或许便是诗意语文的艺术追求吧。在《两小儿辩日》的结尾，我们再一次看到了陌生化带来的时空想象：

生：我觉得他不会说，但是他会写在《论语》里面。

师：是吗？他还没说，以后再说，对吗？

师：孔子到底会说还是不会说呢？（静）王老师也不能决也。
下课。

在这里，学生的角色，从"两小儿"辩斗方的"入境"转到了孔子方
的"出境"，再进而转到了穿越时空的客观视角。这种视角转换，本身就
具有隐喻作用；而忽然以这样的形式收束课堂，更是"留白天地宽"（请
注意结束语前的"静"）。这样的结束，正合了"结句当如撞钟，清音有
余"。通过这样的手法，课堂内"最富于孕育性的那一顷刻"（莱辛语）
被定格，它将课堂文本的不确定性留给了读者，让读者去想象，去完成这
件艺术品的终极意义。

纵观整个课堂，教师充分利用了他自身的素质，将语调、音色、节奏
等要素有机协调，创造出了一种和谐的美感。这样的协调，仿佛是音乐的
创作，它发乎个人内在的感悟，并不断地通过对话创造意义，从而对不同
的读者、在不同的时空产生不同的听视觉冲击。我们可以说，在这样的创
作过程中，教师是"主导"的，但他主导的是艺术的生成；而学生则是另
一种主导，他们在与这种艺术的对话中，开始了自己的想象，生成了自己
的批判意识。

三

不过我们不能只谈美感。因为真正的艺术是服务于人生的。王崧舟的
课是一个完整的连续体，这一连续体不仅具有美学张力，还蕴含了深层次
的教育学和人类学的意义。王崧舟总是试图以传统美学思想，借助于课堂
教学，在传达美的知识的同时，培育和提升人的生存境界。因此，他的课
堂，使我们在获得美感的同时，也具有了思想的乐趣。

同他的其他课例一样，《两小儿辩日》一课至少有四个教育对象。

第一个教育对象，是课堂内的学生。学生得到的是一种精神的启蒙和
情境的享受，这是诗意语文的直接成果。在王崧舟其他课例中，教师的情
感压迫可能会使学生远离思想，而在《两小儿辩日》一课中，学生不仅可

以通过辩斗，以倾听、互诉、挑战的形式自由地发出自己的声音，也能通过一定的角色转换，培植思维和理性。因此，如果说《两小儿辩日》与其他课例有什么变化，那么我们不妨说，它的课堂文体变了，学生的自由发挥度变了，但诗意的精神，却未曾改变。

第二个教育对象，则是教师自己。每一次的课堂展示，我们发现，首先感动的，往往是王崧舟自己。正如张华教授在评他的《一夜的工作》时说的，"因为他有艺术家的充满激情的心灵……他自己首先被这种氛围所感动，于是，用自己的情感自然流露，而又感染了我们在座的学生。"每一次上课，教师都能从中进一步体会到人的主体性意义，也能使课堂进一步散发出人本主义的诗意色彩。因此，"不要把它看作是拯救学生，而要看作是拯救自己"。

第三个教育对象，是现场听课的老师。王崧舟上的是"展示课"，这一课型有它的特殊性，不能与常规课相提并论。在这里，听众不仅仅是评点者、学习者，同时也是受教育者。通过对课堂的聆听，他们不仅享受到了课堂之美，更能因此激活思想，以更高、更远的角度审视语文教育。

第四个教育对象，是教育本身。不可否认，王崧舟的课堂艺术，会对现有的教育理念产生一种冲击，使我们不得不重新思考教育尤其是语文教育中的人文性问题。

这个人文性问题，到了《两小儿辩日》一课，已深入到哲学的层面。有人说，《两小儿辩日》中的问题，到今天已经有了科学结论，故不可"知之为知之，不知为不知"；也有人认为文本所包含的哲学命题依旧存在，值得探究。不过我想，在课堂内，我们不必深陷于哲学或科学的争论，我们需要的，说到底，是人学。

应该说，在《两小儿辩日》一课中，科学精神仍得以发扬。并且这种精神，以怀疑为起点，以探究和辩斗为形式，以思想为结果。科学的精神存在于一个"被历史地对待"（詹姆斯语）的过程。在这个过程中，权威不断地被蔑视，个体精神不断地被发扬。"人"的意义不仅是他的存在意识，也同时是他的生命意识、道德意识和审美意识。王崧舟的诗意语文课堂，一直是他对现存人生无意义化的反动，一直是他追求建立在价值和意义之上的人生的主阵地。有人说王崧舟是"情感教育"大师，殊不知情感只是"诗意"的手段，而非"诗意"的目的。因而我们不能简单地因为《两小儿辩日》不走"情感"模式，而推断说"诗意语文"得到了"转型"。实质上，这只是课堂体裁的一种外延和扩张，一种以语文教学为载体的诗意教育的深入。诗意语文的理想，正在于借助语文，借助课堂艺术，回归对人的意义的思考。

四

《两小儿辩日》一课是王崧舟先生的又一部艺术作品，是一部阐释他"诗意语文"的作品。在这部作品中，他以他的智慧照料了人的心魄，以一种艺术的存在对无意义的世界进行着一种抗争。同时，他的课堂艺术，也愈来愈趋向于老庄之道，回归于中国的传统美学。他在《〈两小儿辩日〉境界有三》一文中写道：

> 课象是现实的、现世的，而课的境界则是对这种现实、现世的超越，是想象的、彼岸的。"时有落花至，远随流水香"。只有在境界的"水"中游弋，方有语文的澄明和洒落。

境界，在王崧舟的课堂艺术里，实际上是一种意义的存在方式，即潘新和先生说的"一种言语生存方式，一种言语生命状态，一种言语人生、诗意人生境界"。境界，恐怕也是中国固有的文化对西方教育思潮的包容，是对此在人生世界的艺术注解。我们或者可以说，这正是诗意语文的责任。

情感逻辑下的课堂美学

——王崧舟《城南旧事》整本书阅读指导课赏析

　　孩子们，读小说，其实就是在读自己。不知不觉中，你们把小说最美好的东西化作自己的东西。这也是我们整本书阅读的一个重要策略——内化。

——王崧舟

一

　　在对《城南旧事》一书进行教学时，王崧舟老师遵循的，依然是他驾轻就熟的情感逻辑。

　　这恐怕是"诗意语文"课堂之所以具有独特美感的原因之一。无论是文本的解读、师生对话的组织，还是课堂情境的创设，都建立在情感生成与发展的基础之上，并由此形成与之相关的教学艺术手法，形成有利于学生人格发展的情感知识体系。

　　按理说，情感逻辑与理性逻辑在阅读教学中应该是相辅相成、并行不悖的，但是，在日常教学中，我们却试图只沿着理性逻辑建立课堂话语（尽管我们未必做得端正到位）。我们对文本的解读是"理性"的、"客观"的，我们创设的课堂是"知识"的甚至是"应试"的，我们与学生的交往脱离了他们的生活，变成纯粹的知识交易的甲方乙方。这样的结果，是阅读课堂的"逻辑结构"被不断强化，而"生态结构"却在无形中被忽视、被弱化——所谓的"生态结构",是"师生身体、情感与文化之间的生命的内在对话,是一个阐释、理解自我生活与生命意义的过程"①。

而王崧舟的课堂,正是试图通过情感逻辑,让师生在文本的学习中使自己的生命得以觉醒、得以丰满。

事实上,王崧舟曾多次在各种场合表达过他对"情感逻辑"的重视。比如,针对"只有语言文字的实际使用才是语用"的"语用焦虑",他就明确指出:"蕴含着高浓度情感的'语用知识',只有用情感的方式才能被学生切实地理解并掌握。"② 在讲到诗歌教学时,他也指出:"诗的逻辑不是自然的逻辑,甚至不是生活的逻辑,而是情感的逻辑。"③ 他的许多课堂——从《总理的一夜》到《慈母情深》,都演绎着他的这一观点和立场。

王崧舟以及他的"诗意语文"之所以如此强调情感逻辑,是因为他特别注重"人"在教学中的角色和地位。正如鲁庆中在其《情感逻辑纲要》一文中所指出的:

> 在理性逻辑的起点即感性认识中,不管是感觉,还是知觉或表象,它们所关注的都是客观的对象,包括现象学亦然,现象学研究的问题即是现象在意识中的自明性,关注的仍然是对象,因此缺乏对人性的关怀。而情感逻辑则直接以感受为核心,它关心的正是人的本身。④

因此,对《城南旧事》的教学虽然属于"整本书阅读教学",教师必须和学生一起研析小说的框架、要素和技法,但其中"人"的立场,依然是课堂首先要坚持的,也因此能成为课堂的亮点所在。

---

① 范春香,余小强.从逻辑结构到生态结构:英语课堂教学方法论的嬗变 [J].西安外国语大学学报,2013,21(2):77-80.

② 王崧舟.语用焦虑与实践突围(二)——语用教学三个层次的厘定与整合[J].新教师,2013(11):28-30.

③ 王崧舟.古诗教学的价值取向和实践智慧 [J].小学语文教师,2010(10).

④ 鲁庆中.情感逻辑纲要 [J].现代哲学,2001(3):25-29.

二

那么，在《城南旧事》的教学中，王崧舟老师是如何演绎情感逻辑并使之服务于其"诗意语文"课堂的？

事实上，教学《城南旧事》并不是一件容易的事。这本书包含了若干个互有联系的小故事，这些故事，学生已在课前仔细阅读，并对其中的情节了然于胸。教师若不能为课堂组织一条独特的线索，便无法使学生的阅读走向深入，甚至会使阅读课滑向纯粹是字词语句分析和训练的"语文课"，或者信马由缰的"讨论课"。

"弱水三千，只取一瓢"，王崧舟最后选择"离别"为课堂教学的主线索，从而使教学的思路清晰而准确，也使课堂中的情感逻辑发展有了载体。

事实上，对于任何教学文本，教师、学生的解读立场往往不尽相同，教师有教师的解读思路，学生有学生的欣赏逻辑。除此之外，文本还有其自身的发展规律。这些现象的背后，是观念，是生活，也是知识。但是，当"离别"被提炼为《城南旧事》的主线索时，无论教师、学生还是文本，都有了彼此对话的可能，也有了共同的情感基础。

抓住"离别"这一文本的七寸之后，教师才得以在课堂内将"诗意语文"的各种技巧加以运用，并创造出专属于这一课的美学效果。具体体现在以下几个方面：

第一，情境创设。

有人认为，情感逻辑包含情境、感受、悟觉等基本元素①，而对课堂教学来说，情境的创设，则能在整体上奠定情感的基调。

在《城南旧事》一课中，教师对情境的创设，首先是通过一种仪式感来实现的。上课伊始，教师便给学生播放了李叔同填词的《送别》一歌。值得注意的是，在播放音乐前，教师告诫孩子们"把心静下来，把手放下来"。这意味着聆听音乐需要一种仪式感；而当师生们对"离别"进行了

---

① 鲁庆中.情感逻辑纲要 [J].现代哲学，2001（3）：25-29.

充分探讨，学生完全走入文本之后，教师又一次播放了《送别》一歌。这种回环往复的艺术手法，使得课堂的情境不断被强化，学生的情感体验不断得到升华。

需要指出的是，《送别》无论是歌词还是曲调，都有着一种凄清、悠远的味道，当孩子们带着一种仪式感安静地聆听这样的音乐时，他们会不由自主地升腾起一种灰色的心绪，从而迅速与文本的色调相和。

另一方面，教师的语言催化，也在某种程度上强化了课堂的这种色调和情境，并促使学生的情感迅速融入文本，融入故事之中。

这种催化，体现在课堂语言上，表现为鼓励、提醒、认同、追问等方式。由于王崧舟老师自身的语言（包括语速、音调）、形象、体态等特色，他的课堂总能创造出一种磁力场效应，使课堂参与者全身心地融入他所设定的情境之中。

比如，课堂中，教师有几次意味深长的追问：

师：歌曲听完了，能跟大家分享一下你的内心感受吗？

师：孩子们，作者已经非常明确地告诉我们，每一段故事的结尾都有一个主角离"我"而去，注意到这个现象了吗？

师：你们还记得吧，这五次离别中，给你印象最深的是哪一次？

师：能说说理由吗？

追问、排比、顶针，这些文学创作中的修辞手法，一旦被熟练地移植到课堂之中，会使学生产生强烈的情感反应，激发他们的表达欲望，促使他们在言说中不断走进文本，深刻理解"离别"的意义；也促使他们在自己的言语表达中，流淌着与文本一样的情感，实现"人""文"合一的效果。

第二，人本立场。

教师对文本的解读姿态，往往决定了课堂教学的走向。在确定"离别"为课堂教学的主线索之后，王崧舟老师还以他对文本的基本立场，将《城南旧事》中的人物、语言一一定格、聚焦，从点到面，在短短一个半小时内形成了一个长镜头式的透视图景。

我们不妨看看他是如何呈现故事的基本内容的。

根据《城南旧事》的故事内容，填写表格，并在相应的（ ）里打"√"。

故事	离别时间	离别地点	离别主角	离别方式
惠安馆	英子七岁 （春夏之交）	椿树胡同		死亡（ ） 入狱（ ） 远走（ ） 回乡（ ）
……	……	……	……	……

在完成这张表格前，教师提示："当每一个故事结束的时候，谁离开了英子？"从而引出五个故事中的五组重要人物——秀贞和小桂子、"小偷"、兰姨娘和德先叔、宋妈、爸爸。这五组人物，最后无不与英子互相别离；同时，这五组人物，虽各有特点，却无不处在社会的底层。在分析了这些人物的性格特点后，教师又及时展示了另一张表格——

（课件呈现：人物性格一览表）

故事	主角	性格特点
惠安馆	秀贞	心地善良（√） 苦命（√） 爱孩子（√） 像个"疯子"（ ）
我们看海去	"小偷"	心地善良（√） 苦命（√） 爱孩子（√） 想要看海去（ ）
……	……	……

按照教师之后的总结，与英子进行离别的人，都是"好人中的苦命人"。这种对人，尤其是对普通人的本位坚持，打破了我们对底层社会的惯有思维，通过认知的冲突、环境的分析、语言的解析，拉近了学生与文本中人物的情感距离，使他们越来越具有同理心，并在文字的阅读中实现一种自我教育，也同时使课堂具有了强烈的人本倾向，从而获得了参与者最广泛的认同。

第三，生活链接。

在分析"情感逻辑"时，有些教师主张从文本出发，通过对文本的字、词、句的解读来揣摩作者的情感思路，挖掘作者的情感态度[①]。这种基于文本的分析法固然有它的道理，但拘泥于文本的情感解读并不能真正打开学生与文本（以及作者）之间的对话通道。毕竟，"在情感逻辑中，语言并不直接指向对象，而是唤起人的经验、刺激人的想象，调动人的情感"[②]，"艺术语言不追求判断或推理的正确性，而专注于传主体之情，达主体之意"[③]。

王崧舟老师深谙此道。他在课堂内无时不在"唤起人的经验、刺激人的想象，调动人的情感"，无时不在"传主体之情，达主体之意"。按照他自己的说法，这是"与生活的链接"。

> 师：其实，离别是人生的常态。孩子们，在生活中，你也遇到过类似的离别吧？跟谁离别？什么时候离别？在哪儿离别？以什么方式离别？为什么会离别？能跟大家交流交流吗？

"说自己的故事"，尽管是一个在小学课堂内司空见惯的教学招数，但它能迅速让课堂具有立体感，提高教学意义的丰富性。学生在言说自己的

① 黄焕 . 语文阅读教学中情感逻辑能力的培养 [J]. 中外交流，2017（6）.

② 黄朝东 . 真与美——理性逻辑与情感逻辑的关系 [J]. 中国科教创新导刊，2009（3）：195.

③ 胡霞 . 论艺术语言的情感逻辑规律 [J]. 社会科学家，2015（6）：156-160.

往事（离别）时，一方面能实现自身经历与文本的个性化融合，另一方面，也能重现记忆中人物的音容笑貌并与之进行心灵对话，在这过程中实现精神的洗涤与净化。事实证明，在这堂课中，当教师引出这一任务时，孩子们都能深情地叙述他们各自遇到的"离别"事件，并毫不掩饰他们对其中的人和事的思念。

第四，教学形式。

需要指出的是，王崧舟作为一名课堂艺术大师，在本课中所采用的教学手段、形式和媒介，也极大地促进了情感逻辑之于课堂美学的生成。具体而言，体现在以下几个方面：

1. 教学结构。从艺术的角度看，一堂课的各个环节都是"按照一定的逻辑、条理、秩序组合而成的"①。富有艺术气息的教学结构，能创造出相应的课堂美学效果。纵观《城南旧事》一课，教师无论是对作品进行情节回顾、人物呈现，还是激发学生表达自我，都显示了其深厚的教学功力，在教学设计上能做到运筹帷幄。一条线索，让读者（学生）以小见大，走进文本；两张表格，则让学生体会到了书中所描述的丰富的人性；而"讲述故事"，又让学生在时空转换中"入情入境"，以自身的生活体验去深入理解文本。整个课堂干净利落，同时又不失其风韵。

2. 课堂节奏。《城南旧事》一课，正如"诗意语文"的其他课堂一样，颇有节奏上的美感。从文本的角度看，《城南旧事》是一本成年人写作的童年回忆体小说，舒缓、沉郁，充满灰黄色的基调。与之相配，王崧舟的课堂也轻柔不拖沓，各环节之间过渡自然，彼此照应，学生在学习过程中不觉得疲劳、厌倦，并能在整个过程中不断有所发现、有所创造。这样的课堂节奏，是贴近心灵的节奏。整个课堂仿佛是一首诗，又仿佛是一篇美文，能在起承转合、抑扬顿挫中完成情感的生成、发展以及思考中的收束。这种具有强烈个人色彩的课堂风格，与教师的才气有关，更与"诗意语文"的美学追求有关。

3. 视觉效果。比如，基于《城南旧事》的故事情境以及课堂内情感逻

---

① 黄伟亮．课堂教学结构的美学思考［J］．教育探索，2011（7）：56-57.

辑发展的需要,教师将幻灯片设置为古朴、淡雅的灰底色和藏蓝色,并插入了著名画家关维兴先生为本书特制的水彩画。这一切,让课堂内的师生仿佛回到了故事中那古老的北京城墙下灰黄而又鲜活的童年时代,从而创造出令人挥之不去的情愫。再比如教师的板书,更是简要通达、意味深远,清楚而有力地将与这一故事有关的几个关键词书写在白板之上,创造出含蓄深厚的视觉效果,令人记忆深刻。

三

从某种程度上说,《城南旧事》一课是王崧舟老师在"诗意语文"教学中的一次有意义的探索。如果说之前的课堂教学都是针对某个"文本"展开的,那么这次的教学,面对的则是一整本书。教师需要选择适宜的教学时机,确定适宜的教学策略,从而让学生既能在课堂内有所收获,又能在阅读的路上走向深远。借用王崧舟老师在本节课中的板书,这样的阅读课堂,其基本策略是两点——简化:梳理整本书的结构;内化:接受整本书的滋养。

可贵的是,即便在这样一个复杂的阅读教学系统中,王崧舟老师依然保持了"诗意语文"的教学风格,依然坚持了"情感逻辑"的课堂演绎路线。通过精妙的教学设计和完美的课堂演绎,将文本、学生、教师融于课堂的情境之中,在情境中形成对话、生成知识、链接生活。

从本质上讲,王崧舟的"诗意语文"课堂大多是自洽的课堂。无论是教学情境还是言语方式,都在课堂伊始就已经基本确立,而之后的文本解读、情感升华、问题与对话的生成,仿佛都在意料之中。这使得王崧舟和他的"诗意语文"一方面被不断效仿,另一方面也被不断诟病。他的课堂赋予了文本和生活以美感,但缺乏对文本和生活的质疑与想象。但我们不能不承认,在一个缺乏情感体验的教育语境中,王崧舟老师的"情感逻辑"多少能让学习者从纯粹的知识学习中挣脱出来,以一种可感的方式触摸文本。在这样的课堂内获得的体验和知识,也许更多的是私人的、内在的,但它所培养的对文本和生活的审美触觉,却是恒久的、温暖的。

诗歌教学的远和近
——郭初阳《远和近》教学评析

初阳君上顾城的一首小诗：

你，
一会看我，
一会看云。

我觉得
你看我时很远，
你看云时很近。

这首诗的题目是《远和近》，很短，也显得很安全，不会让你心中横生出大爱和大恨；同时，它又很文学，可以叫你的心头掠过一丝敏感和一丝惆怅。

但偏因为它很文学，故要教学它，反成了一桩难事。这是因为，诗歌放在你面前，本是为了要你读的，不是要你去说三道四的。你倘能从中感受到一种想象和梦幻，一种美丽和痛楚，那么这诗便离你很近，很近，甚或这诗便是你自己了；倘你只是为了了解诗中所要表达的某某思想，或者为了验证某某主义某某理论，那不仅十分可笑十分无聊，更使诗歌离你愈来愈远。所以说，诗歌这种东西，是让你觉察到自己心灵的存在，它生来拒绝被解释，也生来拒绝被翻译（弗罗斯特就说过，诗歌就是在翻译中丧失的东西），甚至生来拒绝被教学。

如此看来，初阳君要教这首小诗，也是颇为冒险的：他随时会因为教师自身的意志而踏平学生固有的趣味，使得诗歌的教学离开诗歌并和读者愈加遥远。所以说，顾城的《远和近》，虽然看起来安全，其实却麻烦得很，它从一开始就喻指着你在教学中的一种矛盾。

不过，初阳君的本事，是他明知读诗是一种私密的活动，也明知诗是不好解的，却偏要迎难而上，很不知趣地在课堂内和学生分享诗歌的秘密。这样的结果，我们发现，是"诗歌可以这样教"，我们仿佛获得了一种对诗歌教和学的全新视角，并从此对诗歌的教学产生了一些好感，虽然其中所体现出来的"脚踏两条船"的困扰，依旧存在。

三角形与话语控制

必须承认，初阳君在教授《远和近》前，心里早就对这首诗歌产生了无限激动，也有了对这首诗歌的独到理解。他唯独不能预先知道的，也许是学生对诗歌的感触和想法。但是他是一位教师，有责任也有义务预测孩子们的想法，并将这些可能的想法融入他的诗歌教学中去。这便是所谓的"教学预设"。

初阳君的高明之处，在于他的"预设"并未显著地影响学生的学，但其中的力量牵引依然强大。这种强大，在上课伊始便可显见。

首先，技术引导。

上课开始，学生一起朗读全诗。此时，我们并不知晓学生在朗读时是否带有对诗歌的真切感受，也许他们对诗歌压根儿就是无感。故教师及时介入。他貌似在表扬学生，说"第一个同学朗读的时候，把儿化音加上去了"，又说"第二位同学朗读的时候有意强调了第一个字'你'"，至于第三位同学的朗读，他更是借机大谈诗歌的音韵。

老实说，这些学生在朗读诗歌时，未必如教师说的那样"有意识"（至少我在现场并未这样觉得），真正"有意识"的，恐怕是教师自己。朗读伊始，他就偷偷地教给学生一种诗歌的读法，也暗暗地给学生提示诗歌中的线索。这些线索，其貌不扬，却影响了之后的感悟和理解。

其次，图形控制。

许多时候，读诗仿佛是饮酒，不仅要看你是否真的爱酒，还要看你的酒量如何。有些人，诵读诗歌一遍，即可泪流满面；而另外一些人，却是张口结舌，不知所措。也许这是因为他们没有"入诗"，不知道观察诗歌、理解诗歌的门道。酒量大多天生，品酒却可以培训；读诗时对语言和文字的敏锐感知也是天生的，但如何感知，却可以引导。这即是诗歌的教学。

为了教学诗歌，初阳君用了一个怪招：画诗。

师：在揭示顾城之前，我想请大家先做一件事情，准备好你的笔和纸。大家看PPT，上面有一个几何图形，请各位同学用最快的速度选择一个恰当的几何图形来表现这首诗，把这首诗简化为一个几何图形。越快越好，随便画，不要讨论，不要偷看。千万不要受上面这个图形的影响，这个图是乱画的，只是为了告诉大家：请你画一个几何图形而已。

（生思考、画图形，师巡视，然后请一位学生在黑板上画。）

师：好，时间有限，我们看黑板。有一位同学在黑板上画了一个三角形，我看到很多同学画了一朵云，这位同学和大家画得不一样。来，我们请这位同学说一说：为什么要画一个三角形？

生：因为这首诗中有三个角色，一个是你，一个是我，一个是云，三角形有三个角，分别代表了你、我和云。

"画"诗这一招的绝妙之处，在于它引出了诗中最重要的三个元素：你，我和云。故这一"画"，不是王摩诘的"诗中有画，画中有诗"，也不是莱辛在《拉奥孔》中讨论的艺术体裁问题，而只是为了呈现一种线条性的思维视角：以此观察诗歌，不愁抓不住它的七寸。

但"画"诗这一招也有绝不妙之处，它使得学生之后在观察和领悟诗歌时，都陷入这三个元素之中。按说"诗无达诂"，然而给学生规定了一种视角，也便决定了他们解读诗歌的走向。因此，之后师生对诗歌的探讨，基本都在"教学预设"的可控范围之内。也正因如此，初阳君的这一招，受到了某些教学自由主义者的质疑。

帽子戏法

"三角形"策略使得课堂内对诗歌的解读被赋予了"技术主义"的色彩。但是对诗歌的读，不能光靠技术，也不能仰仗理论、观念和修养，而必须动用读者的心灵和经验。这些道理，初阳君是十分明白的。严格地说，他的这一招有点类似农村包围城市，其目的，是使学生迅速建立起对文字感知的"域"，而不至于误入歧途，或者落入俗套。

这里隐含着新课程理念下教与学的微妙而紧张的关系：虽然我们尊重学生对于诗歌的直觉，但"教"的责任，使我们不能不主动介入，给予学生一种观察、批评的视角。

品酒尚可从色、香、味、醇几个方面去讲求，对诗歌的品味和鉴赏更须如此，只是其中的关键，是你怎么去品味、如何去鉴赏。

在这一点上，初阳君又推出一个令人惊诧而佩服的怪招：帽子戏法。

教师首先向学生介绍了顾城那顶颇具特色的帽子："他的帽子很像牛仔裤上剪下来的一截裤腿"。这一介绍，使学生对诗人顿时发生了兴趣，而同时，"帽子"又可以巧妙地被比作诗歌的题目：

师：这首诗也有一顶帽子，但是被郭老师给摘掉了。今天这节课要做的一件事情，是请你根据自己的理解，给这首诗拟定一个你个人觉得最恰当的、最为精妙的标题。好，各位有几分钟的时间来做这个事情，请你认真地思考，慎重地下笔。现在开始。

拟题的过程很长，几乎延续了一刻钟。期间，教师不忘采用流行而恰到好处的"小组合作学习法"，保证每位同学都能参与其中。写诗、读诗和教诗，题目是个大事，马虎不得。北岛就说过："一首好诗的题目，往往不是内容的简单复述或解释，而是与其有一种音乐对位式的紧张。"不过，拟定标题如此耗费脑筋，倒不像在读诗，更像在做研究，这有些令人担心。

拟题之后是"解题"。解题时，我们才明白初阳君这一招的苦心。因为学生对题目的拟定，实际上是他们对诗歌的一次再创作，一次极具个性化色彩的再创作。这一招的高明之处，在于师生并未迷信原诗作者，而是创造性地以自己的生活经验、以自己的文字敏感对文本进行着一种回应。因此，每一组同学在解释他们拟定的标题时，不仅在试图参透诗歌的精神，也在努力参透周遭的人和世界。

学生拟定的标题，大约有以下几个：

（1）《距离》（两组）
（2）《云近而我远》
（3）《遥远》
（4）《障碍》
（5）《美》
（6）《友谊》
（7）《自然》

这些标题，显然是学生在其能力范围内深思熟虑的结果，虽则其中观察、理解诗歌的角度存在着细微差别。看得出来，"画诗"阶段中的三角形，对这些标题的拟定影响不小。而在对它们的解析中，我们更可以觉察到学生思维的丰富和他们对诗歌文字的敏感。

第一组孩子的解读似乎是字面上的：因为文中"全部写的都是距离，所以起的题目叫作《距离》"。这是对文字的直观感觉，是文本的"意思"。第二组的孩子则从"相对距离"的角度来补充，并说：

生：按理说，我与他人的距离应该小于我与云之间的距离，而这里却写我与人之间的距离大于我与云之间的距离，可能是因为，人之间互相不信任，于是距离越来越远，最终导致我与他的距离比我与云的距离还要大。

"人之间互相不信任"这句话出自一个孩子口中，有点了不得。不知道这位孩子是出自朴素的观察结果，还是复制成人社会的经验？无论怎样，他的解释有些令人恐惧地把诗歌的解读推向了"批评"。当然，艾略特说过，批评是文明人的本能行为，但对孩子而言，这样的文明似乎来得太早。

于是，作为教师的初阳不得不出面干涉，不得不将学生的理性思维拉回到诗歌本身。

> 师：……总而言之，我们知道这个距离是很玄妙的。我和你之间的距离是固定的，对吗？但是，我们发现，这首诗的第四行也就是第二小节的第一句话，是三个字，我——
> 生：（众人小声）我觉得。
> 师：这是我的一种什么？
> 生：感受。
> 师：这是我的一种感觉，是吗？在我的感觉中这个距离是固定的吗？
> 生：不是。

如此点拨，大约便可称作"教诗"了。因为教师试图让学生明白，理解诗歌，到底须基于对诗歌的主观的读，以及对诗歌的心理接受。"距离"两字，置于诗歌之中，有一种变幻莫测的美。

第三组同学取的标题为《云近而我远》，还是与距离有关，不过，已经与顾城诗歌的原题相差无几了。不同的是，标题中多了"云"和"我"——这是他们读诗时的聚焦点。第四组同学连"近"字都不要，只取《遥远》，在成人看来，这个标题透露出一股莫名的悲情。不过，孩子们的心思可没有这般复杂，他们的解释是"两个人如果相隔很遥远，他们就会互相看不见，他们两个人之间的距离就一定小于一个人到云的距离"。这貌似"物理性"的距离实则包含了人的心理感受，故教师坏坏地引诱他们探讨"你"和"我"的"真实距离到底有多远"。虽然教师的故意使坏，使得诗歌被赋予了青涩的"爱意"，但很明显，诗歌中的"心理"指向也随之而出。教师此时在黑板上写下的"心"字，或许正是理解整首诗的一把钥匙！

于是，网上流行的那句话，被理所当然地借来用以阐释原诗了：

> 世界上最遥远的距离
> 是我站在你的面前，你却不知道我是谁。

物理距离的僵硬和心理距离的变幻莫测，使得师生对诗歌的解读潜伏着一种人生的哲思。当第五组同学在解释他们所取的标题《障碍》时，他们的眼中，已经全然是人与人之间的交互了：

> 生："障碍"，就是两个人之间有一种心理上的隔阂，比如在她旁边却不敢跟她说话，有种胆怯的心理。
> 生：（该小组最后一位发言者）云离你比较近，我离你比较远，这说明你和我之间有一层像云一样似有似无、却又无法跨越的障碍。

这样的解读，无论怎么看，都像是一种哲学对话。尤其是最后一位发言的同学，将"似有似无、却又无法跨越"的"障碍"比作了云，更是把诗歌作为一个整体进行心灵上的观照。诗歌的解读，到了此处，便是美的解读，而非技术性的解析。这个时候，另一组同学（他们取的标题是《美》）提供的证据（距离，以及云的意象）使我们终于明白，顾城的这首诗，着实是一种文学，一种以文字的技巧搅动我们情绪和认识的文学。诗歌就是在这样的解读中，挽救了我们对语言和文字的敏锐感知。

或许有人会说，这些解读，无非是个体性的行为，说不定还是他们的主动误读。

诗歌文本的张力，难道不就在这种误读之中吗？

初阳君在带领孩子们解读这首诗歌时，似乎有意识地将他们拟定的标题进行了巧妙的组合，沿着"距离—关系—美"这一从质朴到华丽的诗歌鉴赏之路不断推进，而沿途之中，更使学生和观课的老师们还原了文字的艺术，认识了文学的深刻。这种自然天成的安排，到底可遇而不可求。可当我们联系之前学生所画的那个三角形时，我们猛然发现：教师自己对诗歌的态度和认识，早就在潜移默化地影响着孩子们认识诗歌的角度和方法。一句话，"三角形"策略，使得"帽子戏法"这一极具创意的读诗、解诗过程成了"请君入瓮"的必然结果，孩子们丰富的解读实质上是帮助教师完成了一次对诗歌精神的探索。我这样说，倒并非指责初阳作为教师的"霸术"，而是说在课堂内读诗和解诗，"教"的痕迹无论如何都无法消除。

因为艺术性的教学控制，反而可以帮助学生更好地理解诗歌，这是语文教师的责任所在，也是保证学生学习有效的基本策略。诗歌的教学，应使学生不断接受、不断挖掘诗歌的意蕴，使他们带着情绪的起伏和思想的变动去诵读诗歌，并以自身的生活和情趣与诗歌相契合，进而产生一种向美的冲动。放任自流的无序"解读"，反使人茫然不知所措，毋庸说领悟诗中的精神了。从这点看，初阳君的"三角形"控制和"标题序列"的安排，可以有效地帮助学生和谐、有序、有创造性地开展诗歌的解读，至于这种安排无缝而有机，只能说明教师的才情和本事。不信，你瞧，在最后一组同学展示《自然》这个标题之后，教师也十分"自然"地引出了这一堂诗歌课的点睛之笔：

> 这首诗的确很自然。大家有没有发现，一首好的诗，并不一定用非常深奥的语言，恰恰相反，它用的是三岁小朋友都认识的语言，但它讲出了我们直到三十岁都还无法完全参透的话语，对吗？好的诗句的表达是自然的，读起来也是很顺口的——这是评判好作品的一个标准。

"评判好作品的标准"当然不仅是"表达自然"，或者"读起来顺口"。但是针对儿童，针对诸如《远和近》这类的诗歌，这确乎是一种朴

110

素而精辟的诗歌美学概论。与此同时，教师又借机引出顾城自己对这首诗的看法。按照顾城的说法，这首诗中"你""我""云"的对比，隐含着"我"对人性复归自然的愿望。

顾城的这一看法，学生在课前未必会了解到。但此中环节的巧妙结合，不能不令我们心生妒意地要质问初阳：上课前你是否与学生串通好的？怎么到了关键的时刻，便有了这般关键的解读？

话虽如此，这一貌似圆满的课堂结局，其实是一种冒险。因为它有可能使学生怀疑自己的判断，转而崇拜作者的原生观点——这或许便是"新批评"所批评的"意图谬误"吧。临近下课，当教师问"你最喜欢哪一个题目"时，我听得提心吊胆，生怕学生会异口同声地说喜欢顾城的原题《远和近》，从而坏了整个"帽子戏法"的美好成果。好在终于有一位同学坚持认为：

生：我比较喜欢我们组取的标题《障碍》。(众笑)

师：嗯，为什么？

生：因为我觉得他们之间的确有一种似有似无、飘忽不定的隔阂；另外，他们的距离虽然非常地近，但是心灵上又是非常地远。

观众的一声笑，相信是轻松的、会心的、放心的，这声笑，既是针对诗歌的读，也是针对孩子的学，更是针对教师的教。当孩子们又一次齐声背诵"你，一会看我，一会看云。我觉得，你看我时很远，你看云时很近"时，听课的我们仿佛也有了一种教师说的"明天天气放晴，大家有空要抬头看一看云"的心境。

文学的猫与哲学的猫

——张学青与干国祥《活了一百万次的猫》之教学比较

一切能提升生命意义的东西，都是我们生命中美丽的白猫。（张学青）

真正的爱，真正的生命，不需重复，一次就够。（干国祥）

一

《活了一百万次的猫》是一部非常优秀的绘本，不，应该称之为"经典"的绘本才是。绘本中的故事很短，却集中了诸如生与死、独立与自由、世俗生活，以及最为关键的"爱"等人类历史上一直备受关注的各种主题，因而能引起不同层面的读者（不仅仅是儿童）的感动与遐思。除此之外，这个绘本的画面也意蕴丰富，与故事完美璧合，共同造就了一种艺术力量。

面对这么一部优秀的文学作品，语文老师们觉得自己的责任重大，不仅需要开设课堂来讲授这一作品，更需要在讲授时动用全身筋骨，以使课堂内的孩子们能真正领会这一绘本的精神。

老实说，教师讲授《活了一百万次的猫》，并非因为这一作品真的有必要被讲授，而是他们想通过讲授这一作品来抒发自己的文学念想和教育理想。至于他们在课堂内怎么教学，因人而异；作为受众的学生，他们从中获得了什么，也不尽相同。

譬如我手头就有张学青女士和干国祥先生对这一绘本进行教学的课例。他们俩最显著的区别，当然是"男女之别"；而课堂内因这种"男女之别"而导致的不同解读策略以及对学生的不同影响，也颇令人称趣。

二

两位老师对《活了一百万次的猫》这一绘本的理解基本一致，在教学上的程式也大同小异，但其中所采取的视角、运用的语气乃至对学生的阅读期待却大相径庭。细致分析他们的教学路数，对我们理解"性别之差"之于文本解读、教学实现的影响，或许有着一定的帮助意义。为方便起见，特将他们的教学过程分作以下几步：

1. 留下，还是离开？

绘本中的虎斑猫，最初被国王、水手、魔术师、小偷、老婆婆和小女孩分别豢养，当然，应该还有更多的人养过它，并且都十分"爱"它，因为：

> 有一百万个人疼爱过这只猫，
> 也有一百万个人在这只猫死的时候，为它哭泣……

只是这些人虽然爱它养它，最终却使它意外死去。这对虎斑猫来说，显得有些可恶，尽管它对自己的死十分麻木，"从未掉过一滴眼泪"。这里的道理很明白：这些人无非在利用虎斑猫为自己做事，或者用它来满足自己的情感需要，因此，他们的爱，事实上是一种占有，反过来促使虎斑猫生出要闹独立的心思，去寻求它所需要的"自由"。

不过有趣的是，在课堂内，两位教师却要求学生走回头路，替虎斑猫重新做一次无谓的、最终被摒弃掉的选择：

> 张学青：如果你就是那只虎斑猫，你愿意选择谁做你的主人呢？
> 干国祥：如果是你，你愿意自己成为他们中谁的小猫？

或许他们采用的是"欲擒故纵"的策略吧，让孩子们先去做选择，以此来感受虎斑猫最终离开时的悲情；或者按照张学青老师后来的说法，这叫"开启"，让孩子们通过这种方式对真正的爱产生一种直观的感觉。可惜，学生并不十分清楚老师的葫芦里究竟要卖什么药，他们只是依了自己的喜好直接回答。

在张学青老师的课堂内，学生选择了魔术师、小女孩、水手甚至小偷来做他们的"主人"：

> 沈乙禾：我愿意选择魔术师。因为我想看他怎么变魔术，以及他能把我变成什么东西。
>
> 姚伊纯：我希望我的主人是小女孩。因为我觉得如果我是小女孩的猫，她一定会非常地宠爱我。我们两个可以窝在沙发里看书、看电视，十分舒服。
>
> 杨一凡：我想让小偷当我的主人。因为我想劝他不要偷东西，不要做坏事。
>
> ……

在干国祥老师的课堂内，学生的反应也大同小异：
男孩：

> 我希望成为国王的小猫。自己快乐的话，是要被饿死的。
> 我要做老太太的猫，因为能捉老鼠。
> 我想做水手的猫，因为这样子可以吃到鱼。

女孩：

> 我也愿意做老太太的猫，因为她家里只有她一个人，有点孤单。
> 我想做小女孩的猫，因为小女孩都很喜欢小猫。

114

所有这些回答，应该说与虎斑猫的经历和决定毫无关系，与故事的发展逻辑也毫无关系。学生在回答这一问题时，根本没有考虑到，"成为他人的小猫"是这一绘本故事中的主人公最想要摧毁的命题，因此，当干国祥老师课堂内一位女生说"我愿意成为自己的小猫"，因为"只有成为自己，才会觉得快乐，才会觉得自由"时，相信虎斑猫泉下有知，一定会大加赞许的。

不过，这些回答还是给人一种启示：男孩和女孩的价值观存在着分歧，他们在情感发展上的差异，也已经表露无遗。而两位教师在接下去的教学中，则愈加强化了这种差异。

2. 要思想，还是要眼泪？

每一次虎斑猫不幸死去时，它的主人都要抱着它，"哭得好伤心好伤心"；每一次这个时候，"猫没有哭"。

这是一个很值得深究的问题。

张学青：虎斑猫啊虎斑猫，为什么离开了权势显赫的国王，你不哭呢？

干国祥：虎斑猫啊虎斑猫，你为什么不想成为权势显赫的国王的猫？

这种语词上的区别，反映出两位教师对文本的不同解读倾向。张学青是位女老师，故她分析情节时，不免带有江南女子固有的细密心思和对男权社会中暴力行为的厌恶。女人爱哭，而且相信在哭的过程中，可以找到自己的情感归属，因此张学青女士对文中的"一滴眼泪"紧抓不放，希望就此寻找出人性中温婉的色彩；而干国祥是位男老师，喜好思想，也希望学生能在思想的过程中建立起强大的心理，甚至通过对虎斑猫的"离开"进行理性的分析，探寻出"完整而幸福的人生"的可能性。所以说，对于同一个事件，张学青女士问得温润，干国祥先生问得有力。这直接决定了他们对学生不同的教育期许。

事实上，对这一文本的阅读视角差异，也体现在这两位老师对学生回答的不同处理之中。

先看干国祥老师课堂中学生对教师提问的回答：

> 它可能想在大自然中自由自在地生活，不想被国王管束。
> 因为它在跟国王打猎的时候会感觉很危险。
> 跟国王在一起没有自由。
> 那只猫觉得国王带着它去战场，会很血腥。

此时教师及时插话：

> 师：这是权势的争夺。在国王的宫殿里，永远只是权力、争斗、血腥。

这句话，与其说是教师对学生回答的补充，还不如说是他自己对权势和暴力的看法。在教师眼里，"独立"和"自由"同时意味着对"和平"的追求。

不要忘了，任何对抗权力、争斗、血腥的行为，本身便充满了权力、争斗和血腥，因此，这样的解读，充斥着"男性化"的色彩。与此同时，作为女性的张学青，却一门心思地回避着这种血腥，并将这种回避寄希望于"爱"：

> 师：我们来想一想：国王爱打仗，但他有没有问过猫爱打仗吗？因为我爱，所以我也得把你带上战场。可是战场是一个什么样的地方？
> 李响：战场是个十分残酷的地方。
> 师：血腥、残酷，随时都有生命的危险。如果对猫有真正的爱，他会把猫带上战场吗？（等同学自己醒悟）……所以，哭什么呢。换一个主人。

在接下来的分析中，教师继续用"爱"来批判猫的各位主人。"生活在海上是非常危险的"，故水手对猫不负责任；"猫本来就是怕狗的，可小偷并没有顾上这一点"，故小偷也并非真的爱猫；至于老太太，虽然孤独无靠，但"毫无生机和活力"，猫与她生活在一起，只能等死……仿佛虎斑猫的一生，自始至终都在寻找一位爱人，寻找一个归宿，并能为之"哭"。

我们不妨观察一下在男老师的课堂里学生是如何探讨猫离开魔术师的原因的：

> 可能是魔术师的技术不行。
> 因为它不想当魔术师的工具。
> 我觉得这只猫可能在想："魔术师既然这么喜欢我，为什么还要我去表演这么危险的魔术？"
> 这个魔术师不是为猫而哭，而是为没有了猫给他当变魔术的工具而哭。
> 我认为这只猫不喜欢魔术师把它变来变去，那滋味不好受。

值得注意的是，在这些猜测中，学生都是以猫的视角来进行叙述的，这一定程度上是教师问题导向的结果，但"我要独立"这一决断，随着教师最后一次提问"虎斑猫究竟在想什么"，呼之欲出。在教师的引导下，学生的思维开始指向"个体精神"：

> 一男生：因为世界上没有完美的人，它一直想找一个完美的人。
> 一女生：我觉得其实它不想成为谁的小猫，它想成为它自己的小猫，因为它觉得自己是最完美的。

3. 渴望独立，还是想象悲惨？

"选择离开"，在张学青老师的课堂解读中，是因为"缺乏爱"，在干国祥老师的课堂解读中，则是因为虎斑猫"想要干什么"。同样是基于对现状的不满，张学青老师带领孩子们继续寻找"主人"，而干国祥老师和他的学生则决然要建设一种新生活。

> 师：我们这只猫可是活了一百万次，它可能还有怎样的主人呢？你给它想一个主人，好吗？

为了这近乎无望的追索，张学青老师不惜搬用马斯洛的需求层次理论。在她看来，孩子最初需要的是生理需求和安全需求，而不是尊重与自我实现。因此，哪怕这种追索换来的是悲剧的不断重演，也在所不惜。当然这一环节的设计也有写作层面的思考，所以即便学生的作品依然在延续着虎斑猫不忍回首的故事，教师在课后还是不厌其烦地把他们在课堂内创作的作品整理成册，并沾沾自喜地为之写作序言，因为她觉得这是孩子认识爱的基础。

不过在课堂内，教师最终还是不由自主地提醒孩子们：

> 师：如果把这一百万个主人都写出来，这本书该有多厚啊！

是啊，这样的故事，越是厚实，就越让人沉闷。终于，爱在底层的需求中破土而出，呼唤更为深刻的思考：

> 师：那么你认为这猫一次次死去，一次次活过来，它究竟想要什么？故事该怎么发展？

"究竟想要什么"这个问题，干国祥老师早在探讨虎斑猫的"一百万次"死亡时就已经提出来了。张学青老师发现，对爱的迷信，使她和她的学生多少走了一段弯路。

干国祥老师也提到了"厚"：

师：这次成为谁的猫，下次成为谁的猫，这样一次一次写下去，一百万次，写得完吗？而且这样写下去会有多厚呢？

这个不需要回答的问题，是与另一个关键的问题联袂出现的：

师：那么故事还会怎样发展？

于是，学生替虎斑猫设想了各种新的生活。有的说，它会回到森林，和它的兄弟姐妹一起生活；也有的说，它会成为一只野猫。——这正好是绘本中的情节。当屏幕上再次出现"虎斑猫想要什么？它得到了吗？"这一问题时，学生几乎异口同声地说：

"自由。"

而在张学青老师的课堂内，教师还在为自己先前的天真买单。由于过多的"想象悲惨"，学生还在相信"它真正想要的是一个爱它的主人"。直到有一位男生说"我觉得应该是它最后去野外生存，去流浪了"时，教师才如释重负，艰难地与干国祥会师。

4. 爱是简单的，还是艰难的？

虎斑猫独立了，自由了。成为野猫的它甚至将自己"死过一百万次"作为炫耀的资本，让猫姑娘们奉承它，并在拒绝它们的求爱中获得快感。可唯独那只白猫（似乎在经典的猫的爱情故事中，女方都是白色的，譬如动画片《汤姆和杰瑞》中即是如此）似乎对它"看都不看一眼"。一切的爱情，都源于对对方的好奇。虎斑猫于是主动接近白猫，并最终成功地收获了爱情。

"我可以待在你身边吗？"

白猫说："好吧。"

猫从此就一直待在白猫的身边了。

这是一段颇具东方色彩的爱情表白。原来爱情就这么简单。

相信爱情的张学青，终于在这一环节中找到了自己。

　　师：孩子们，为什么虎斑猫不喜欢别的猫，偏偏喜欢白猫呢？

师生们开始讨论爱情。

　　黄易舟：因为白猫有独特的个性。
　　姚伊纯：因为别的猫对虎斑猫的喜欢是有目的的。
　　王云帆：因为白猫不注重荣华富贵。别的猫和虎斑猫在一起，是因为虎斑猫曾经做过各种各样的人的猫。
　　师：虎斑猫知道里面有陷阱。你们看到了白猫的温柔美丽和矜持，更看到了白猫的独特的个性。白猫和虎斑猫一样有自我。所有在座的女孩子哦，你们要矜持，要有自我，好不好？

　　"有自我"，所以才能获得爱。这是站在白猫，也是站在女性的角度做出的经验总结。
　　与此同时，干国祥老师还在和学生费尽口舌地争论虎斑猫在获得独立、获得自由后到底该怎么活法。其中，男生的思维异常活跃，但他们讨论的重点却在"如何生存"这个问题上。这一环节犹如一场辩论赛，从教学的角度看，自然成果累累。可他们在走向故事中的"爱情"的过程中，显得笨拙无能。终于，有一位女生（注意，是女生）发言道：

　　我觉得应该给它编一段有意义的生活。最后一次生命。

　　教师欣喜若狂，遂在屏幕上展示了虎斑猫收获爱情的那一幕。画面过后，教师问了一个女老师张学青喜欢问的问题：

　　师：虎斑猫为什么爱上这只白猫？

120

孰料因为之前讨论时理性色彩和幽默色彩过于浓厚，这一情意缠绵的问题竟然招致了"一阵笑声"。而且有趣的是，与前面的争论阶段不同，此时回答这一问题的，大多是女生。看来在爱情问题上，女生的发言权莫大焉。需要指出的是，即便是女生，在她们的爱情物语中，也增加了诸如"自由""独立"等关键词——这至少说明，男教师之前在课堂内的努力没有白费。

5. 死，还是生？

　　　　白猫生了很多可爱的小猫，猫再也不说它死过一百万次，它爱白猫和小猫胜过爱自己。小猫们长大了，一个个走掉了，他们都成了漂亮的野猫了。"哦"，白猫从喉咙里发出了咕噜咕噜声，猫对白猫更温柔了，嗓子眼里也发出了温柔的咕噜咕噜声，它多么想永远跟白猫在一起。有一天，白猫躺在猫的怀里，静静地去了。猫哭了一百万次，从早上哭到晚上，从晚上哭到早上，有一天中午，猫的哭声停止了。猫静静地一动不动地躺在白猫的身边。猫再也没有起死回生过。

在《活了一百万次的猫》这个绘本中，这一段既是结尾，也是高潮。之前所提到的诸如生与死、动与静、眼泪、爱等主题，都在此处融合成一幅静谧的画面。如果说这一作品堪称经典，那么，这一段功不可没。

画面过后，两个课堂内的师生都陷入了沉默；之后，两位老师都率先打破了沉默：

　　张学青：孩子们，为什么虎斑猫不想再活过来了？
　　干国祥：还想活过来吗？

在张学青老师的课堂里，这个问题依然指向了爱情的伟大。有了爱情，人生足矣！当然，这里的爱情，也包括亲情。

　　钱逸飞：因为它终于找到了爱自己的人。

李露彬：因为它活了这一生，已经很满足了。

学生的总结，实际上也是教师对这一故事的全部理解。而之后教师对绘本画面的艺术性评价，更证明了"爱"所带来的纯洁与美好：

师：你们看，画家在作画的时候非常有意思。这些是它前面一百万次的主人，有没有乌七八糟的感觉？乱糟糟的生活。而当白猫出现的时候，画面就变得明朗、干净了。再看画面的大小。当虎斑猫成为别人的猫时，画面很小，而当它成为自己的猫时，它就撑满了画面，很大。当虎斑猫成为白猫和小猫的猫时，它的眼神是温柔的。孩子们，这就是虎斑猫想要的生活。

干国祥老师和他的学生显然也受到了画面的冲击，但他们因为感动而"无话可说"了。当学生举手想要表达看法时，教师甚至诗意地提示"不要他们回答"了。

可是感动之后，这位男教师忽然又清醒过来。他觉得不能满足于现状。"虎斑猫想要什么？它得到了吗？"这个问题又一次被提起。教师希望学生从温柔的陷阱中脱身出来，能以一种更高的姿态来反观人生。

他想找到一个自己喜欢的人，并且陪她走过一生。

他可能想要一些小猫来陪他玩，还有一只白色的母猫。

我认为他想找到一只和他一样独立、自由的猫。后来他找到了，所以也就不想再活了。

还是女生在回答。

"那一百万次里有没有真正的爱？"教师这是明知故问，因为答案显然是否定的。"真正的爱是不是被别人宠着？"

依然是女生："不是，而是自己真正地爱别人一回。"

至此，师生们完成了对"爱"的理性认识。教师于是心满意足地做出总结：

> 师：虎斑猫是真正地爱过白猫的。最后一次它为什么没有活过来？答案就在这里：真正的爱，真正的生命，不需重复，一次就够。

他所说的爱，与张学青老师在课堂内渲染的爱是有区别的。当张学青和她的孩子们沉浸在爱所带来的感动中时，干国祥却要他的学生主动去爱，并用理性去理解自己的人生。所以我们不妨说，张学青老师的课堂是一个吸纳性（ingressive）的心灵小屋，而干国祥老师的课堂却是一个带有强烈出击性（aggressive）的思想桥头堡。或者说，在张学青老师的心目中，这只猫是"文学"的，而干国祥老师的猫，却更多的是"哲学"的。这在他们各自课堂的结尾处也可显见：

> 张学青：我相信每个读过绘本《活了一百万次的猫》的人，都会有心灵上的震撼。我们在读这个故事，在感叹这只虎斑猫的生命的时候，是不是在想，我们自己生命中是否也有这样的美丽的白猫？（介绍绘本作者佐野洋子的经历，并再次带有暗示性地提问：如果美丽的白猫是一个比喻、一个象征，那么作者的生命中是否有过美丽的白猫？）
>
> 干国祥：假如你用小珍珠鸟的角度来写，你就写这个小珍珠鸟爱上了这个作者，是吧？喜欢作者，愿意作者做它的主人。而另一个同学说的是，小珍珠鸟已经放弃了追求自由。这两个同学写出来的文章会一样吗？（布置作业：用大珍珠鸟或小珍珠鸟的角度改写《珍珠鸟》这篇课文。提示：想一想，珍珠鸟会愿意成为谁的小鸟？怎样的小鸟？）

三

一部好的作品，必然会对读者产生无限而多元的冲击力；一堂好的课，也必然会在孩子心中留下不灭的印象，甚至会种下一颗人文的种子。张学青和干国祥都是极为优秀的教师，他们的课堂，本身就是一部作品，因为他们都在其中融入了自身的艺术气质和人生理解。所以说，孩子在课堂内收获的，一定不同于他们在阅读原文时的收获，这即是课堂教学的魅力所在。

当然我们不能简单地说，两位教师对绘本各细节的阅读和教学处理，一定是"正确的"或者"合适的"，事实上，他们只是以不同的视角来解读绘本而已，但他们的解读以及在课堂内的演绎，很大程度上影响了学生对故事的理解，也在很大程度上启发了他们对于人生的思考。

只是这种理解和思考，由于性别和性格的迥异，使得教学的效果大相径庭。而我之所以要还原、对比这两位教师的课堂教学，并试图从中寻找出男性和女性对于情感和思想的不同兴趣与态度，唯出于两个目的：

其一，教师的教学风格是客观存在的，并必将对学生的认知产生重要影响。但这未必是坏事。我听说在国外，不同教师对同一篇文本的教学几乎千篇一律，原因是之前他们已经做了"充足的共同研究"。这有点类似西餐和中餐：西餐店的菜肴品种、色香味往往相差无几，因为它们是规模化生产的结果；而中餐店却往往各具特色，因为它们是个性化创造的结果。

其二，不同的教学风格需要对话，需要融合。唯其如此，学生的成长才不至于偏颇，正如我们吃菜时，也要讲求种类的搭配和营养的调和。譬如在语文教学中，常有"思"与"诗"的争议，其实，这样的争议到底有多少必要呢？

美读如画

——丁慈矿《如画的池塘》一课中的诵读意蕴

我总是觉得，一方面课堂本该是简单而朴素的。那些高深莫测、处处有玄机的课，除了表示教师有"解读"的本事，或者能符合"新课改"的种种规定之外，几乎一无是处，至少学生懒得买你的账。因为他们在课堂内所期望的，无非是简简单单的两样东西：其一，能学到他们所感兴趣的知识；其二，能通过课堂的活动达致一种愉悦。

但另一方面，简单而朴素的课，却又须暗含着你的很不一般的追求，透露出你对某种学问的专门研究。这即是说，你的课堂，到底是你学问与人生的载体，虽然其中的精神，大多可意会而不可告知。只有如此的课堂，方称得上是你的"作品"，也方有了必需的深度与厚度。

丁慈矿兄的《如画的池塘》便是这样的课。

这堂课的教学内容，是几篇他所精选的民国小散文，包括《雷雨》《雨后之池塘》《菱》和《芦花》等。文字难度不大，但意味深远，相信大多数老师拿到这些文本，都会情不自禁地从其中的意境、心境去解说和教学，从而将课堂变成"艺术创作"的舞台，激情而又完美。

可是丁慈矿兄却偏偏只带着孩子"读"这些文章，而且他们的"读"，没有如今流行的"吟诵"那样具有传销般的煽动色彩。教师也罢，学生也罢，只在对清新文字的悟解中，感受一份来自传统的文化气息，并使自己也具有了文化的爱好和追求。

一

这四篇文章的内容如下：

第一篇：《雷雨》

夏日如火，忽见西北角，有黑云起。电光闪闪，雷声隆隆。大风来，大雨来。须臾，云散雨止。红日西下，蝉鸣树间。

第二篇：《雨后之池塘》

池塘中，多荷叶。雨后，荷叶上，有雨点。圆如珍珠，明如水晶。

第三篇：《菱》

菱，种于池塘中；叶浮水面，先开小白花；其实有角，有两有四；嫩时剥食，味极甘美；老则煮而食之。

第四篇：《芦花》

水滨多芦荻。秋日开花，一片白色。西风吹来，花飞如雪。

这四篇文章虽然短小，但若在一节课中对之平均着力，恐怕会似蜻蜓点水，毫无效果可言。因而教师在课堂内的第一个招数便是：目标明确，有所侧重，期间绝不信马由缰、见异思迁。

那么他的"明确的目标"到底是什么呢？读！具体而言，是"读出味道"，"读出优雅"，"读出文化"。

老实说，在语文课中指导学生去读，并不算什么新奇的招数。只是在许多老师的眼里，"读"无非是一种手段，其根本的目的，却是为了"析"，是为了让学生理解文本甚或是记住文本。故学生好不容易酝酿起来的阅读美感，因为这些功利性的指向，被不幸车裂绞杀了，课堂内的阅读成了事实上的"挂羊头卖狗肉"。更要命的是，面对一篇文本，学生既要"读出味道"，又要"理解意义"，甚至还被要求"仿写"，于是，短短的一堂课，仿佛"多头并进"，最终"赔了夫人又折兵"，毫无效果可言。

由此可见，我们真的不该对课堂赋予过多的功能。一堂课，若像我们理想设计中那般丰富多彩，保不准会使学生如坐针毡；同样的道理，一个文本，若像我们理想设计中那般"多维解读"，也可能会使学生茫然不知所措。简单，往往意味着有着更强大的生命力，仿佛低等动物若蟑螂者，远比恐龙或人类更能逃避灾难，存活世间。

丁老师的"蟑螂主义"，使得他为了"读"而摒弃了不必要的语文知识的教学（在本堂课中，仅仅为了"清障"而教授了几个"表示时间极短"的词语）；但即便是"读"，师生在课堂内也并非照单全收，"一个都不放过"。事实上，四篇文本中，他们只选了第一篇作为重点诵读对象，而其他三篇，只充当"陪读"的角色。有所侧重，才能使课堂具有节奏感，也从而能使教师和学生感受到一种轻松和愉悦。

二

既然确定了"读"为本节课的教学目标，"如何读"便随之成为一个最需解决的问题。丁慈矿兄明白，对这群三年级的孩子而言，要"读"出文言文的味道，技术的传授是必需的，但同时又不能因此走向技术化。故他要做的，是培养孩子"诵读文言"的习惯，并使他们感受到其中的雅趣，从而有进一步诵读的冲动。

这里顺便提一下近年来被人大力提倡的"诵读"，不，严格地说，应该是"吟诵"。古籍中倡导"始乎诵经，终乎读礼"，于是大家反观当前的语文教学，顿时觉得需要强化"读经"；又因为郑玄注《周礼》中有言"倍文曰讽，以声节之曰诵"，便赋"读经"以音调旋律，号为"吟诵"。

老实说，我对"读经"和"吟诵"并没有做过多少研究，但听了几堂此类的课之后，感觉那些老师是在做文艺演出一类的活，他们在台上的煽动，又有点类似传销组织的做法，所以印象并不好。一句话，对"读"的回归，虽然是必需的，但若矫枉过正，反会使课堂复杂化，学生会惶然无措，于教学毕竟无益。

丁慈矿兄想必也明白这一点，因此他在课堂内使用的诵读技术并不复杂。大致说来，他教与学生的招数有三个：

其一，读出节奏。

人有一种对音韵和节奏追求的天性，偏巧汉语的文体（尤其是文言文）本身就具有天然的节奏性，故诵读汉语文本"调动了人的多种感觉器官对汉语汉字进行认知学习，刺激更强烈，记忆更深刻，符合人们的认知规律"①。简单地说，便是朱自清先生所说的"能够引起人的新鲜的筋肉感觉"。这些道理，虽然孩子们未必明白，但因为追求节奏符合其心理本性，故一旦引导得当，他们便会爱上诵读。

丁慈矿兄首先选择了"停顿"这一能体现"节奏"的方法来指导孩子进行诵读：

师：……在读文言文的时候，要注意两个字，那就是"节奏"（板书"节奏"）。什么是节奏呢？节奏就是停顿，我们碰到有标点符号的地方要停顿；除此之外，还有些句子当中也要有停顿。下面我来示范读一下，好吗？

生：好！

师：夏日如火，忽见西北角，有黑云起，电光闪闪，雷声隆隆，大风来，大雨来，须臾，云散雨止，红日西下，蝉鸣树间。（师读时呈抑扬顿挫状）听出来了吗？

生：听出来了！

———————————

① 文有华. 从汉语的特点看语文教学中的"诵读"和"朗读"［J］. 云南教育，2000（Z2）：34-35.

师：听出来了？我在哪里停顿？

生 14：每过两个字就停顿。

师：每过两个字就停顿，很好！怎么停顿呢？老师把它标出来。（幻灯片显示）老师用斜线标出了那些应该停顿的地方。现在你照着投影把它标一下，然后按照这种停顿来读一下。

在这一环节中，有两个地方特别引人注意：其一，教师有越俎代庖的嫌疑，无论是释义还是引导，都不给学生一种"自悟"的机会；其二，教师非常重视"范读"，并且水平极高。不过，若以"新课程标准"去衡量，我们几乎会认为教师并没有充分尊重学生的体验，课堂内亦缺少足量的"互动"。然则对传统的诵读教学而言，这偏偏又是必需的：一方面，它使得教师的"传道"经济而高效，另一方面，通过"范读"，教师可在潜移默化中将自身"对句意的理解、意境的领悟、情感的把握、形象的感知、审美倾向的感悟"传递给学生①。所以说，教师的"范读"与"点拨"，是诵读课的两大法宝，能使学生迅速建立起对诵读的直观认识，从而尽快地进入"读"的境界。

其二，动作辅助。

上述"停顿"之法，到了学生那里，就显得有些生硬牵强，故教师又及时授之以"动作辅助"这一新招，具体而言，则是"摇头晃脑"以及"加上手势"这两种方法。

对我们一般的人来说，这种招数显得有些滑稽迂腐。自然，动作辅助确乎可以增加我们的节奏感，但我们在做动作时，常常是不经意而为之的，现在老师竟然在课堂内明目张胆地传授这种方法，这多少有些匪夷所思。

但仔细一想，他的这一做法却不无道理。按照丁慈矿兄在课堂内的解说，所有这些动作不只是一种形式，更有着科学的道理在其中：

---

① 李珊珊．范读——语文教学的重要手段［J］．语文学刊，2004，（10）：49-50.

师：……为什么要摇头晃脑呢？主要是为了读出节奏来。我觉得摇头晃脑还有两个好处，第一是使你的脖子得到放松，不得颈椎病，第二是增强记忆，当你摇头的时候就想到了这个词，对吧？（生点头）

孩子们对这种说法闻所未闻，所以好奇地进行模仿。他们的模仿拙劣可笑，却煞是那么回事，仿佛是游历了一番古人对文字的习得过程，并从中获得了一种难得的趣味。

这样做或许会遭到教学专家的质疑：无论你怎么停顿怎么做动作，最终的目的无非是"培养语感"，因此必须建立在足够的阅读基础之上。以小学生的阅读量，要他们如此摇头晃脑，不仅不能使之感受到语言的味道，更会使其过早地形成"演出态"，从而不利于诵读。

是的，阅读量的确是个问题，正因如此，丁慈矿兄这些年来才大声疾呼要增加孩子对文言文的阅读。他和我等一起编写的《新经典日日诵》《我的母语课》等读本，也体现了这种追求。至于教授孩子在诵读时"摇头晃脑"以增加节奏，或许是因为他性急，恨不得孩子从一开始接触文本时就具备"古味"，但综合视之，其努力仍值得肯定。

其三，文体改作。

在这堂课的某个环节中，师生将四字结构的文言文改成了"七言诗"。这一做法到底是否妥当？

怀疑论者的理论基础，是认为三年级的孩子学习七言诗为时尚早，而"创作诗歌"更是语文学习中的奢侈行为。但他们偏偏忘记了，此处教师和学生的文体改作，并非一种"创作"，而是为了"读"的需要而设计的语言训练。

教师首先示范第一句，即将"夏日如火，忽见西北角，有黑云起"改成"夏日如火黑云起"，之后学生根据自己阅读时的理解进行改动。他们的作品五花八门，我们不妨看看其中三位同学的改法：

生 23：夏日如火黑云起，电光闪闪大风来。雷声隆隆大雨来，云散雨止天气晴。

130

生 24：夏日如火黑云起，雷声隆隆大雨来。须臾云散雨也止，红日下蝉鸣树间。

生 25：夏日如火黑云起，电光闪，雷声隆，大风大雨来，红日下，蝉树间。

虽然教师对这三种改法并不十分赞同，但显然，通过这样的文体改作，学生对文言文的语感在潜移默化中得到了提升，更要紧的是，当他们日后学到七言诗或者长短句时，会猛然发现，原来自己早在之前的阅读中即已领会了这些体裁的要义，这真可谓是"熟读唐诗三百首，不会作诗也会吟"啊！

倘若从培养语感的角度来看，教授学生如何诵读文言文还应该有许多其他的方法，关于这一点，我们只需翻看相关的文献即可得知①。不过，正如前述，丁慈矿兄在这堂课中走的并不是一条技术路线，他的真正目的，是要孩子们认识文言文，尤其是要他们体会到，通过诵读可以获得文言文背后的雅致和趣味，就如曾国藩说的，"非高声朗诵则不能得其雄伟之概，非密咏恬吟则不能探其深远之韵"②。

三

一堂课，倘要使学生终生难忘，教师不仅要精心选择教学的内容和方法，更要在课堂内展现自身的学识与风格。我的一些朋友，读书无数，或者个性分明，但他们的教学却可以"淡出个鸟来"，或者与他人无异，殊为可惜。丁慈矿兄是个读书人，这几年他尤其醉心于民国小散文的收集和研究，且成就斐然。这背后的学问心得，在本堂课中得到了充分显现，这也正好说明了"学以致用"这个简单的道理。

---

① 参见赵珊珊 . 小学古诗文诵读教学研究［D］. 广西师范大学，2012；徐佩婴 . 诵读教学法溯源与重构［D］. 内蒙古师范大学，2004.

② 钟叔河 . 曾国藩教子书［M］. 海口：海南出版社，1994.

譬如在"词语清障"这一环节中，教师就"卖弄"了他的几处学问：

师：还有一些表示时间极短的词，比如说，"瞬间"，学过吗？

生：学过。

师："刹那"？（学生摇头：没学过）那么"须臾"有多短呢？"须臾"出自佛教，据说它的时间长度为 28880 秒，算起来是 48 分钟，不算最短。"瞬间"是 7.2 秒。所以在写文章的时候，用"瞬间"还是用"须臾"还是用"马上"，是需要斟酌一下的。明白吗？

生：明白了。

看着学生们目瞪口呆，想必做老师的丁慈矿兄此时有些得意。看来，培养粉丝在某种程度上可以成为一种持续学习的动力，也可以成为课堂内师生互动的另类形式。就"诵读"而言，这样的例子也是举不胜举，比如鲁迅的老师寿镜吾先生"总是微笑起来，而且将头仰起，摇着，向后面拗过去，拗过去"，这令他的学生凝神屏息，仿佛在看一场戏文；再如刘国正先生在回忆他的语文老师时也说，他的老师"喜欢吟咏，吟到得意处，音节铿锵、声震瓦屋。我也跟着吟咏，许多诗篇的妙处，是在跟着吟咏中体会到的"[1]。

尽管，这样的分析容易被人指责为"教师中心主义"或"形式主义"，然而，纵观这一节课，我们仍能体会到教师在某些专业问题上的深度思考。

第一，对当代语文教育的批判。

课堂伊始，教师便展示了几种"老课本"，他还让几位孩子上前触摸，观察其中的文字，谈论他们的感受。

师：今天我们来读一组老课文。这些课文出自很久很久以前的语文书。有多久呢？将近一百年了。也就是我爸爸的爷爷，你们爷爷的

---

① 刘征. 刘征集第 1 卷［M］. 人民教育出版社，2000：648.

爷爷读过的语文书。（拿起一册老课本）这些课文都选自这里。哪位同学有兴趣上来看一看、摸一摸？请这位男同学！你可以翻开来看一看。

生1：（翻开了几页）

师：有什么感受吗？和你读的语文书有什么不同？

生1：呃……

师：很激动，是吧？第一次摸到爷爷的爷爷读过的语文书了。

生2：（翻看书）我觉得这本书很老旧。

师：还有吗？

生2：里面都是些毛笔写的字。

师：有没有感觉到很薄啊？

生2：是的。

师：很薄，字很大，课文很短，读起来一点都不吃力。现在的语文书都比较大。如果把这么薄的语文书放在书包里，书包的重量就减轻了，是吧？

这最后一句的插科打诨，似乎是说给教育专家听的，也似乎是说给孩子们听的。"很薄，字很大，课文很短，读起来一点都不吃力。"这是否是对孩子们的一种启蒙呢？

第二，对自然世界的追崇。

这些年间，我听过的名师公开课大约都有这样一个规律：如果是选用教材之外的文本进行授课的，大多有一种建设课程的野心。丁慈矿兄的公开课并不多，但他所选择的教学文本，却很能体现他对小古文中崇尚自然的精神的认同。不仅如此，他还在教学中巧妙地植入了这一理念。譬如在教授《菱》一文时，他不厌其烦地给学生讲解这一植物的形状和用途，而到了《芦花》一文，他更是在学生诵读过程中插入这么一问：

师：你觉得哪句话写得最美？

生34：我觉得"花飞如雪"写得最美。

师：为什么？

生34：因为他写道，花一飞，就像雪一样，真的很美。

师：写出了那种动态，是吧？这花就像雪一样散开来。你呢？

生35：我觉得"一片白色"最美，因为白色像雪一样。

师：和他说的差不多。好的，我也认为这句最美。西风吹来，花飞如雪，你看文言的这种感觉多好！带着这种感觉，我们再把它读一遍，好吗？

生：（有感情地朗读）

此处是本堂课的结束环节。这一堂貌似传授"诵读技术"的课，其背后却有着教师浓浓的学术爱好和个性追求，有着他对语文教学的独到见解，也有着他对小学生文言文阅读的期待。可贵的是，这堂课本身就散发着浓郁的雅味，能让学生浸润其中，感受到一份宁静与高贵，自然与清新。这样的教学，既有美感的传递，亦有文化的熏陶。

如果课堂也是一株光草

——周其星《光草》一课简评

《光草》是意大利作家罗伯托·普密尼的作品，大意是讲画家萨库玛受葛努安领主的委托，用说故事和作画的方式，替他十一岁的儿子马杜勒治疗怪病。两人相处的日子幸福而美好。萨库玛在墙上画了数百个绽放金色光芒的细穗，并画了这世上并不存在的"光草"，从而让马杜勒实现了愿望。之后两人继续合作，画出画面里的剩余生命，并重新诠释画中的一切。然而这一切并不能挽救马杜勒的生命，他对他父亲说：草原玩累了，色彩不见了，但消失后会再恢复。他终于安安静静地死了。于是，画家萨库玛也从此烧了画具，不再作画，并拒绝了领主给他的财物，说："我已经拥有您一半的财富。"最终不问世事，隐居于陌生的渔村。

这是一部凄美而深刻的小说，它蕴含了我们如何认识生命（包括死亡）这一古老而重大的主题。相信若以"细读"的方式欣赏这部作品，无论是成人还是儿童，都可以说它个三天三夜。可是，周其星兄却用短短的50分钟，就完成了对这一小说的课堂教学，而且他的课，简单得近乎"单薄"——无论是课堂环节的设计，还是师生语言的运用，或是对文本内容的评析，似乎都"点到为止"，不做过度的铺叙。初观之下，我甚至怀疑他这个名师只是个"江湖郎中"，根本没有传说中那般深刻，他的课堂，也很难与"生命教育"扯上关系。

不过，倘若我们预先对《光草》这一小说做一番大致的了解，而后再反观他的课堂，我们就会惊讶地发现，师生在课堂内，实乃有着巨大的收获——无论是阅读认知的收获，还是精神追寻的收获；教师为课堂所做的内容和结构设计，促使我们重新审视文本，也重新审视一堂阅读课所施与学生的影响。

因为"光草",所以有了生命

一般而言,好的课堂都有一以贯之的线索。在其星兄的这堂课里,最明显的线索,当是对"光草"的理解;而对"光草"的理解,事实上也是对生命的理解。

"台下很多老师没看过这本书,谁能够简单而又准确地描述光草,让台下的老师一听就明白?"其实,听课的老师是否读过这本书并不要紧,要紧的是学生能够用自己的语言、用自己的思想"描述光草"。在此过程中,教师并没有让孩子们拘泥于文本的细节,而只是让他们"描述""光草"的形状、特性,并不失时机地进行相关追问,或者和他们讨论"为什么要创造光草这种东西"这样的问题,以便使学生对"光草"有一种诗意的理解,也同时使学生对马杜勒生命的逝去表达一种哀惜。

意味深长的是,当整堂课行将结束时,"光草"又一次出现。

"光草是属于马杜勒和萨库玛的。读了这本书之后,我们也会拥有自己的光草,自己的开头和自己喜欢的结局。"

虽然教师是在鼓励学生去"创编"或"改编"故事的开头与结尾,但无可否认的是,他也希望他的这堂课,如"光草"一般,即便挽救不了沉闷的世界,也能给人以重生的希望,给人以想象的空间。

作为一堂立体而丰富的课,其星兄在其中安置的线索应当不止"光草"这一条。事实上,他也偷偷地植入了诸如友情、幸福、绘画的治疗和阅读的治疗、人生目标的确定等与"生命"相关的线索,这些线索的背后,是《光草》这部小说带给人们的美和力量。

"七寸"与头尾:详略安排中的精神把握

其星兄在这堂课中对文本内容的详略安排,也令我们叹服。

"描述光草"(而不是回顾书中的情节或逻辑),总共也就持续了十来分钟，然而这短短的十分钟，却很好地抓住了《光草》这一小说的"七寸"，并引发师生对"生命"的深刻洞见。不过，之后教师却发现，课堂内"基本上没有什么好聊的了"。

真的"没有什么好聊的了"吗？不，那是因为教师认为课堂还有更要紧的事要做，那就是对文本之开头与结尾的品析。

表面看，对开头和结尾的品析，无非指向一个结论，即这样的开头和结尾都"很好"。可是，我们越是对小说的开头和结尾进行细致的品读，我们越能发现小说的不一般。

那么，这部小说的开头是什么？"萨库玛是个画家，住在土耳其的马拉提亚城。他不年轻了，但也不算太老，刚好是通情达理、能与别人和睦相处的年纪。"

就这样看似平淡的开头，教师硬是带着学生品出了其中的奥妙。而这样做的前提，是师生对整部小说的理解与把握——只有读完了整部小说，才能从这个开头中读出它的视角，读出它的细微之美，也才能读出它对整个故事走向的影响。所以说，在这节课里，教师带领孩子们品读"开头"，其实是一种对故事的反观和回顾，是对故事中画家萨库玛形象的情感性评价和立体化建构，而不是简单地培养阅读者的"阅读冲动"。

同样地，教师和学生费时费力对故事的结尾"说三道四"，其意也不仅仅是说它的好话。"从此以后，萨库玛改行当渔夫，过着与世无争的生活。"从句子本身看，的确平淡无奇，然而，当我们了解了整个故事，尤其是了解了萨库玛和马杜勒一起度过的那些诗意日子，了解了他俩对疾病、对死亡、对生命的探讨之后，我们就会明白，萨库玛的这一决定非同寻常。"我们一直都以为是萨库玛带给马杜勒什么，我们有没有反过来想，其实是马杜勒带给了萨库玛一些东西？"教师的这一提醒，使学生对故事的结尾猛然有了更深刻的体悟，也促使他们重新回顾故事中的每一个细节。

也许对孩子来说，《光草》这部小说的结尾多少让人意外，多少让人因为其中的悲情而感到压抑。于是，教师又创造性地让学生来重新决定故事的结尾。当然，正如意料中的那样，学生改编过的结尾，大多是诸如

"马杜勒和萨库玛幸福地生活在一起"之类的皆大欢喜。好在教师并没有对这样的改写做出任何价值判定，他只是想从中再次引出"光草"：

"光草是属于马杜勒和萨库玛的，读了这本书之后，我们也会拥有自己的光草，自己的开头和自己喜欢的结局。"

如此一来，这堂课中的意图昭然若揭：课堂所指向的，始终是我们梦寐以求的——"光草"。

二度生命与二度阅读

不能不承认，其星兄的课堂教学，从某种程度上说，是对小说精神的映照。在小说中，"光草"暗示着生命的微弱和无助，同时又渗透着我们对彼岸之美好的向往。马杜勒的死，应该说是另一种生命的开始，并促使画家萨库玛做出其生命中最重大的决定：放弃旧的生活、旧的认识、旧的追求，在一个新的世界中开始新的生活。同样地，在其星兄的这堂课里，学生也是带着对《光草》这部小说的初始阅读感悟进入课堂的，经过课堂内的交流、探讨，旧的阅读已然死亡，新的阅读之旅已然开启。

生：虽然这堂课结束了，但是光草的故事依然没有结束。

生：虽然这堂课结束了，但是光草还会回到我们心中。

师：我想你们回去以后或许还会把这本书读一读的。一次阅读结束之后，另一次阅读会马上开始。

这"另一次阅读"，也是一次新的生命的开始。如果说课堂内学生对故事开头和结尾的改编，多少表达了他们对肉体生命之消逝的无力抗争，那么，当二次阅读来临时，读者，也就是学生，已经能更为深刻、更为主动地诠释生命、诠释阅读了。

相信一点，这样的阅读课堂就像一张弓，必将载着艺术的种子和生命的力量，从孩子的心田出发，射向远方。

课堂内的插科打诨

有些话，似乎永远是硬道理，可我们听了，总觉得心里发怵，譬如"课比天大""要充分利用课堂的每一分钟"。按理说，重视课堂教学是我们对教学工作的起码态度，也是对学生的起码责任，但我们就是做不到，或者即便做到了，也已是心力交瘁；而学生呢？他们可能根本没有领你的情，照样在课堂内嬉笑打闹、我行我素，要么在桌子底下研习野史文学，要么是呆若木鸡或者干脆昏睡百年。可想，我们设想中的认真负责，并未得到好的回应。做老师的，此时唯有仰天长叹，深感教师难做！

因而早有一些人，举着"快乐学习、快乐教学"的旗帜，在课堂内"插科打诨"，取悦学生，也取悦自己。说他们"插科打诨"可能有些不妥，因为这个词语从一开始就不那么正经，不给人以好的印象。

插科打诨原指戏曲演员在表演时插入一些滑稽动作和诙谐的语言来逗人发笑，科即表情动作，诨即逗趣的话语。因而插科打诨，其本意是为免于冷场而临时加做的表演，卑贱而滑稽，纯粹为了博人一笑。明王骥德《曲律》中对此有定义：大略曲冷不闹场处，得净丑间插一科，可博人哄堂。可想它再是"看戏之人参汤"（李渔语），也无非一种丑角的自淫而已。教师要在课堂内插科打诨，便免不了被人指责为不务正业，"脱离课堂主线"，更有甚者，一旦表演失败，则自讨没趣，落人笑柄。

然而插科打诨既然能存在和生长，便一定有它的道理。当课堂的活动（无论是教的一方还是学的一方）被安排得密不透风，插科也罢，打诨也罢，都能在事实上提供一种夹缝哲学，让人可以很好地喘气，也可以很好地反观这一正经而胁迫的世界。

不管我们怎么理解"插科打诨"，至少有一点，它可以使得课堂内的教与学变得轻松愉快，充满笑声。要知道，在如今的教育生态下，能使学生发笑，尤其是由衷地笑，实在是难。故插科打诨从某种意义上说，是使学习回归到生活——因为生活毕竟是有笑声的。

　　有一日，我正吃饭，忽而筷子一撬，登时将口中的一颗假牙顶落。没有了牙齿，嘴巴便似破了相。虽然一把年纪了，无所谓形象不形象，但走到教室里，一定会招致孩儿们的嘲笑。不过，借破相去卖幽默讨好学生，求得师生关系的融洽，也算是值得了。于是我坚信，没有牙齿的日子里，可以因此卖笑。

　　同学们听说之后，果然十分好奇，争着要我张嘴演示。我忽然十分害羞，便腼腆地笑了一下。不想我那颗遗失的牙齿，虽不在当门，却也在附近，正要你抿嘴抽搐，才有"笑不露齿"的效果。同学们见我笑而露不了牙齿，顿时开心哄笑。我虽然出丑，却竟觉得无比舒畅，于是放下包袱，继续上课。

这种能带来笑声的插科打诨，虽或被认为是丑角式的表演，但置于生命的理解之中，却也十分严肃。第二日，当同学们已不屑于再次嘲笑我的牙齿时，我便幽幽地开始思念起那颗失落的牙齿了。都说孩子是身上掉下的骨肉，现在，身上真掉了骨肉，我们才发现孩子是多么的亲爱多么的令人不舍！

插科打诨当然不仅是为了润滑，在教学的情境中，它也可作为一种手段，让你的学习在不知不觉中得以拓展和延伸。

　　学生正热烈地谈论当下流行的"蓝色妖姬"。有同学感叹：蓝色真美！出淤泥而不染。我灵机一动。

　　在黑板上写上：Blue。

　　师：What does "blue" mean?

　　生：蓝色……（天哪，他们只会用中文回答！）

　　师：Does it have other meanings?

生：忧郁。(少数人的回答)

能说到这个层次，已经不错了。我于是得寸进尺：

"Blue 在英文中还有一个意思：高贵。欧洲的贵族便往往被称为 'blue blood'。"

这似乎还是派生学习法。

"所以我们说，高贵的人，往往是忧郁的，他们总是不开心；要开心，就得做穷人，所以叫'穷开心'。"

学生愕然。

……

这种做法，轻轻松松，不致使得单词的学习和记忆沉重而苦闷。而课堂内的笑声，更引发了学生对于文化的习得和思考。后来，我的朋友小鱼老师将这种插科打诨的手法发挥得更加淋漓尽致：

今天的课是单词复习。在复习 affair 这个词时，我先让学生进行头脑风暴，用这个词造短语。同学们立刻冲口而出"current affairs"。我继续引导学生说出"political affairs，public affairs，family affairs"等词组，然后让他们仔细观察。"从这几个词组中我们能否看出 affair 是怎样一个词？"学生在我的启发下渐渐找到了门道，觉得 affair 是一个比较正式、正经的大词。我继续在黑板上写出"have an affair with sb."这个短语，让学生猜是什么意思。然后告诉他们，affair 在这里表示"风流韵事"。Affair 的本意是如此的正式正经，却能繁衍出这么不正经的短语，可见，一本正经的表面往往掩盖着不正经，这就是我们为什么说"正经人，假正经"。

这样的做法叫什么？专业点，叫"发散思维"。在插科打诨的东拉西扯中，语言被置于一种特定的社会文化语境之中，而学生在学习语言规律的同时，也发现了生活，深刻了思想。想起郭初阳君说的一句话："我们在课堂内可以探讨任何值得探讨的问题，而不是怀疑这种探讨是否太早了。"

因此，表面上的插科打诨，实则隐含着一种社会责任。然而，想要做好插科打诨这桩事，教师应当具备学识。若没有相应的学问做基础，他如何能脱口而秀出其中的幽默？若没有对社会和时代的见识和关注，没有对人的发展的深刻理解，他又如何能选择合适的"科"和"诨"来启迪学生？

由此可见，插科打诨不仅仅是对课堂沉闷的调剂，也不仅仅是对社会现象的讽喻，它还包含着教师对教育教学的理解，以及对学生发展的期待。因此，以课堂教学的四平八稳、正襟危坐来限制教师的自主发挥，或者以学科的界限束缚教师的言说，都显得小家子气，短浅而可笑。

与学生一同学习一篇科普文章。里面有句话：

The existence of these bodies is measured through their destruction.

这话说得相当的意味深长。用中文讲，大致是：这些天体的存在，乃是以其毁灭而被测知的。

里面包含的科学道理并不复杂：我们所观察到的天体，一方面由于距离遥远（以光年而论），故其现状实是几万年前的状态；而另一方面，几万年前，正因为它的毁灭（爆炸）而发出的耀眼光亮，才使现在的我们有幸观察到它当时的存在。

这种知识，对学生而言，自然属于 ABC。教师若纠结于知识上的解释，往往会觉得自讨没趣。而当我们抛却技术的分析，将这一现象置于生活或人生之中时，我们不禁悲从心起！我于是借题发挥，从英语课中游离了出去——

首先，我们之所以对时间有感觉，原来都是靠了空中穿梭的光亮。因为光的帮忙，我们才得以窥见远古的故事。换言之，正因为光和空间的存在，才使得我们所面对的人和事，都已然成了过去！世上没有真正的零距离，因而我们从来没有生活在现实之中。一切的现象，都是过去，都是已经发生了的故事，都是一种回忆。

所以，你在我眼里，也是一种过去的存在。美好也罢，痛苦也罢，都是过去的浮现。这浮现，正是因为有了黑暗中划过的那一丝光亮！

其次，"以其毁灭而被测知"。对世界的认知，原来是以知识的原体的死亡为代价的。因为死亡能带来光亮，一种能使过去抵达现在的光亮！

这未免叫人恐惧。我们对知识的追求，竟是以另一个世界的消亡而为代价的！这消亡了的世界，划亮了我们的眼睛，并以"知识"的形式重新活在了我们心中。那么，我们该如何对待那可怜的知识？

爱知识吧！唯有好好珍惜知识，才可以真正地爱那个世界。

这种"插科打诨"，多少有些煽情，虽然上述文字是经过了整理的。但是，将语言、科学和人生结合在一处，使学生去思考去感悟，这难道不是教育教学者应当具有的责任、应当从事的行为吗？任何知识都要与生活发生关系，都要服务于对人生的理解，这是人人都晓得的道理，何以我们在具体的实践中，却偏偏不肯去做了呢？

故我们实在没有理由小觑"插科打诨"的作用。高明的"插科打诨"，能让师生以人的姿态面对课堂、面对知识、面对世界。冯友兰先生当年在学校授课前，都要面无表情地坐在讲台后，呆望同学们一二分钟，然后才开始上课，脸上也开始有了笑容。诸位，你在上课时，有过这样深沉的发呆吗？

文化之情怀

　　任何的教学，其背后都涌动着学理上的思考，也涌动着文化上的追求。这是课堂的张力所在。故我们观察课堂，断不能"从现象到现象"，而须深入其本质，探求课堂背后师生对精神世界的理解和追索。

精神的诗学还是诗学的精神？

——对王崧舟《长相思》一课的哲学思考

引言：评课的技术主义谬误

王崧舟在无锡推出的《长相思》一课，据他自己说是在小学语文诗歌教学上的一次尝试，一次企图实现突破的尝试。是否真得到了突破，我们暂且不论，不过小语界对此的反应，自是预料中的热烈。但是如同对他前几堂课的评论那样，评课大多从技术的层面进行，免不了隔靴搔痒的缺憾，对他课堂教学的本体性意义，极少有思考者。

一般而言，教育界技术主义和功用主义的盛行，最终导致了评课的肤浅。目前的评课方法，大多从两个纬度进行：第一是线性的评论方法，即从课题的"导入"切进，按时间的顺序进行评点。期间出现的诸如"启""承""转""合"等词语，仿佛表示课堂是完全按照教师预设的程序进行，连学生的情绪和精神的发展，亦成了课堂时间轴上的可控因素；第二是解构的评论方法，即将课堂教学分割成几个教学意义上的模块进行剖析，如叶刚论王崧舟《长相思》的几点不足时，便从词意、背景、诵读等几方面进行论述①。不过，无论如何，以上两种评课方法采取的都是技术主义的视角，即将对课堂教学的评价置于技巧和风格的框架之中，忽视了课堂作为人之精神发展的语境，也忽视了教师和学生作为人在课堂中的定

---

① 叶刚. 叶刚老师评价王崧舟《长相思》五大不足 [EB/OL]. 第一线教育论坛. 2006-02-09.

位和实践。

假设回顾王崧舟推出的课堂教学，我们可能会承认：他的课已经不能算作"课"了，严格地讲，应该是艺术品才是。在这些艺术品中，他贯彻了他一如既往的"诗意语文"教学思想，也在其中彰显了他个人人格对于语文教学和课堂文化的影响力。他的诗意语文，就是对技术和功用的反动。因此，以技术的论调来分解他的课堂艺术是愚蠢的，正如我们不能以文章结构和字词安排来判断鲁迅作品的优秀一样；而东施效颦般地"学习"王崧舟的课堂教学方法更是可笑的，因为这样做，只能说明我们是以一种低俗的眼光看待艺术，以一种工具主义的论调亵渎艺术的人文主义精神。审视王崧舟的课，我们不能仅仅关注可以"学到什么"，更要反思他的课堂教学思想，反思他作为一个矛盾的人是如何将课堂作为载体，对语文教学乃至人的教育进行探索的。

课堂话语和课堂权力的分配

《长相思》一课，是"借班上课"，从教学意义上看，学生尚不能称之为学生，因为师生互相依存的关系不能在短短的一个小时内建立。但作为相对封闭的课堂，要完成规定的教学内容，教师和学生必定会在一个预设环境中迅速达到一种默契。这种默契，正是通过课堂教学的"话语"来实现的。

话语当然不是语言。福柯说过，话语是指"系统地形成人们所谈论事物的实践活动"，是一种"通过语言产生知识的言语方式"①。因此，从这个意义上看，不是我们在说语言，而是语言在说我们。王崧舟在谈到《长相思》的授课过程时也说，到后来，好像不是他在上课，而是课在上他。其中的道理正是相通的。

那么，《长相思》一课中，到底有什么话语在决定着王崧舟和那些学生呢？是什么话语在决定着这堂课的文化意义呢？

---

① Foucault, M. The Archeology of Knowledge, London ［M］. Tavistock, 1977.

应该说，在这节课中，课堂话语是一种临时的、却又是确定的师生关系。王崧舟试图以他的教学内容确定他与这些孩子的一种依存关系，同时又试图证明，这种关系是建立在对课堂"知识"的精神理解基础之上的。

师：同学们，在王安石的眼中，乡愁是那一片吹绿了家乡的徐徐春风。而到了张籍的笔下，乡愁又成了那一封写了又拆、拆了又写的家书。那么，在纳兰性德的眼中，乡愁又是什么呢？请大家打开书本，自由朗读《长相思》这首词，注意，仔仔细细读上 4 遍，读前两遍的时候，注意词当中的生字和多音字，要把词念得字正腔圆；读后两遍的时候，要注意把它念通顺，注意词句内部的停顿。明白吗？

生：（齐答）明白。

我们注意到，在这个简短的导入过程中，王崧舟已经暗设了两种课堂语境：其一是"愁"，其二是诵读。而"注意词当中的生字和多音字"则是他抛出的一个假象，其用意不只是强调学生对文字基础知识的学习，更是以这种学习作为他建立师生关系的初始手段，其目的是在诵读中体验"愁"，体验人生。在这样一个过程中，课堂话语权一开始便牢牢地被教师所控制，不再旁落，而权力正是产生知识的源泉。作为教师的王崧舟和学生们都很清楚，他们从此将按照"课堂的逻辑"进行下去，且谁都不怀疑这种逻辑的正确性。话语的明晰和权力的分配，在课堂初便得到了实现，这是王崧舟作为一位优秀教师的才能。

课堂话语一旦确立，它便按照自己的方式发展，并决定着教师和学生的实践活动。从此，课堂词汇以特定的方式排列和组合，而排除了其他的组合方式①。在课堂话语的笼罩下，教师和学生并不明白自己在说什么，他们的一切行动和思想，都在话语的控制之下实践着。

---

① ［美］斯蒂芬 . J. 鲍尔 . 教育改革——批判和后结构主义的视角 ［M］. 侯定凯，译. 上海：华东师范大学出版社，2002.

师：现在王老师提两个问题，看看你对这首词大概的意思，掌握了没有。（板书"身"）第一个问题，听清楚了，作者的身，身体的身，身躯的身，作者的身在哪里？身在何方？

生1：作者的身在前往山海关外。

师：请站着，山海关外。继续说，谁还有不同的看法？

生2：作者的身在前往山海关的路上。

师：路上，请站着。继续说。

生3：作者的身在山海关。

……

王崧舟后来说，他在写上"身"之后，"找到了上课的感觉"。这种感觉，使他明白了课堂话语的存在，也明白他对师生关系的话语权已经实现了真正意义上的控制。因此，他可以从容地进行课堂内的任何一次停顿，可以从容地控制节奏，而这些停顿和节奏又无不强化了课堂中话语的权力关系。

如果这样讲，一定会有人不以为然：学生的地位在哪里？的确，在话语权力分配过程中，学生总会得到不公正的待遇。王崧舟也非常明白：课堂内的霸权，只会导致师生关系的畸形。事实上，在授课过程中，话语权力的分配，并不是指谁在讲课和发言，或者是讲课和发言的内容，而是谁被授权发言。因此，王崧舟将对《长相思》的诵读和对意境的想象留给了学生，同时在后半场，将对《菩萨蛮》的对话权也留给了学生。不过，这种权力，正如飞出去的弯刀，最后还是回到了教师手中。从文本的学习来看，学生对《长相思》的感悟，并没有从他们的原始理解出发，而是依照教师设定的路线发展。可是我们不能忘记，话语权是由话语本身决定的，教师只是它的一个最大执行者；但是，通过教师的努力，通过他的情境创设，课堂内特定的师生话语关系被成功地建立了，教师也因此牢牢地把握了这一话语权。这样，他可以以他的精神影响学生，并在课堂内实现教育的梦想。

150

教学文本：在矛盾中阐释生命

可是，正如卢梭说的，教育是一种梦想。要在课堂内实现梦想，无论师生，都可能会面临矛盾和痛苦。因为课堂话语往往是在对教学文本的阐释中复制和实践的。在教学系统中，师生都面临着"知识"这个话语，课堂话语也正是在这个大话语中进行着微观循环，从而"通过劳动、语言和权力的中介形式"来获得知识建构的兴趣。这是哈贝马斯在他的《知识与兴趣》中提出的一个命题。但问题是：知识获得的目的是什么？在技术主义盛行的时代，知识已经成为一种工具，已经失去了属于人的生命意义。这就是王崧舟要高声呐喊"诗意语文"的原因了。他说：

> 我们怀着对生命的敬畏和尊崇，以热切而理性的思索努力追寻着语文教育的本真：培养真正的人，培养具有"人的精神"的人，培养具有和谐的、多方面精神生活的人。这就是语文的生命化教育，这就是诗意语文所要追寻的最高境界。①

"人的精神"正是他的诗意语文的核心。从这个意义上看，他在课堂内对文本的解读，实际上便是对人生的解读。这种解读，从一开始便充满了矛盾和不安。

首先，从课程知识上看，正如郭晓明所指出的，"它不是由儿童自主选择的，而是由成人世界指派的；不是由儿童自由组织的，而是由教材已设计好的；不是由儿童自己安排学习的，而是由教师来教给他们的。因此，课程知识不仅更集中体现了其他知识也拥有的国家的权力、社会意识形态的权力，而且它还体现着成人的权力、教材的权力以及教师教的权

---

① 王崧舟．诗意语文，追寻生命化教育的境界［EB/OL］．小学语文部落 http：//www. ywbl. cn. 2005－10－28.

力。"① 学生并没有得到知识的话语权，即便是教师，他对知识的阐释，也只体现了外部强权势力的影响。教师要在这种影响中点化生命，必须痛苦地面临用"知识"来切割生活、遗忘生活的窘境。这是一个两难问题：一方面教师要从知识的教学中开掘出智慧，从中获取迈向自由的精神；另一方面，作为意识形态的知识，却将学生（也包括教师）当作服务其权威的工具，阐释知识的过程成了阐释权力的过程。

其次，文本本身的不确定性，也为"精神的对话"设置了过多的可能性。海德格尔说过，语言在根本意义上是诗，可是人类的语言却偏偏成了说谎的工具，成了掩饰思想的工具。因此，从语言的形式上寻找诗意是徒劳的。我在第一次看《长相思》课堂录像时，也有与叶刚老师同样的困惑：诗歌的教学如何体现与散文的教学的不同？但不久便发现，这种疑窦是毫无必要的。在课堂里，师生从文字中获得的是一种感悟，是一种对人生的深层次感悟，至于体裁，是一种知识的外壳，并不重要。生命的意义需要读者的心，而不是对文字的技术解构。

事实上，王崧舟在处理纳兰性德的《长相思》时，并没有按传统教学的方法进行背景叙述，也没有过多地进行语言上的肢解分析。他追求的是一种意境，生命的意境。这正是这首词的终极意义，也是诗歌教学的终极意义。他说：

> 诗是不可解的，但诗又是不得不解的，这就是我们面临的两难境地，抑或说是一种教学策略上的悖论。诗被卷入课程，既是她的幸运，更是她的不幸。语文老师的责任就是用自己的智慧和才情保护"诗"的存在，使她免于被拆解、被蒸发。②

"诗是不可解的"，这是就文本的独立性而言。因为诗歌在语言层面并

---

① 郭晓明. 课程知识与个体精神自由 [M]. 北京：教育科学出版社，2005.

② 王崧舟. 在"可解"与"不可解"之间寻求"和解"[EB/OL]. 小学语文部落 http：//www. ywbl. cn. 2006-02-09.

没有"意思"，或者确切地说，读者没有必要弄清它的"意思"。王崧舟一直认为文本是作为一个独立的生命体而存在的，所以他要保护诗的完形，而不是人为地将诗歌的语言形式从它的本体意义上分割出来。其实董仲舒说"诗无达诂"时，就已经非常明白地说明了诗歌语言的自律性和读者阐释的不确定性。这种不确定性，即如伽达默尔所说的，"文学理解就是一种作为此在的我们的一种存在方式"①，是基于读者阐释的一种存在。不过存在却是有历史性的，因此，对文本的理解实质上是一种"视域融合"②，是一种发展中的存在。

"诗又是不得不解的"，这是诗歌作为文学的责任，是诗歌之于人的意义。解诗的目的在于更加深刻地理解人生。因此，诗歌的意义，超越于作者与文本，它活在读者的心里。换句话说，诗歌的终极意义，既存在于诗歌本身，又存在于读者对它的理解之中。

  师：真好！同学们，词读到这儿为止，你的脑海里面留下了什么印象和感觉，谁来说一说？

  生1：我感到纳兰性德非常思念家乡。

  师：这是你的感觉。谁还有别的印象和感觉？

  生2：我感觉到纳兰性德思念家乡，梦都睡不好了。

  师：不是梦都睡不好，是觉都睡不好，根本就没有梦。同学们，梦都做不成，觉都睡不好，带着这种感觉，我们再来读一读《长相思》，把这种感觉读进去，读到词的字里行间去。

  生：（齐读）《长相思》（清），纳兰性德。山一程，水一程，身向榆关那畔行，夜深千帐灯。风一更，雪一更，聒碎乡心梦不成，故园无此声。

---

① 李建盛. 理解事件与文本意义——文学诠释学 [M]. 上海：上海译文出版社，2002.

② 章启群. 意义的本体论——哲学诠释学 [M]. 上海：上海译文出版社，2002.

在这里，王崧舟将自己的梦，带进了"根本就没有梦"的《长相思》中，也将学生的梦，带进了这首词当中。在这个过程中，教师和学生并不是在阅读和理解诗歌的意义，而是在创造诗歌，用自己的心灵创造人生的诗学意义。

可是，这种强调读者生命存在的解读方式，毕竟是十分冒险的行为。因为课堂内的话语控制权大多集中在教师手上，教师对文本的阐释，很大程度上决定了学生对文本的意义理解。王荣生先生就曾指出这种教学方法可能存在的危害，他说："课程内容最终应落实为'理想的读者'对该诗文的'权威阐释'。"那么，这样的"权威"到底是谁呢？是语文教师吗？如果语文教师没有达到一定的素质水平，他将会贻误一大批的学生！① 因此，语文教师一方面要保护文本的独立生命，另一方面又不得不与学生共同阐释文本，并面临着对教材读误的可能性，这便是语文课堂教学中的另一个矛盾体。

在这点上，王崧舟提出了"教书是靠底蕴"的说法，即强调教师的文化素养以胜任其课堂教学。在《王崧舟语文教学感言》中，他说：

> 一个优秀的语文教师，必得有四大支柱的坚固支撑。丰厚的文化底蕴支撑起语文教师的人性，高超的教育智慧支撑起语文教师的灵性，宏阔的课程视野支撑起语文教师的活性，远大的职业境界支撑起语文教师的诗性。②

他的确做到了，所以在课堂教学中游刃有余。即便如此，他在授课之前，仍花了大量时间研究《长相思》的文本以及相关的诗词理论。但是，他自身对文本的理解，却并没有在课堂中显现，而是更多地将诗中的精神意境通过学生的诵读来实现。

---

① 王荣生 . 新课标与"语文教学内容"［M］. 南宁：广西教育出版社，2004.

② 王崧舟 . 王崧舟语文教学感言［EB/OL］. http：// www. upweb. net. 2005－10－16.

154

生1：（朗读）《长相思》（清），纳兰性德。山一程，水一程，身向榆关那畔行，夜深千帐灯。风一更，雪一更，聒碎乡心梦不成，故园无此声。

师：好一个"故园无此声"，有味道，谁还想读？

生2：（朗读）《长相思》（清），纳兰性德。山一程，水一程，身向榆关那畔行，夜深千帐灯。风一更，雪一更，聒碎乡心梦不成，故园无此声。

师：好一个"聒碎乡心梦不成"，来，我们一起读，读出你自己的味道和感觉来。

生：（齐读）《长相思》（清），纳兰性德。山一程，水一程，身向榆关那畔行，夜深千帐灯。风一更，雪一更，聒碎乡心梦不成，故园无此声。

按照王崧舟的说法，"诗活在诵读的当下，诵读保护了诗的存在，诗即诵读"①。但是，他理解的诵读不是简单的朗读。他认为诵读是感悟文学作品的基本策略②，是"唤醒感觉的过程"，是"激活诗意的过程"③。观察《长相思》一课，我们发现，他有十几次要求学生诵读诗歌；但是显然，每一次的诵读，学生都进入到一种新的境界，每一次的诵读，他们都向诗的本体意义更进了一层。通过诵读，教师将文本的阐释权留给了学生，让学生自己建构生命的意义。这种读者反应论色彩浓厚的教授方法，源于王崧舟对文学意义的理解。因为"阅读是所谓文学阐释过程中所必需的先决条件"④，所以他很好地利用了这种手段，从而发扬了学生的主体精神，将阐释的自由还给了学习者，把想象留给了学习者，这种想象，使诵

---

① 王崧舟.在"可解"与"不可解"之间寻求"和解"［EB/OL］.小学语文部落 http：//www.ywbl.cn.2006-02-09.

② 王崧舟."感悟"纵横谈［J］.福建教育，2004（04）.

③ 王崧舟.在"可解"与"不可解"之间寻求"和解"［EB/OL］.小学语文部落 http：//www.ywbl.cn.2006-02-09.

④ ［德］沃夫冈·伊塞尔.阅读行为［M］.湖南文艺出版社，1991.

读者完成了对作品"空白"的填充，也从而完成了诗歌作品的意义。

自由：To be, or not to be?

在他的《诗意语文，追求生命化教育的境界》一文中，王崧舟用"自由"两字点明了他的诗意语文所追求的目标：

> 诗意语文的首要任务就是倾听学生自己的思想、情感和意志，诗意语文追求的学习氛围是自由、自然的氛围，诗意语文致力于培养的是具有自由品质的人。①

这是他对知识论哲学的一种反抗。他引用了海德格尔的一句话："诗意的境界"实乃"自由的境界"。因此，他的诗意语文，"是人与人之间的精神的自由对话"。他的语文课是一种艺术，因为只有在艺术里，自由精神方可得到充分发扬。

> 师：孩子们，请闭上眼睛，让我们一起，随着纳兰性德走进他的生活，走进他的世界。随着老师的朗读，你的眼前仿佛出现了怎么样的画面，怎么样的情景？（稍作停顿）山一程，水一程，身向榆关那畔行，夜深千帐灯。风一更，雪一更，聒碎乡心梦不成，故园无此声。
>
> 师：孩子们，睁开眼睛，现在你的眼前出现了怎么样的画面和情景，你仿佛看到了什么？听到了什么？你仿佛处在一个怎么样的世界里？
>
> 生1：我看见了士兵们翻山越岭到山海关，外面风雪交加，士兵们躺在帐篷里，翻来覆去怎么也睡不着，在思念他的故乡。

---

① 王崧舟. 诗意语文，追寻生命化教育的境界［EB/OL］. 小学语文部落 http://www.ywbl.cn. 2005-10-28.

156

生2：我看见了纳兰性德在那里思念家乡、睡不着觉的情景。

生3：我看到了纳兰性德走出营帐，望着天上皎洁的明月，他思乡的情绪更加重了起来。

……

"闭上眼睛""展开你的想象"，这就是精神上的自由！此时王崧舟鼓励学生的，是挣脱文本中字词的束缚，在意会中体验生命和自由。在教育中，我们什么时候让学生真正想象了呢？什么时候把自由真正还给学生了呢？

教师用颤抖的心灵去想象，用他对自由的向往去解读文本，并引导学生也进入自由的想象王国。事实上，在当今的教育中，学生个体自由的缺失已演变为一种习惯。在很多情况下，"学生主动放弃了自由而使自己变得不自由，此种情况反过来又助长了教育的不自由"①。逃避自由，把自己交给了别人，结果自我丧失了，成为"伪我"。弗洛姆说，"个人的无意义和无能为力"是滋生权威主义的温床，在王崧舟的课里，我们发现了他努力鼓励学生在想象中追求自由，获取自由，因为在他看来，这是生命存在的真正意义。

可是，他同时又必须面对教师作为课堂话语权支配者的尴尬：一方面，他鼓励学生进行想象，追求自由；而另一方面，他又以"教育"的形式，一种对话语权控制的形式，限制学生思想的自由发展。在《长相思》一课中，对诗歌意义的理解，大多基于教师自身的感悟，而学生则从一开始就被教学语境引向了对"思乡"之愁苦的阐释和感悟。

综观《长相思》一课，王崧舟浓厚的"情感"话语，在使学生进入一种迷离状态之外，还同时造成了一种可称之为"课堂道德"的压迫感。他在课堂内的语言风格和语气语调，无不体现了这种道德指向。在这样的情感话语中，学习者毫无抵抗力，情感的发展从某种程度上说是被"诱发"的，而非"自发"的，因此也谈不上"自然"。在课堂内，学生虽然获得

---

① 郭晓明．课程知识与个体精神自由［M］．北京：教育科学出版社，2005．

了对知识的短暂批判力，但同时却因为课堂语境的压迫，失去了对自身情感的判断力，或者说，在这样的课堂内，他们过分接近了情感，而远离了思想。

因此，教师既要注重学生的个体自由，关注他们的选择权，同时又要时刻创设课堂的"道德环境"来压制学生、剥夺他们思想的自由。教师处境窘迫，不得不如哈姆雷特那般"To be, or not to be"地呻吟了。如果我们同意福柯说的"知识即权力"，我们就有充足的理由相信康德那句惊世骇俗的名言"我们应当推拒知识，以便为信仰留出空间"。

王崧舟的课堂崇尚自由的信仰：他的诗意指向了一种浪漫主义的远方，但他同时又坚信儒家入世的观念，坚信道统之于生活的意义。因此，他的信仰是一种社会伦理下的信仰，他理解的自由是"从心所欲不逾矩"——这也许是个体意志和社会功用的折中。在王崧舟的课里，我们分明感受到了这种交融和无奈。

孤独：教育者永远的诗学境界

打着我的提灯，
我找到了一个人：
我。
我观察他。

王崧舟在关注了众多对他《长相思》一课的评论之后，反而倍感"孤独"，便以"课后的王崧舟"的名义写下了对自己课堂的评析文章——《在"可解"与"不可解"之间寻求"和解"》。上面四行诗便是这篇文章的开首，其中寂然凝虑的心境跃然纸上。

也许拥有丰富内在的人，才能够享受到孤独的美与好。

他的孤独，是功用和权威下对教育的诗性认识。

他的孤独，来自他对语文教育价值的思考：教学必须激起学生与文本的精神对话，寻得生命的存在意义。

他的孤独，来自他对自由的向往：一种能唤醒精神觉悟的追求，能以教学的形式，开启人的心灵想象。

他的孤独，是一种艺术的存在，是教育者永远的境界。

诗意语文与英雄叙事

自从王崧舟先生倡导并实践"诗意语文"以来，东施效颦般地在语文课堂内走"情感路线"成了一种时尚。其结果是，课堂内的一招一式、一言一行都有了"崧舟腔"，唯其精神实质，却无以复制。王崧舟对语文教师要求的"剑气合一"，一遇到实际操作，往往是画虎不成反类犬，"诗意语文"进而变成一种流毒，贻害着小学语文，也贻害着小学语文的教师们。

不是说"诗意语文"不好。但语文既要"诗意"，便须坚守一种高贵的，甚至是"言不及义"的气质。那些试图给"诗意语文"定义理论框架（Theoretical Framework）和实践手法（Practical Approach）的语文界人士或许忘记了，从教学的技艺、手段以及课堂表现学去阐释王崧舟的课堂，并借此来"普及大众"，是十分冒险的①。诗意语文不是一种流派，更非一种技术，在很大程度上，它是语文教育的精神追求②。这是我们研究诗意语文所必须持有的批判视角，因为它可以使得我们借助对"诗意语文"的现象学研究，更加透彻地了解语文教学之于社会、之于人自身存在的关系。

一

有趣的是，王崧舟"诗意语文"所实践的教材文本，往往具有"英雄

---

① 王崧舟. 自赎与拯救：诗意语文的再发现［J］. 语文教学通讯小学刊，2008（5）：12-19.

② 王崧舟. 诗意语文的理想和信念［EB/OL］. http：//msgzs. zjer. cn/article_view. php？sid=1&cid=63&id=51.

主义"主题和形态。我大抵觉得，王崧舟之所以选择这些文本，是因为这些文本承载着他成长过程中始终埋藏在心底的英雄情结，具体而言，是他对社会秩序、对道德主旨的一种信念。

他希望通过对这些文本的教学来抒发他对传统审美的向往。他需要一种"英雄"的意志来支撑他的理想主义。因此，无论是他对《我的战友邱少云》和《一夜的工作》的课堂情境把握，还是他对西方神话《普罗米修斯》的价值挖掘，都试图引导人们重新构建一种英雄话语体系，也试图证明：民族、国家、历史的命运比个人的命运更重要。从某种程度上说，这也体现了"诗意语文"的一种终极教育关怀。

其实，王崧舟所理解的"英雄"，大多具有普通"人"的品性与追求，而并非一定是那些穿越历史时空的高大形象。但他们的精神，却体现着人类永恒的价值追索。在他所教授的课例中，无论是救世者英雄还是道德型英雄，都包含着他对英雄所具备的元素的阐述以及对历史、理想社会的重新审视。

第一，苦难。

英雄往往被置于苦难的现场，这是人们对救世者出现的期待所致。对苦难现场的呈现和解读，可以引出一种历史的忧患意识以及英雄人物出现的必然性。

师：尽管我们很不愿意，但是，我们还得把这两个画面找出来。第一个画面在哪里？

生：第一个画面是（朗读）"普罗米修斯的双手和双脚戴着铁环，被死死地锁在高高的悬崖上。他既不能动弹，也不能睡觉，日夜遭受着风吹雨淋的痛苦"。

师：就是这个画面，惨不忍睹。第二个画面，又在哪里？

生：（朗读）"狠心的宙斯又派来一只鹫鹰，每天站在普罗米修斯的双膝上，用它尖利的嘴巴，啄食他的肝脏。白天，他的肝脏被吃光了，可是一到晚上，肝脏又重新长了起来。这样，普罗米修斯所承受的痛苦，永远没有尽头了。"

师：是的，就是这两个画面，两个惨不忍睹的画面。我们不情愿，但是，我们必须走进去。孩子们，让我们一起走进第一个画面——

（《普罗米修斯》教学片断）

但是对英雄所遭受的苦难的白描甚至渲染，容易受到一些教师的反感。他们觉得，这多少会对孩子造成心理阴影。语言对苦难的叙述，只有游离于事实与真相之外，方可以获得读者的信赖。换言之，读者通过语言而获得的苦难信息，应该是创造性的艺术，而非事实性的描述。这既是莱辛《拉奥孔》中的艺术观，也是让·波德里亚在他的《消费社会》一书中的文字传媒观。但是王崧舟显然没有理会这种中庸，他在课堂内处心积虑地引导学生对每一个苦难细节进行描述，其目的正是要读者（学生）直面悲情，正视人类的困境。

这又是他在教学上的一步险招，会随时招致教育伦理上的质疑甚至攻讦。不过我们发现，在上述课例中，教师有意识地要学生以"人"的视角来观察和感受"神"的处境，一方面可以为英雄超强的意志力铺设情境，另一方面也为读者（学生）的"控诉"提供依据——在上述文本中，正是宙斯这一代表统治阶级权威的神对人的生命的无视，才造成了英雄的苦难与抗争。

第二，抗争。

现场感（无论是苦难还是抗争）在叙事中最容易引起共鸣和类比，虽然上述"现场"，在学理上尚有可斟酌之处。同样在《普罗米修斯》这一课例中，为了突出英雄（盗火之神）对命运的抗争，教师反复渲染情境，引导学生重点诵读"为人类造福有什么错，我可以忍受各种痛苦，但绝不会承认错误，更不会归还火种"这一体现普罗米修斯坚强意志的宣言。这个声音，置于恰当的多媒体画面和音乐背景之中，刺激了观众（学生、观课者）的视听觉思维，营造了一种很好的舞台叙事效果，也从而强化了英雄的不屈精神。

162

师：你听，这坚定的回答在普罗米修斯被死死地锁在高加索山上响起过——

（音乐响起，大屏幕上画面和文字不断叠映出"句五"）

"为人类造福，有什么错？我可以忍受各种痛苦，但绝不会承认错误，更不会归还火种!"

（生齐读"句五"）

师：你听，这坚定的回答在普罗米修斯被狂风暴雨无情吹打的时候响起过——

（生齐读"句五"）

师：你听，这坚定的回答在普罗米修斯被鹫鹰啄食肝脏、生不如死的时候响起过——

（生齐读"句五"）

师：一百年过去了，这声音坚定地回响在高加索山上——

（生齐读"句五"）

师：一千年过去了，这声音依然坚定地回响在人类的心中——

（生齐读"句五"）

师：不需要再用眼睛看这些文字了，我相信这些文字已深深地印在你的心上。一万年过去了，两万年过去了，三万年过去了，这声音不但没有减退，没有消失，反而更加坚定地回响在茫茫的天地之间——

（生齐读"句五"）

（《普罗米修斯》教学片断）

在这里，王崧舟一如对"苦难"的解读那样，把英雄的"抗争"置于对"人"的关怀之中，于是，英雄的抗争内容便具有了亘古的意义。英雄必将胜利，人民必将获益，这是历史的必然规律，并贯穿于王崧舟课堂内对英雄文本的解读。而在《二泉映月》课例中，这种抗争则更多地表现为对命运的不屈和对美的向往：

师：同学们，回响在二泉池畔的，仅仅只是这首乐曲吗？仅仅只是这舒缓而又起伏、恬静而又激荡的琴声吗？此时此刻，你还听到了什么声音？

生1：我听到阿炳在说，命运啊，你对我为什么这么不公平？

师：这是阿炳激愤的倾诉。

生2：我听到阿炳在说，我不会低头的，我不会屈服的，我一定要跟命运抗争。

师：是的，这是阿炳倔强的呐喊。

生3：我听到阿炳在说，这个万恶的旧社会，人和人之间是多么的不平等啊！

师：你听到了阿炳深沉的叹息。

……

师：是的，这是支撑阿炳活下去的理由和力量啊！同学们，你们听到的这一切的一切，是什么？是阿炳积淀已久的一片情怀呀。（板书"一片情怀"）

（《二泉映月》教学片断）

第三，美德。

同样的道理，王崧舟对英雄之美德的解读，也是基于他"诗意语文"中对人的灵魂的追问，并从一个侧面表达了他对功利主义的不满。普世意义上的英雄，当具有坚韧、博爱、不屈服于命运等美德，但是在王崧舟的课堂叙事中，却只有"爱"的光环被有意识地放大。这在一定程度上能起到教育启迪的作用。

我们不仅可以在他的《慈母情深》一课中觉察到浓浓的爱意，也可以在《小珊迪》一课中感受到爱的责任，更可以在《普罗米修斯》一课中悟到爱的博大。

师：其实，真正解救普罗米修斯的，不是大力神，也不是别的什么神，而是他自己。让我们永远牢记这样一条宇宙的法则——

生：（齐读）"爱别人，也被别人爱，这就是一切，这就是宇宙的法则。"

师：让我们把普罗米修斯用自己全部的生命和磨难写下的这一条宇宙的法则牢记在自己的心上——

生：（齐读）"爱别人，也被别人爱，这就是一切，这就是宇宙的法则。"

（《普罗米修斯》教学片断）

在课堂内对爱进行解读，不单是为了建构英雄的概念，从教育的意义上讲，还能引导孩子们去感受英雄在苦难中永不放弃对美好生活的向往和追求的高尚情怀。从这点看，王崧舟在课堂内的一切解读，都是为了文本的意义生成，以及这种意义施与孩子们的精神影响。

二

对英雄的崇拜情结，使得王崧舟不仅抵抗对文本的个体主义解构，还以其道反治其身，用自己高超的文本解读技术，"重构"文本，使得文本的意义回溯到它传统的价值和生命中去。同时，他的课堂叙事能力，也远超一般的教师，难怪沈大安老师和张华教授要称之为"艺术家"了。从艺术创作的角度看，他的英雄叙事大致通过以下手段实现：

（一）叙事语境的创设

如在《圆明园的毁灭》一课中，教师从一开始就为课堂奠定了一种悲情的基调：

师：同学们，把你写字的手高高举起，咱们一起认认真真地书写课题——《圆明园的毁灭》。"圆"是圆满无缺的"圆"，"明"是光明普照的"明"，"园"是皇家园林的"园"。

（《圆明园的毁灭》教学片断）

再如《慈母情深》一课中的开头：

师：请大家看黑板！我们一起，恭恭敬敬地读题目！

生：（齐读）《慈母情深》

师：读得不错。请注意这个"深"字的读法，我们再读一遍！

生：（齐读）《慈母情深》（"深"字读成了重音）。

师：好极了！孩子们，你们一定已经发现，在这个"深"字底下，有一个大大的着重号，是吧？

生：（齐答）是！

师：为什么？（稍顿）为什么？

生1：它是提醒我们这个"深"字很重要。

（《慈母情深》教学片断）

在这里，对"深"字的解读，有效地确立了课堂叙事风格，也确立了对这篇课文的解读走向。按照福柯的说法，这是教师对课堂话语权的控制。"课堂话语权从一开始便牢牢地被教师所控制，不再旁落。而权力正是产生知识的源泉。"[①] 正是通过对课堂话语权的控制，教师成功地创设了叙事语境，并借此影响学生的知识建构。

（二）结构张力

在《小珊迪》一课的开头，教师讲述了一位博士生在德国找工作遭到拒绝的故事。这则故事实则包含了一个普世的道理，即道德和灵魂才是促使人发展的最重要的力量。有了这一导入，有了这一师生共同的先验认识，整个课堂内师生的对话以及对文本的阅读，便必然带有对人性的敬畏，必然带有对小珊迪高贵品格的敬意和认同，从而使得整个课堂的教学

---

① 王小庆.王崧舟：精神的诗学还是诗学的精神？［A］.王崧舟.王崧舟讲语文［M］.北京：语文出版社，2010.

被赋予了一种庄严肃穆的气氛。

　　这大约便是"诗意语文"之预期设计与现场演绎间的一种默契吧。对课堂结构的美学追求，使得王崧舟的课堂向来都是"不可复制的唯一的存在"，是为了"唤醒主体诗意"的存在。在《亲情测试》一课中，教师要学生拿出一张"最干净、最纯洁"的纸，并在上面写上他们最亲爱的人的姓名。这一双关是对亲情的高度概括，也是对孩子的教育期待。我们再看《一夜的工作》一课。当教师让学生在文中找出"让你感动的地方"之后：

　　（生自主读书三四分钟）

　　师：停，总理的这一夜，读着读着，我们的心都为之一颤，是吗？请你读你的句子。

　　生1："这是一座高大的宫殿式的房子……"

　　师：读着读着，你为什么为之一颤？

　　生1：因为……简单。

　　师：假如你用文中一个词来概括，你想用哪个词？

　　生1：极其简单。

　　师：请你再读，把"极其简单"这种感受读出来。

　　生1：（有感情地读）……

　　　　　　　　　　　　　　　　　（《一夜的工作》教学片断）

　　这是什么？这就是对比。很显然，"极其简单"蕴含着"极其不简单"的总理的人格。此处教师简简单单地通过文字的聚焦，实现了学生的"理想瞻望"，使得他们尽管面对一位并不十分熟悉的人物，却照样成功地构筑起对英雄之品格的认识和尊重。

　　事实上，因课堂结构而引起的情感、认知张力，可以通过对英雄文本的气、味、韵的把握来实现，也可以通过对英雄风骨的渲染来实现，更可以通过对时空和意象的构筑来实现。譬如在《长相思》一课中，诚如王崧舟自己分析的，"身在征途"的像的还原，"心系故园"的像的创生，将这两种连续呈现的"像"加以剪接和重组，就形成了一种孤独、寂寥的课堂情境和文本意境①。而在《二泉映月》一课中，对美景的还原，更是让学生反而产生了对阿炳悲惨遭遇的无限同情。

同时，节奏感在诗意语文的课堂结构中也表现得异常显著。譬如《两小儿辩日》一课中，"教师对于课堂的动静、错落、疏密、起伏的把握艺术而和谐"②。而当课堂气氛渐趋高潮时，学生的辩斗声却戛然而止：

师：辩啊，（众笑）怎么不辩啦？怎么不辩啦？怎么不辩啦？

生1：嗓子喊哑了。

师：你怎么不辩啦？

生2：孔子来了。

师：你怎么不辩啦？

生3：孔子说话了。

（《两小儿辩日》教学片断）

这一突降的过程使人产生了无限的遐想空间，正所谓"大音希声，大象无形"。空间纬度的拓展，使得读者（学生）有意要将文字与画面相结合，从而造成一种建筑美。这在《万里长城》《二泉映月》等课例中就有不少实例。而在《我的战友邱少云》一课中，这种建筑美更让学生觉得自己仿佛与英雄同在现场：

师：同学们抬起头，齐读这个词。（师指着"纹丝不动"）怎么读才能读出这个词的感觉？（学生读时提醒）再读，轻点，再轻点。

师："没挪动一寸地方"，其实就是纹丝不动，"千斤巨石、没发出一声呻吟、一动也不动"也是——

生：纹丝不动。

---

① 王崧舟. 自赎与拯救：诗意语文的再发现 [J]. 语文教学通讯·小学刊，2008（5）：12-19.

② 王小庆. 作为艺术而存在的课堂——王崧舟《两小儿辩日》的美学境界 [J]. 小学语文教师，2007（1）.

师：请大家再来默读，看你是从哪些地方读懂"纹丝不动"的。

（《我的战友邱少云》教学片断）

"轻点，再轻点"，这一声提醒使得"纹丝不动"顿时有了生命的意志，也使得遥远的空间顿时被拉到了眼前。这便是王崧舟所倡言的"陌生的熟悉感"。此处我们也发现，即便是小学语文教学中常用的诵读这一手段，也指向了课堂叙事中的文本意义呈现——任何一次的诵读，都是发现英雄的过程，也是体悟诗性的过程。

（三）语言隐喻

独白是一个人的言语，是他内心思想的自我确认；但同时，他的言语又有预定的对象。因此，独白事实上具有强烈的交互性。在王崧舟的课堂叙事中，无论是教师的独白还是学生的独白，都存在于心灵之间，又存在于现实之中。

师：就二十分钟的时间，残酷、痛苦。我们仿佛一下子从一个阳光灿烂的早晨跌入了凄风苦雨的夜晚；我们仿佛一下子从鸟语花香的春天走进了冰封大地的冬天；甚至，我们仿佛从天堂掉进了地狱。短短的二十分钟时间，在这个世界上有你最爱最爱的五个人，被你们一一划去了。请大家抬起头来。但是孩子们，这一切根本就没有发生过呀！他们依然在你们身边，他们依然好好地活着，你为什么要哭？你为什么要那么伤心地哭？

（《亲情测试》教学片断）

我们发现，在《亲情测试》一课中，教师的独白不仅仅是一种"行动情节"，也包含着训诲和叙述。他表白的不仅是他自身的心境和思考，也有对学生精神发展的期许；不仅呈现课堂的色彩和基调，也在和语文教学进行着一场对话。这样的独白，与课堂内的对白相得益彰：

师：我一边在巡视，一边在倾听，一边在用心感受。感受你们跳跃的那颗心。你在读这篇文章时，心情是怎样的？能跟大家说说吗？

生：我们在美丽的宇宙中，只有一颗让人生存的星球，人们却不断地在乱砍滥伐，不断地满足自己的需求，为此我感到非常痛心。

师：我注意到了，你刚才说了两个"不断地"，不断地乱砍滥伐，不断地满足自己。多么贪婪的人类啊！

（《只有一个地球》教学片断）

事实上，这里的对白，更应理解成"独白与独白间的对话"才是。除此之外，教师在课堂内的语言渲染，也隐喻着一种对英雄价值的确证，从而使学生在修辞的世界中获得一种审美的满足，也从而实现对文本主题的诗意理解。

师：感动了吗？感动不如心动，心动不如行动，像王老师一样读读，把你的这种感动读出来。

（生读）

师：此时此刻，你在读这段话时，一定感觉到自己的心情像大海的波涛一样不断地翻滚，不断地起伏。请你再读一遍。

（生读）

师：读这段话时，你有没有一种特别的感动？有没有想流泪的地方？再读，读出自己的感受，读出自己的感情。

（生读）

师：这一段话中最令人感动的地方在哪儿？读给大家听。

（《我的战友邱少云》教学片断）

学生在初读课文时，未必会有"感动"的情绪。但随着课堂语言的渲染和推进，学生不知不觉走入了教师的"叙事声音"。不过也正因如此，王崧舟的课堂受到了广泛的质疑。

170

（四）视角转换

虽然王崧舟在课堂内处理的大多是"英雄故事"，但其教学，未必都采用线性叙事的手法。在他看来，恰当地运用非线性叙事，找出文本的关键词并以此开展诵读，兴许可以取得更好的教学效果。这一手法，我们不妨称之为"散点布局，整体构造"。比较典型的是《一夜的工作》以及《慈母情深》等课例。在此过程中，"视角转换"是关键。

视角的转换，本来是小说创作的一种手法，王崧舟却十分高明地将之用于他的课堂叙事，从而有效地突出了人物的典型性。

一般而言，在王崧舟的课堂叙事中，教师大多采用全知型视角，而学生又被安排为限知型视角。这当然是为了课堂逻辑发展的需要，也为了使学生能更好地体验英雄人物所遭受的苦难并体现他们的意志。但是在具体的教学中，视角的转换（即"跳角"）却十分频繁。

师：……咱们找一找，长城跟巨龙之间哪些地方是一样的？

生：巨龙很长，长城也非常地长。

师：你从长度方面找到了长城跟巨龙一样的地方。

生：巨龙很大，很高。从它的高高低低、蜿蜒曲折中，我可以体会出长城像巨龙一样高，一样蜿蜒曲折。

师：你从姿势方面找到了长城跟巨龙一样的地方。它们都是高高低低、蜿蜒曲折。

生：长城和巨龙的特点都是——气魄很雄伟。

师：你从气魄方面找到了它们一样的地方。真好！这个一般的人是找不到的。

……

（《万里长城》教学片断）

严格地说，上述课例体现的是一种空间视角的转换。通过这种转换，学生能从不同的角度和层面看待同一个事件、同一个人物，从而感受或理解文本的不同内容与主题。另外还有一种人物视角的转换，它可以使阅读者（学生）的心理发生激烈的变化：

师：我是纳兰性德，我想先问一问我的老父。老父，你说我是轻离别吗？

生1：不是，我从"风一更，雪一更，聒碎乡心梦不成，故园无此声"中看出你不是轻离别，而是为了保家卫国。

师：好一位深明大义的父亲。我想再问一问我的爱妻，我是轻离别吗？

生2：你不是，"风一更，雪一更，聒碎乡心梦不成，故园无此声"，你离别家乡是为了到前线去杀敌，是为了保卫祖国，所以我不怪你。（笑声）

师：好一位贤良的妻子。是的，我何曾是轻离别，我是何等地重离别啊！可是，身为康熙皇帝的一等侍卫，我重任在肩，我责任如山，我不得不离，不得不别啊！我舍不得离开年迈的老父，舍不得离开温柔的妻子，舍不得离开生我养我的故园。

（《长相思》教学片断）

像上述课例中的视角转换，在王崧舟的课堂内比比皆是。简单地说，这种视角转换类似影视艺术中的"多重式聚焦"（包括零聚焦，即叙述者）人物；内聚焦，即叙述者＝人物；外聚焦，即叙述者（人物，以及人物有限视角的转换等）。其目的无非为了加强受众对英雄人物的立体理解。王崧舟在视角转换上的运用证明，在对待文本的态度上，我们不能只顾及儿童视角，而要提供看待与分析人物的多元视域，从而使文本研析丰富、明朗。

三

王崧舟对英雄的崇拜情结，使得他的很多课堂都是"主题先行"的叙

172

事，换言之，他的课堂是他对前现代"意义"的思考与追索。这是他对儒家入世观的积极认同，可贵的是，他对英雄的解读和构建，都能站在"人"的立场进行。这使得他的课堂叙事能将文本、教师、学生有机地融合在对生命的尊重之中。王崧舟的"诗意语文"课堂之所以能对语文教学造成冲击，很大程度上是因为他的课堂满足了人们价值回归的需要，也抒发了人们长期以来埋藏心头的"人文教育"的潜意志。因此，从这个意义上讲，他的"英雄叙事"并非简单的"精神复归"，而是为语文教育打开了新的境界，是对"高贵的理性"的诗性开掘。

儿童：既是民间的，也是文化的

——评周益民的"民间文化系列课"

　　周益民君上了《这里有个颠倒的世界》，又上了《谜之谜》和《绕绕复绕绕》，接下去据说还准备开发《打油诗》。我忽然想同他说：嘿，你那月亮里的儿童爬出来了，爬到了地上。

　　爬到地上的儿童仍然是儿童，只是身上沾满了泥土。

一

　　周益民君对这些课的开发和实验，或许有人会认为"纯属好玩"。好玩而已，可以在公开课中弄个噱头，真要到了"家常课"，难保不被人指责为"花拳绣腿"。对大部分一线教师来说，他们只可能对教材中的课文进行按部就班式的教学，脱离教材文本、由着自己的性子去改编、去创新，无异于天方夜谭。不过，公开课的价值，不仅仅在于名师展露出来的教学技术，更在于他们的理念和视野。因此，武断地以"教育的现实"去棒杀公开课中的理想追求，正如不假思索地用"新课改"的术语去鼓吹其中的教育意义一样，都是幼稚可笑的。益民君的这些课例，绝不是他的粉丝鼓吹的"热闹""自由"那般简单，他在这些课例背后的思考，出奇的冷峻，也出奇的深刻。

　　故我们要评论一节课，断不能被它的表象所迷惑。益民君的这些课，仿佛有些调侃：他绕开了教材，自作主张地准备了一些文本与孩子们一起学习；而他的课堂似乎也是玩气十足，不理会一般人为之拘谨的套路和方法。这些都是浅层的特征。从深层意义上看，他的课程开发和课堂教学，透露出他对教育乃至人生的独特的态度和价值追求。

这种态度和追求，首先体现在他在语文教学中的平民化立场。

按理说，在学校的教育教学，都须是平民化的。因而，语言的教学也必须立足民间、面向民间。不过倘我们观察语文教材中的选文、教师对文本的解读理解，或者师生在语言学习中的态度，我们仍不能不得出结论：语言的教学，它的基础很不平民，仍然附着了一种权力意志。

其中，有一些教师凭借自身的才智在课堂内将这些文本教得美妙绝伦，可惜他们的辛苦劳作，顶多换来学生的尽情观赏，而不能给他们带去真正的、持续的语言美的享受，更不用说借助语言启发他们的生活思考了。因此，益民君的"平民化"语言教学，不是简单的另辟蹊径，而是对现行教材、现行语言教学思想的"拨乱反正"。

当然，"平民化"并非简单的媚俗，不是以调侃和对文本的肆意篡改为乐。在益民君的语言课堂内，"平民化"更多地体现在他对民间文化的价值取向和对时代、对生活的关注。

就说语言吧。益民君是彻头彻尾的文学青年，但他在课堂中对语言的理解和运用，却朴素而本真，断无花枝招展的痕迹。他让语言的"文学性"踏踏实实地回归到了民间。在他看来，无论是颠倒歌，还是谜语或是绕口令，都和童谣一样，是"最质朴、最自然、最原始的声音"[1]，因此在教学上选用这些文本，本身就对应了他的语言观，即最精粹的语言，必须根植于民众，根植于生活。

这样的语言观，一下子将语言教学的视野从伦理推向了社会——一个既包含历史，也包含现实思考的社会。在这些课例中，教师分别引入了诸如对颠倒歌、相声、快板、西河大鼓等民间语言艺术形式，这等于向学习者传递这样的信号：语言的学习，必须来自时代，来自民间。在民间文学的大海中寻找宝藏，可以使语言的教学如活水一般新鲜，并能不断创造出力量。

---

① 周益民. 想念那话语之乡——《童年的月亮爬上来》教学记录 [J]. 语文教学通讯·小学刊, 2008 (4C)：20-23.

"平民化"立场使得教师建构起一种在正统教育话语下特殊的文化身份，他摆脱了长期以来教师的刻板印象，以独特的思维方式、价值取向和对现实世界的观照，贴近了他所身处的社会，并与之进行对话交融。纵观益民君的这些课例，我们发现，他并不迷信"经典"，也不排斥时尚。在《绕绕复绕绕》一课中，他用"初入江湖""小有名气""名动一方"等在网络游戏中常用到的"级别"作为评价的等级，以此来激励孩子学习、使用语言；又如在《这里有个颠倒的世界》一课中，为了更好地帮助学生学会节奏诵读法，他还推荐了周杰伦的歌曲。语言教学的课堂，一旦被置于时代的背景，便是活的课堂，是有人、有生活的课堂。在这个课例中，教师就这样说过：

　　　　可见，颠倒歌让人痛快，除了它好玩有趣，有一些颠倒歌其实还是绕着弯地、曲折地说出了人们的心里话，说出了人们的愿望，耐人咀嚼。自古以来，我国民间就流传有不少这样的颠倒歌，抨击不合理的社会现象和是非颠倒的怪事，诉说自己的不满。

又如《谜之谜》一课中的一处设计：

　　　　如果把谜语比作一个人，你觉得那是一个怎样的人？（神秘、智慧、机智、幽默）
　　　　明明会让你产生错觉，你怎么还心甘情愿去猜？
　　　　所以，谜语总是和快乐、笑声联系在一起，即使皱着眉头时，也有一种思考的愉悦。再说，"我"看出了你绕的弯子，没有产生错觉，可见"我"是个智慧之人。难怪古今中外的人都喜欢猜谜，猜谜成了世界上许多民族共有的民俗文化现象。

　　在这里，益民君不仅将语言现象作为一种在课堂内与学生进行交流和探讨的内容，同时也将对语言的理解上升到了对人的思考层面。从某种意义上说，他的语言课堂，已经摆脱了教学的层面，而直接被置于对社会大问题的探讨之中。

二

"平民化"理念使得益民君的课堂被赋予了一种文化视野。我们甚至可以粗略地说，他的许多课堂实践，都具有文化启蒙的色彩。

以教育的方式启蒙人，恐怕是历代教育者的梦想。事实上，当益民君向学生推介颠倒歌、绕口令这些民间语言艺术时，他已经在传播传统文化了。同时，在具体的操作中，他又基于自身的文化教育理念，对学生进行潜移默化的"教化"。

一是对文化知识的习得。尽管益民君在这些课例中，师生大多在对某种语言形式进行欣赏和操练，但教师还是不失时机地提供了相应的文化背景知识。这点相当重要，能帮助学生迅速建立起一种文化视野，也有利于他们在课后的阅读中进一步深入研习。

譬如在《绕绕复绕绕》一课中，教师就引入了快板和西河大鼓这两种表演形式，并介绍了"马派"创始人之一马增芬的演唱；又如在《这里有个颠倒的世界》一课中，教师向学生推介了《孺子歌图》；而在《谜之谜》一课中，教师则向学生提供了一则材料，专门介绍谜语的由来：

> 谜语在春秋时叫言隐、隐语、廋（sōu）辞；在汉时叫射覆、离合；在唐时叫反语、歇后；在五代叫覆射；在宋时叫社谜、藏头、市语；在元时叫独脚虎、谜韵；在明时叫反切、猜灯、弹壁；在清时叫切口、缩脚韵、文虎、灯虎等，俗称闷儿、昏子。

还是讲谜语，不过，适当增加了文史知识，使得课堂教学更加丰富。另外，由于这些术语本身十分有趣，知识的习得非但不枯燥不艰深，还能显出浓浓的民间味。

二是对母语的坚持。自"兴学堂，废科举"以来，中国的教育一直就没有摆脱过西方词语系统的笼罩。在语言教学领域，我们也能分明感受到，外族语言和文化的长驱直入，已经导致了民族心理的扭曲变形。因此，益民君对"民间文化"的坚守，其实也是他对民族语言的坚守，以及对母语纯洁性的坚守。

比如，在《绕绕复绕绕》一课的最后，师生共同欣赏了《中国话》后，教师总结道：

> 在这些歌里听到绕口令，真是让人感受到了现代与经典。让我们自豪的是，现在全世界都在学说中国话。

此处教师的文化启蒙目标十分显著：通过循序渐进的语言运用，挖掘母语固有的美和力量，从而培育学生的民族自豪感。

与其他"文化启蒙者"不同，益民君眼里的文化，充满了乡土气息，并且他坚持同儿童的阅读紧密结合。因此，他的"启蒙"，并无刻意的痕迹。他十分高明地将语言材料置于孩子的视角之中：无论是课题名称，还是教学材料，或者是学生在课堂内创作出来的作品，都具有浓郁的儿童特征。在游戏般的课堂学习中，孩子们获得的，是文化的思维和精神的收获。这些收获，仿佛是一颗颗种子，必将在他们的人生路上长出思想的果实。

三

事实上，益民君的"文化启蒙"过程，也是认识儿童、理解儿童的过程。早在《让"深度"解读成为可能》中，他就指出：

> 另外，人们还常常忽视了一点，从儿童走向成人，某些方面的能力会得到发展，但是，有些方面的能力却可能出现退化，比如包括情感和想象在内的艺术能力。在这些方面，儿童当之无愧地成为"深度"的拥有者，成人应该心怀虔诚地从他们那儿获得创造的力量、灵

感和智慧。①

因此，儿童不是"低幼化"的代名词。至少在艺术能力方面，儿童要比成人高明。正如华兹华斯（Wordsworth）说的，童心是成人之源泉（Child is father of the Man）。"人长大，这些记忆也会长大。人长大，童话也会长大。长大的童话会成为一个人未来的人格。"② 随着益民君《这里有个颠倒的世界》等课例的推出，他心中的儿童也在"长大"。对儿童化的审美变迁，是我们研习他这些课例时所不能绕开的。

成尚荣老先生指出，所谓"儿童化"的实质是"让语言在人的创造中成为一种图景，获得生命，让人在语言的言说中成为一种价值存在"③。不过，这种图景，在益民君最初的课堂里，多少带有一些虚幻，譬如他的《童年的月亮爬上来》一课。他带着对童话几乎是膜拜的心理，组织孩子们系统地研读文本。但是这样做，却包含着以下两个值得商榷的问题：

其一，教师在课堂内选用的文本在多大程度上是"经典"的？

郑飞艺在《语文的文化，童年的文化》中曾提出这样的疑问：

> 经典是所谓文质兼美的，而像《月光光》《拜月亮》等童谣确为经典。如此看来，一部分童诗的语言质地还不能说是精品；退一步说，即便这些童诗仅具有样本功能（实际上确实发挥了样本功能，学生的创编基本上仿拟童诗而非童谣的样式），也要求语言质地的上乘。④

郑老师在这里多少有些吹毛求疵，但有一点我们不能不警惕：即便通

---

① 周益民. 让"深度"解读成为可能 [J]. 江苏教育, 2009（5）: 8-9.
② 周益民. 儿童阅读：基于儿童，为了儿童 [N]. 中国新闻出版报, 2006-1-1.
③ 成尚荣. 在《童年的月亮爬上来》的背后 [J]. 语文教学通讯·小学刊, 2008（5）: 26-27.
④ 郑飞艺. 语文的文化，儿童的文化——《童年的月亮爬上来》教学内容评析 [J]. 语文教学通讯·小学刊, 2008（5）: 23-26.

过仿拟经典童谣来获得语言的"美",也只是一种在童话世界中浸润的结果。我们是否想过,儿童最终要从这种浸润中脱身出来?以及他们该如何脱身?从一种语言形式到另一种语言形式的过渡,首先需要内容上的变迁,否则,儿童恐怕真的成长不起来了。

其二,语言如何同世界保持联系?语言是存在的家,因此,在"诗化语文"中,儿童"通过语言跟世界缔结一种和谐、完美的关系"①;然而,在功利化的世界中,孩子再有珍贵的童心,也要爬出来,去面对他周遭的世界。这个时候,"诗化语文"的"完美"到底还能走多远?

这其实包含着思想之于行动的二律背反。当我们带着"童年"的心思去观察这个世界时,我们可能会陷入更深的精神泥潭。因为周遭的世界并非一个充满理想和纯真的世界,强行以童年的标准去判断甚至改变这个世界,到头来只会头破血流。

现实会使思想和思想者毁灭,但这并非意味着我们不要思想。从某种意义上讲,思想和行动可以互相独立。只是,思想必须关注行动的可能性,故我们对儿童化的理解,便不能脱离生活的实际,更不能脱离时代的特点。儿童阅读,有必要与现实建立连接。应该说,从《这里有个颠倒的世界》到《绕绕复绕绕》,益民君对儿童的理解已经发生了很大的变化,他在语言的选择和运用上也更贴近民间,从而使"儿童"这个概念具有更广阔的视野,生成更有力的人格和意义。教学中无处不在的"游戏"手法,十分切合孩子的认知心理。在上述三堂课中,教师不仅传授给学生诵读这些文体的"秘诀",还在课堂内外实际操练、改编和创造,并在操练过程中,分析各类文体的语言特色,包括节奏、比喻等修辞手法,从而用教师的话来说,使学生在操练中成为"语言魔术师"。更为可贵的是,教师不单在语言的分析和操练上指导学生,还引导学生透过文本观察社会,理解人生。

---

① 周益民,康希福,成尚荣. 诗化:语文回归的应有情怀 [J]. 小学青年教师,2005(4):4-7.

师：可见，颠倒歌让人痛快。除了好玩有趣，有一些颠倒歌其实还是绕着弯地、曲折地说出了人们的心里话，说出了人们的愿望，耐人咀嚼。自古以来，我国民间就流传不少这样的颠倒歌，他们借颠倒歌抨击不合理的社会现象和是非颠倒的怪事，诉说自己的不满。旧社会老百姓中就流传着这么一首颠倒歌（显示，指名读）：

泥瓦匠，住草房；

纺织娘，没衣裳；

卖盐的，喝淡汤；

种田的，吃米糠。

编凉席的睡光床，

当奶妈的卖儿郎。

师：还是颠倒歌，不过已经让人笑不起来了。许多童话作品也有这样的描写。看过郑渊洁的童话吗？他有一部童话叫《魔方大厦》，其中的第3集《装在罐头里的爸爸妈妈》讲到，主人公来克来到了一座奇怪的城市，这座城市的所有大人都归孩子管，连市长都由孩子轮流当。这回，来克当上了市长。我们来看看来克市长办了件什么事——

（放映动画片片段。来克想到自己的爸爸妈妈整天把他关在家里，总是按照大人的意志来管他，还不让他交朋友，憋得难受。他就想让大人也尝尝憋得慌的滋味儿。他宣布了施政方案："把所有的爸爸妈妈都装进罐头里。"）

师：你们觉得郑渊洁了解咱们孩子的心思吗？

生1：我觉得他很了解我们，我们孩子总是被大人管头管脚。

生2：我们孩子不是一天到晚都该待在家里的，爸爸妈妈真不了解我们，现在让他们尝尝这样的滋味。

生3：跟我想的一样，有时候爸爸妈妈啰唆死了，我恨不得马上长大，不再受他们的管束。

师：爸爸妈妈的出发点是好的，但是他们不知道那样做反而压制了我们的个性发展。郑渊洁正是用这样一种荒诞又极端的方式说出了我们的心声。如果说前面颠倒歌里讲的大多是生活知识、生活常识的颠倒，是直接的内容颠倒，那么这些则是需要思想后才能发现的，它们是思想的颠倒。我想，今天我们学到了一种方法，以后，当我们感到郁闷、压抑、烦恼的时候，也可以通过这样一种方式进行宣泄（有学生说"写颠倒歌"），是的，可以到语言里去颠倒一下。（生点头，笑）

此处，教师与其说在与儿童一起研习语言、操练语言，还不如说他们在通过语言进行哲学上的对话，一种对人类文化的存在价值和存在方式的探讨。马修斯在《哲学与幼童》中指出："通过诗意的途径谈论哲学是最容易走进儿童的一条途径。""重要的是儿童自主地和我们一起关注生活。"显然，益民君也明白这个道理。

四

无论从哪个层面讲，周益民君的"民间文化系列课"（姑且这么说），即便不成为一种模式，也能带给人课程、教学和文化意义上的思考。

第一，从课程的意义上看，益民君的探索开拓了语文教学资源开发的思路。语文教学文本的选择，须基于我们对儿童的理解，基于我们对文化的理解。只要做到了这一点，"教师、学生也完全可以理直气壮地参与'自我教材'的构建"①。

第二，益民君的课堂探索，让我们重新思考语文教学的本质。毋庸置疑，通过语文教学来传承文化、创新文化，一定是语文教师不可推卸的责任。

第三，益民君的探索使我们重新树立了对传统文化尤其是传统民间文化的信心，并坚定了我们从母语获得尊严的信念。

---

① 周益民. 追寻童年的语文课堂——诗化语文的诗与思谈片 [J]. 语文教学通讯·小学刊，2006（9）：47-50.

黑 黑 黑白的黑

黑板的黑 黑毛笔的黑

黑手手的黑

黑窑洞的黑

黑眼睛的黑

外 外 外面的外

窗外的外 山外的外 外国的外

谁还在门外喊报告的外

外 外——

外就是那个外

……

　　这是高凯《村小》中的那些山村孩子。或许这些孩子更理解周益民老师在课堂中的努力，更愿意成为爬到地上并带有泥土的儿童。

周益民之《巧女故事》一课中的文化意蕴

一

《巧女故事》是益民君"民间文化"系列课的又一作品。我说它是作品，是因为这样的课，不仅有着教育教学的任务驱动，更有着他自己对语言教育、对文化传承的理解和想象。授课之后，便有人搬出陈金铭君曾经说过的一段话来为之摇旗呐喊：

> 周老师对专业自主权的行使，为语文教师找回了一点属于自己的专业尊严。他的目的很明确，形成一个以民间语文为教学内容主体的课程。①

"尊严"两字，说得庄严肃穆，令人陡然间生出崇高之感。不过，金铭君的这段话，其实颇有讽刺的味道。他似乎是想说，我们大多数的语文教师，其实毫无"专业自主权"可言，毋庸说"专业自尊"了，所以还不如像益民君那样占山为王，和孩儿们一同过逍遥的日子，顺便学点好玩的文本与正统的教材叫板取闹。

于是益民君的《巧女故事》一课，顿时叫人不知所措：它既"学究"，又"撒野"；既有"文化"，又无法进入"正统"序列。然而观察这一课堂，仍引起我们对一些问题的思索。

---

① 陈金铭．十分好玩，十分有用 [J]．江苏教育，2009（13）：31-32.

第一个问题：为什么是《巧女故事》？

当然，我们都知道《巧女故事》以及之前的《这里有个颠倒的世界》《谜之谜》《绕绕复绕绕》等课例，取材均出自民间的语言活动。民间故事是个宝藏，这个道理谁都明白，但绕开教材文本，将语言的教学置于民间文化这个大的语境，则考量你对语言的态度和价值取舍标准——不仅如此，这样的做法还需要你的教学勇气。

老实说，课文文本并非一无是处，但它们的缺憾也是显而易见的：这些貌似精粹的文字，更多地体现了一种精英教育的话语姿态，渗透了强势群体的理想和宏愿，而对于浩如烟海、真正体现民众生活的语言形式和语言内容，却往往熟视无睹、置之不理。

因此，益民君选取《巧女故事》，其基本思路无非是将语言学习的材料根植于民间。只有根植于民间，方可以"复归民间"，从而使语文的活动面向生活，面向日常。

第二个问题：为什么是"巧女"？

益民君在课堂内给学生呈现了三篇"巧女故事"（其中一篇是"巧媳妇"），这些故事大同小异，无非是说明小女子聪颖机智，尤其在语言上胜人一筹，从而能成功地排解刁难，甚至能换来家庭的安全与和睦。据说中华人民共和国成立以来，被搜集整理的各民族的巧女故事约有 2000 篇①，相信其中的内容情节相差无几。

民间故事中，"巧女"比"巧男"多，"小女"比"大女"多，这是很有趣的现象。但以此作为语言学习的材料，从学理的角度看，却要冒一定的风险。

其一，对语言的纯净化要求。自从文字产生、文学发达以来，语言的纯净化呼声似乎一直没有中断过。一方面我们承认民间语言和民间文化的丰富性，另一方面我们却总叫嚷着要"去粗取精"，保留但丁所谓的"光

---

① 黄轶.民间文学中"反智主义"故事类型成因试析——兼论民间文学学科的主体性问题［A］.//周勋初，杨义.文学评论丛刊，10（2）.南京：南京大学出版社，2008.

辉的俗语"。可见，民间故事仿佛只为精英的文化人士提供野趣和灵感，而其中的"鄙陋""扭曲""无视规则"，又往往招致他们的不屑。在这样的文化偏见中，要真正根植于民间文化，汲取其语言内容，是需要一定的勇气的。

其二，对民间故事的价值判断。历代文人对民间故事一直保持着警惕之心。譬如，仅就益民君在课堂内所呈现的三则"巧女故事"而言，虽然其中的女子语言机智、形象可爱，但其故事无不隐含着一种反智情结，简单地说，这些穷苦而没有受过教育的"巧女""巧媳妇"，反倒比那些文人雅士更有智慧、最能维系家庭的和谐与美满。这里自然有普通民众对于生活的理想和对于权威的蔑视，但毋庸置疑，其中的确"渗透着下层劳动者的许多扭曲的社会观念和社会心态"①，故黄轶女士就说：

> 如果大众文化、平民立场是以批判、嘲弄、解构知性文化为本事，那对于民族文化的良性发展是不利的，国族文化必将面临整体下滑。②

不仅如此，像《巧姑妙答》这样的故事，甚至还有人从精神分析的层面指出，它反映的是一种"男性人格结构中的情感移置"，而其中的翁媳关系更暗示着"非完整家庭中潜存的乱伦倾向"③。这些解读虽是站在文人立场上的，有些时候显得无聊之极，但益民君想要在这样的背景下在课堂内实施民间文化启蒙，其难度可想而知。

尽管如此，益民君仍然知难而上。我大致以为，这一定程度上是出于他对"弱势群体"的关注。我们知道，女子在社会之中总是服膺于父权意

---

① 张冠华. 扭曲的观念与心态——重新认识中国民间故事的负面价值 [J]. 文学评论, 2006（2）：196-199.

② 黄轶. 民间文学中"反智主义"故事类型成因试析——兼论民间文学学科的主体性问题 [A] // 周勋初，杨义. 文学评论丛刊, 10（2）. 南京：南京大学出版社, 2008.

③ 肖青. 翁媳关系与巧女故事——对一则民间故事的精神分析学解读 [J]. 思茅师范高等专科学校学报, 2008（1）：110-112.

识形态，以至于有人指出"中国的传统文化史实际上就是一部女性的性别压抑史"①。在这种思想传统中，儿童的境况也令人担忧。因此，益民君利用课堂要孩子解读"巧女"，其戏谑权威秩序之心，可谓昭然若揭。话虽如此，妇女和儿童可以身处"弱势"，但这个"弱势"的群体却并不缺少智慧，更不缺少对美好生活的向往。因而《巧女故事》课堂中师生对故事的解读和演绎，实在可称得上是这一群体的"主体性建构过程"。

第三个问题：只是《巧女故事》的故事？

看来益民君选取《巧女故事》进行课堂教学，其用意已远非教学技术的层面可以解释了。大而言之，他在语文教育上对"民间文化"这块领域进行的开拓，本身便是他民本思想的彰显形式。

与其他活跃于"公开课"领域的教师不同，益民君所开设的"民间文化"系列课，不是"单曲点唱"，而是形成了一条有机的线索，并引发了我们对语文课程建设的种种思考。在这条线索中，益民君试图证明，语文的取材也罢，教学也罢，都须灵动活泼，不该在既定的教学资源的螺蛳壳里做道场。民间故事之中，有的是语文教学取之不竭的资源，有的是普通民众最真实、最智慧的生活。我们的语文活动，就该朝向大众、走向大众。他的《巧女故事》一课，无非在向我们展示这无穷宝库中的冰山一角。他的一系列课例事实上是互为联系的，并贯穿着一种基本的语文教育思想：根植于民间的语言学习（和教学）活动，能激发儿童对乡土、对家园的热爱，也能让他们真正体会到语言的本质美。

这种语料库的重新定位，实质上便是金铭君说的"以民间语文为教学内容主体的课程"的建构。不过，我们知道，民间故事中最有价值的，是它的反抗权威的意志、重建生活的决心以及追求自由的精神。因此，益民君在课程建设过程中，注入了他对强权意识的主动批判和对普通民众的同情与关怀。他对民间文化（包括语言文化遗产）的关注，是他作为一名知识分子对社会的良知所在；而他的教学活动，更让我们看到了他为实现这

---

① 吴素萍.当女性主义遭遇大众文化——论当代大众文化中女性意识的困境 [J].河南社会科学，2008（2）：60-62.

一目标而做的踏踏实实、具有"专业尊严"的工作。

二

虽然从《巧女故事》一课中，我们看到了益民君的课程视野和他对民间文化所持有的敬畏与庄重，但在具体的课堂教学中，我们却丝毫感觉不到一种沉重感，也没有感觉到一种宏大与铺张。这大约就是他的高明之处了。教师非常明白：他在课堂内面对的是一群孩子，所有的语言阅读材料，无论多么具有深刻的寓意，所有的文化启蒙，无论多么迫在眉睫，都应不着痕迹、春风细雨般进行。课堂内的所有努力，唯有置于孩子的视角之中，才能实现教育的意义。

换言之，益民君在《巧女故事》一课中，巧妙地将他对民间文化的态度和理想，融入了以儿童为本位的学习过程。

第一，从"启智"到"启蒙"。

《巧女故事》的背后，是有关民间文化的背景性知识。教师如果不教授这些知识，课堂便很可能只剩下热闹和肤浅；反之，如果学生了解了其中的语言特征和规律，他们就会迅速建立起一种文化视野，也容易在课后的阅读中进一步深入研习。这个道理，益民君心知肚明，因此他在课堂开头，在播放了《孟姜女哭长城》《梁祝》短片之后，问学生：这些民间故事的作者是谁？

同学们都说：不知道。

他们说不知道，也许的确是因为没有这方面知识。有趣的是，这个问题的答案，竟也是"不知道"。

师：这么有名的作品，我们怎么会不知道作者的呢？
生：因为它们是民间故事。
师：民间故事（重音强调"民间"），你的意思是——
生：就是在老百姓之间讲述的。

于是，民间故事的一个重要特性——"口耳相传"，便通过这种有趣的方式被孩子们习得了。

同样的道理，在教授《九斤姑娘》时，教师及时将作为容积单位的"石"的意义和读音做了说明。而民间故事的几大特征——口耳相传、地域性、口语化、变异性，更是一个不漏地通过师生的共同阅读而被认识和理解。这些知识的传授，对于民间故事的概念认知相当要紧。教师此时所做的，实际上是对学生进行民间文化知识的科普工作。

这种科普，严格地讲，也是一种"文化启蒙"。不过，益民君在课堂内的启蒙，远非这么简单。我们不妨回顾一下他在讲述《九斤姑娘》时对两种文体的比较：

首先，教师出示《九斤姑娘》故事中的一段文字：

> 有一个叫张箍桶的男人，已经年近花甲。他的女儿九斤姑娘，从小就表现出不俗的智慧。一天，她在家替父亲精心缝补衣服。这时，来了一位年逾古稀的老人，邀请张箍桶为他家箍桶。九斤姑娘微笑着说："好！回来就叫他去。请问尊姓大名？"

然后，让学生判断：这种文字与民间故事的语言有什么不同？学生很快发现，此处的书面语感觉特别"别扭"。教师乘胜追击：

> 师：你说了非常关键的一点，必须用"口头语言"表达，因为这是——
> 生：（齐）民间故事。
> 师：民间故事是口传文学，它的流传不是靠纸墨，而是靠活生生的民间语言，富有生活气息。这就是民间故事的第二个特点：口语化。（板书：口语化）

这还是简单的知识学习吗？不，在这里，教师偷偷地注入了他对民间文化的热爱。在他眼里，民间文化代表着一种生活，这种生活真实而有力量，能深刻地促进孩子们的精神和思想的发展。这便是他借语言的课堂而做的文化启蒙。

第二，母语的尊严。

在《巧女故事》一课中，益民君再一次坚持了母语的尊严，从而抵御着外来文化对民间文化的侵蚀和控制。

其实，我说的"外来文化"的侵蚀，不仅指域外的语言和思想的侵入，也指主流意识形态对民间语言形式、语言内容的改造和异化。在《巧女故事》的教学中，师生们有一段用方言演绎的艺术展现：

> 师："桶谜"这段是故事中最有趣味的地方，我们一起来欣赏越剧《九斤姑娘》中这部分的片段。越剧是起源于浙江的地方戏曲品种，演唱、对白用的就是吴方言。（播放越剧片段，内容为石二与张箍桶的对唱，有字幕显示，下面是其中的"桶谜"内容。学生都被演员生动的表演吸引住了，不时发出笑声）

可以想象，益民君的这堂课，如果放在西南地区，他一定会找出川剧版的《巧女故事》来逗孩子们；如果是在中原地区，他就可能会动用豫剧资源。这个做法，表面上看是取悦听课的孩子们，其实是借方言来激起孩子们对家园的热爱。

从某种程度上讲，方言须引起足够的重视。事实上，近年来已经有不少学者提出要重振方言文化，因为"方言作为'一方之言'，包含着民俗习惯、文化传统、心理积淀等多元地域文化信息，具有深厚的、当地特有的历史文化底蕴，是当地民间思想的朴素表现形式"①。复旦大学的游汝杰先生更是认为，方言是一个人的"母语"：

> 一般人的所谓"母语"即是某一种方言，除非他是一个"无母语人"，……"母语"对于大脑发育和培养一个人的语言能力有不可替

---

① 郝俊秀. 电视方言节目的优势及前景管窥 [J]. 商情，2008（45）.

代的作用，并且"母语"比第二语言更能精细地表达个人的思想感情和地方文化。①

由此可见，益民君在课堂内不时地借助方言，并非简单地为了增加课堂的情趣，他事实上是在用这种方式坚持母语的纯洁性。他努力让以民间故事为外壳的民间文化保持其固有的乡土气息，也在一定程度上避免民间故事被正统而缺乏个性的语言系统所侵蚀。他的这一努力，早在去年的《绕绕复绕绕》一课中，就已表现得十分明显了：

> 在这些歌里听到这些绕口令，真是让人感受到了现代与经典。让我们自豪的是，现在全世界都在学说中国话。

民族的，就是世界的。从国际视野来看，中国话不就是一种纯朴、真实而有力量的民间语言吗？

第三，认知与表达。

《巧女故事》所包含的叙事结构，按理说也属于民间故事的"背景知识"。不过，对这一知识，益民君在课堂内动用了"研究性学习"这一学习策略，让孩子们自己去发现，自己去探知。

教师首先出示一张表格，并要学生通过这张表格去发现民间故事的结构特征：

	《九斤姑娘》	《巧姑妙答》
遇到的问题		
旁人的表现		
巧女的表现		
故事的结果		

---

① 游汝杰. 方言和普通话的社会功能与和谐发展［J］. 修辞学习，2006（6）：1–8.

事实上，表格内的项目安排，已经暗示了巧女故事的基本结构。因此，教师在这一环节其实是给学生提供一种支架，帮助他们降低研究任务的难度。

生：九斤姑娘遇到的问题是石二用桶谜为难他爸爸，她爸爸答不上来。九斤马上解答出来了。故事的结果是他们两家攀亲了。（众笑）

生：《巧姑妙答》中，张古老让三个儿媳妇住三五天、七八天、十五天回来，要同去同回。又要大媳妇带红心萝卜，二媳妇带纸包火，三媳妇带没有脚的团鱼。三个媳妇急得哭起来。巧姑见了，巧妙地解决了这些难题。结果，也成亲了。（众笑）

师：有什么发现？

生：结果都是成亲了。

师：呵呵，都是大团圆。

老实说，师生此处研究的巧女故事的叙事结构，是浅层的。但对五年级的孩子来说，这已经很不容易了，从此，当他们阅读更多的民间故事时，也可以用研究的方法来获取更多的发现。

不过，教师似乎不满足于这样的成果。他不愿意只教给孩子们"知识"，他还想带领孩子们按照他们所发现的故事叙事规律，来"合作编故事"——这些故事，至少在我们听来，也民间得很。我们不妨听听其中一位孩子的创编成果：

生：从前，有一个王老汉，开了家小店铺，卖些杂货之类。他们村有个小财主张果老，仗着有几个钱，总是欺负人。一天，张果老来到王老汉的店铺，高声说："我要买两样东西。一个是皮包骨，一个是骨包肉。限你一天之内给我。"这是什么呀？王老汉急坏了。正好他的邻居八斤姑娘在他家串门，正跟王婶在后面说悄悄话，听到前面的动静，就让王婶把王老汉叫了进去。告诉他，皮包骨就是枣子，骨包肉就是核桃。王老汉开开心心地走了出去。傍晚，张果老得意洋洋地来了。王老汉马上称了两袋枣和核桃给张果老。张果老的儿子听说这件事后，打听到是八斤姑娘解开的谜，就请人前来提亲。（众人边听边笑）

瞧瞧！编故事果然是一种好办法，能有效提高学生的叙事表达能力。如果说对《巧女故事》的解读是一种文化解构，那么重新编述故事，则是某种意义上的叙事重构。不过，对孩子的故事创编，我仍保留了一些看法：表面来看，他们依据故事的基本结构进行了创编，但他们创编的内容，却是一种"伪生活"，一种与他们日常所见的生活有着不少距离的想象生活。故其"民间"，是他们从故事中学到的"民间"。这好比是有些作家在读了少量历史书籍之后，拼凑、仿作成一部部"历史小说"并搬上荧屏，成为家喻户晓的"大众文化"。因此，真要孩子们体验"民间"，恐怕不能停留在课堂内的纸上谈兵，还需带他们深入社会，在活水源头中汲取营养和灵感。

三

益民君对于《巧女故事》等民间故事的教学演绎，至少在目前阶段，是无法真正改变语文教材文本的布局观的，也无法保证孩子们能真正地、持续地爱上民间故事。但是作为一名小学语文教师，他对民间文化的热爱，以及独辟蹊径地在教学领域（严格地说是在"公开课"领域）对教材体系、对语文教学思想进行的探索改革，无疑带给我们种种思考。假以时日，这些思考一定能积聚成蔚为可观的力量，从而影响我们对于民间文化的态度，也影响我们对于语文教育的理念和实践。

如此看来，益民君的《巧女故事》，还真的是巧：他用了他的课堂教学，四两拨千斤，提升了我们的觉悟。

郭初阳《比喻》比什么

前两日在杭州师范大学观看"浙派名师暨 2007 长三角初中经典课堂教学艺术展",其中有郭初阳的《比喻》一课。

之前从没有听过郭的课(学科的界限,使我从没有资格去旁听中学语文课),因此这次的行动,本质上是冲着他的名气,有点"追星"的味道。但到了会场,觉得仿佛是赶场看戏,心中忽然感觉有些对不住他了。按理,要听课,便须做些准备,譬如起码要了解授课老师的大致"风格",要了解他的"教学内容",而我却懵懵懂懂,好似真的是为了看戏,只备了些小吃进场。

《比喻》一课,并非教材选文,会务小册子上说这是郭初阳的"自选课题",这便是说,郭决然要走自己的路。这非常有趣,因为这个活动本身,早铺好了一种世俗的路,让你去踩,去面对其中的各种陷阱。

活动之活动

我虽并不清楚郭初阳的思想,却也耳闻过他的精神,因而对他参加这样的活动有些意外。这个活动冠以"浙派名师",有些"武林大会"的色彩。这或者是浙江的传统吧,不过,当年新月派诗人就说过,狮子老虎历来是独来独往的,只有豺狼和野狗才喜欢成群结队。语文教学倘若也要弃道论剑,乌合一些"风格"或者"流派",毕竟匪夷所思。

最要命的是,这次的活动是"教学艺术展",说白了,和民间剪纸、人体艺术的展览并无二致。因此,郭初阳在这样的舞台中露面,是否本身便有一种喻指?

授课之后，上海的陈军先生出来点评，道："这次的课非常具有可操作性，所以老师们可以拿来课件上出同样好的课。"郭初阳于是附和说："我就是想上一堂不专门属于自己的课。"不晓得两位之中谁更幽默。不过有一点很清楚，两位先生非常懂得修辞，知道如何说"剑"，也知道如何将自己的话，贴近《比喻》。

设计之设计

郭初阳的授课设计，分为三块。先是"教学设想"。往教学靠："简单优美的比喻，就是帮人确定目标的手指。有了这样的指点，我们方能举头望远，看清心智想象的辽阔与创造力的无限。"这样的"设计设想"，大致透露出他的底气和远见。

第二块是"教学目的"。这是教学设计的一般程式。

第三块是"教学过程"，又细分五步：

1. 星星月亮：什么是比喻；

2. 鸡蛋鸭蛋：什么不是比喻；

3. 痱子枯草：什么是好的比喻；

4. 馒头味精：比喻之协调；

5. 鱼鳞血丝：比喻之独创。

这是一种由简至丰、由表及里、由知觉到艺术的修辞习得之路，它的好处，大约是使教学整体而顺畅。不过郭初阳偏在之前加上了一些杂拌儿的意象，叫你去想象他的课。这种另类的做法其实很多人都试过，不过在这样的"艺术展"中，这种设计便不仅是大胆，更有些毕加索式的幽默了。

教学之教

我在一篇批评王崧舟君的文章中曾写道，一堂理想的展示课，至少有四个教育对象：课堂内的学生、教师自己、听课的观众以及教育本身。现在想来，这样的说法仍太"教育"。事实上，郭初阳的课，不像是教育，更无论是语言的教学。

1. 文学性

《比喻》一课的开头，便让人觉得郭初阳是个文学青年，不，是文学少年。

> （幻灯片）星星像萤火虫
>
> 师：像在哪里？
>
> 生：星星好似打碎了的玻璃。
>
> 师：像在哪里？
>
> 生：撒了一地。
>
> 生：星星宛如小心举着的蜡烛。
>
> 生：星星是一粒欲言又止的眼泪。
>
> 生：星星跟狼群的眼睛一样。
>
> 师：比较可怕，是吗？
>
> 生：星星如同雨一般落下。
>
> ……

这样的问答多少有些诗情画意。不过"文学"倘止步于此，那便是席慕蓉式的 feminine（矫揉造作），一定为郭初阳所不屑。之后的教学流程中，教师展示的例子，文学得深刻而崇高：

> （1）逃到一间西晒的楼上，满身痱子，有如……（荔支）（鲁迅《而已集·革领袖》）
>
> （2）枯草支支直立，有如……（铜丝）（鲁迅《药》）
>
> （3）门房领了个滚圆脸的人进来，说"曹先生"，……曹元朗的脸很圆，圆如……（太极）（钱锺书《围城》第三章）
>
> （4）……

看来郭初阳喜欢用经典，并且他对句例的选择，本身就说明了一种文学价值上的取舍。这或者是基于他对语言的理解吧。至纯至精的语言，莫不过在文学之中，这个道理大家都懂，只不过我们平日还是不由自主地受了时尚的左右。

文学不只是用来欣赏，还能引起创作的冲动。其实郭初阳从一开始就替学生准备好了语言的出口，让他们去想象、去创作。只是开始是意象的填充、新鲜化，后来便是用语言的想象去创造诗意了。

> 师：只要用到一个简单的比喻，你就可以写出一首精妙的诗句。
>
> （幻灯片）我也还有记忆的，零落得很，我自己觉得我的记忆好像被刀刮过了的鱼鳞，有些还留在身体上，有些是掉在水里了，将水一搅，有几片还会翻腾，闪烁，然而中间混着血丝……（鲁迅《忆韦素园君》）
>
> 我也还有记忆的，＿＿＿＿＿＿得很，我自己觉得我的记忆好像＿＿＿＿＿＿。
>
> （学生创写）
>
> 生：我也还有记忆的，清楚得很，我自己觉得我的记忆好像沙滩上的贝壳，放眼看去……
>
> 生：我也还有记忆的，深刻得很，就好像刻在木头上的字……
>
> 生：我也还有记忆的，单纯得很，好像印在脑海里，有些飞在天空中，散落……有些在坐滑梯……然而其中还掺杂着一些悲哀。

这些想象和用想象仿造的比喻句子，惊动了人的灵魂。所谓的文学性或者文学性的教育，大致如此。

2. 批判性

> （幻灯片）比喻
>
> 他的眼睛，大得就像玻璃弹珠。
>
> 他的眼睛，大得就像灯笼。

他的眼睛，大得就像政治家说的空话，大而无当。

师：第三句话，和上面两句话相比？

生：有点深意。

师：它不是一个有形的物体，但是一样的是大。比喻也是恰当的，合理的。我们现在有点感觉了吧？

说"比喻也是恰当的，合理的"，首先须基于学生的先验认识。学生的先验认识水平到底是什么程度？授课过程中，就有教师通过短信平台，表示"应该选贴近学生生活的例子"。这种担心具有的，是教育学意义上的根据。不过，即便如此，学生仍能从这些比喻中感受到文本与现实间的暗合关系。

这就是所谓的批判性，它无处不在，渗透在生活的点滴之中：

（幻灯片）唠唠叨叨的老伴，犹如 _____，令人心烦意乱。（《旧的谎言》第19章）

（幻灯片展示）滴滴答答的漏雨

生：老伴不是总唠叨，有时候她唠叨得很少。

生：唠唠叨叨正好和滴滴答答是一对。

师：表达的工整，形式上的对应。

但是，无论是对现实的思考还是对生活的判断，都服务于对生命的理解：

（幻灯片）比喻包含相反相成的两个因素，所比的事物有相同之处，否则彼此无法合拢；又有不同之处，否则彼此无法分辨。两者不合，不能相比；两者不分，无须相比。不同处愈多愈大，则相同处愈有烘托；分得愈开，则合得愈出意外，比喻就愈新奇，效果愈高。……

这段文字，出自钱锺书《旧文四篇·读〈拉奥孔〉》。本来的意思是想以此说明"绘画不能利用比喻，因而诗歌大占胜着"；不过这些话，无论对于修辞还是对于人生，都有辩证的灵气，学生习得了比喻的根本，也就习得了人生的根本。

3. 生命力

依了时髦的说法，教育须使学生"可持续发展"。不过，这话好说，做起来却难；最要紧的是，发展什么？

（幻灯片）枯草支支自立，犹如……（鲁迅《药》）

生：军人。

生：行道树。

生：麻绳。

（幻灯片展示）犹如铜丝

生：枯草的颜色和铜丝一样，枯草的粗细也一样。

生：外形也差不多。铜丝坚硬，因为冬天的草缺乏水分。

师：缺乏生命力。

教师的点评有些渲染，同时也是一种煽动。其实《比喻》一课（相信也包括郭初阳的其他课例），整个都是对学生生命力的促进。

《比喻》一课到了后期，不是简单的句子意象填充，而是想象成诗。诗的语言是最鲜活、最有生命力的，诗的语言是人的智性表现。因此，只有在诗中，人才能找到真实。

雨

（顾城）

人们拒绝了这种悲哀
向天空举起彩色的盾牌

郭初阳在本节课的最后，选用了四首诗歌（余光中的《山盟》、田炳信的《自然剪影》、顾城的《雨》和方向的《拉链》）。他要学生"自由选择一首背诵，并说出其中比喻的精妙之处"。此刻，我们应该明白，教师说的"精妙之处"，已不只是比喻了，还有诗歌本身所具有的张力，以及这张力之于人的影响。

生：（背诵《雨》）作者用了自然的景象，抒发了自己不愿意生活在悲哀中的愿望。下过雨后，天空中就出现五彩的彩虹，而彩色可以让人有幸福的感觉。

生：我和她的理解差不多。雨偏向落泪。

生：（朗读诗歌）

师：盾牌是什么？

生：雨伞。

师：彩虹和雨伞都可以解释。

……

师：只要用到一个简单的比喻，你就可以写出一首精妙的诗。

我们再回头看教师在讲授比喻要义时所引用的话：

生（朗读）：人所常言，我寡言之；人说难言，我易言之，自不俗。（宋·姜夔《白石道人诗说》）

这里既有教师的自喻，也有教师想要传授给学生的人生境界。

点评之点评

每次的展示课活动，都少不了"专家点评"，也少不了观课教师极具"职业性"的提问。此次的"专家"是上海的陈军先生。他用了一大早就做过的报告中的"障碍"说来评述郭初阳的课，说这堂课"最大的价值是让学生的头脑活起来，是思维体操，是智慧的较量"。这些虽是好话，底下的听众却未必能受用。他们或许更关心课堂教学的"剑术"问题，譬如：

> 郭老师，你的语言很风趣幽默，尤其对学生的点评，更让人记忆深刻……
>
> 教材太难，特别是名家作品，不可取。应该选贴近学生生活的例子。
>
> ……

当然，还有一些老师责怪郭初阳在课中"层层推进，思维没有喘息的机会"，并且质问他：这样上课，学生会怎么反应？

对此，郭初阳若像之前授课的朱震国先生那样以"玩语文"的观点去媚俗，或者像罗天涛先生那样为自己开授的令人痛苦的课狡辩，必定会遭到一群粉丝的轰炸。所以他干脆避重就轻，大谈"影响我教育观的几句话"。这几句话的背后，当然是许多阅读。他似乎表明：教育的问题，最终要落到读书，落到思想。末了，他再三声明：孩子比我们更聪明，只要给他们足够的空间。"我们在课堂内可以探讨任何值得探讨的问题，而不是怀疑这个问题是否太早了。"

是的，有些问题永远不会太早。

微课中的大世界

——郭初阳《寻隐者不遇》微课点评

初阳君在追赶时尚方面，绝不落伍于年轻的一代。譬如"微课"一流行，他就跃跃欲试，须臾间便录制了几堂，并且质量上乘，仿佛当年莎士比亚看彼得拉克写十四行诗，也尝试模仿，不料成就却远在彼氏之上。这些录制的微课，总共有5讲，几乎每一讲都是精品，最后，以"语文维生素"的标题积集。今就其中一则课例——《寻隐者不遇》进行分析点评，以探讨其教学的风格与思想。

一般来说，微课时间虽短（5~10分钟），但教学处理殊为不易。因为没有面对面的学生，故观察、提问、互动都无从谈起，不仅如此，学生是否在场，做老师的也往往无法确定。另外，在这么短的时间内要使教学丰富而有硬核，对教师来说是个很大的挑战。至于在这样的条件下将课上得活灵活现、喜闻乐见，若没有一定的才气，更是几无可能。

可是，初阳君偏有这样的才气，能将《寻隐者不遇》这样的微课上成"微言大义"，并着着实实地成为广大学生的"语文维生素"。

视　角

贾岛的这首《寻隐者不遇》，语言简单清楚，但其意蕴，仿佛诗中所言——"云深不知处"，具有无限解读和无限想象的可能。故教师讲授此诗，便不能在语言、修辞上恋战，否则会如瞎子摸象，不得要领。初阳君选定的视角为：对"存在但不可见"的隐者的探究。这一视角不落俗套，并很好地抓住了读者的阅读心理，层层剖析，直至诗歌之核心。

讲授方式

中小学教师讲授诗歌，无外乎这几种方式：一曰诵读，教师希望学生能在诵读中自动发现诗歌的奥秘；二曰解析，简单地说，是字斟句酌地分析诗歌的曼妙，仿佛蜜蜂采蜜，需要对每一朵花进行细致劳作，不放过任何芳香；三曰演绎，即学习者置身于诗歌情境之中，用叙事的方式将其中的情节演绎出来；四曰仿写，以为写作可以在某种程度上替代阅读，加深对诗歌的理解。本微课中，初阳君采用的讲课方式是用数字的形式将诗歌的内容进行概括提炼：一个疑问、两种可能、三次对话、双重谜底。不能小看这故意为之的"数字游戏"，它简单直接，能使"微课"的讲授清楚明了，更易为孩子们接受。除此之外，这四个内容还隐含着一种诗歌教学的呈递逻辑：先有问题，再有推理，之后是基于问题的诗歌文体分析，最后是对诗歌主题的拓展理解。

教学特色

5 分钟的微课，足以让我们领略初阳君对诗歌的独到理解和他在人文阅读方面的功底，更叫人佩服的是，他将这种理解和功底有机地化为了教学的技巧：

1. 观点明确

教师毫不忌讳将自己的观点呈现给微课的受众："读了这首诗，我们可以领悟到一个简单而深刻的道理，用六个字来概括就是——存在但不可见。"但这种明确的观点却并非要学习者被动接受，在微课的最后，教师说："……可惜，诗人竟然没有懂得，亲爱的读者，你，读懂了吗？"这诱使"读者"主动去反应，并且相信他们的反应一定会精彩纷呈并不失深刻。

2. 引经据典

古诗的教学，若能适当地引用一些典故传说，一定会带来更多的"文化味"，并在不动声色中拓展学习者的知识视野。在本节微课中，想必我们已注意到教师提及的几处典故。若按图索骥进行探寻，兴许能发现更多的资源，帮助我们理解《寻隐者不遇》这首诗。譬如在抛出"存在但不可见"这一观点时，教师及时引用了《小王子》中狐狸的那句话："本质的东西，用眼睛是看不见的，只有用心才能看见。"在分析"两种可能"之"真正的隐者，是找不到的"时，教师又引入刘备三顾茅庐和王子猷雪夜访戴逵这两则故事，并指出"诗歌中的隐者比孔明和戴逵更超然，更神秘"。据说陈寅恪先生曾对他的一个学生说，若把他某节课中引用的诗词全部找到出处，毕业论文也就差不多了。诗歌课堂要有内涵，不该"就诗论诗"，而须有开展"群诗""群文"学习的勇气和本事。

3. 暗合儿童本位

这节微课虽然"饱蘸文化"，但丝毫没有掉书袋一般的故弄玄虚。无论是诗歌的解读还是教学的开展，都暗合儿童本位，故妙趣横生。譬如，当教师指出"三次对话，二十个字中，有四分之三是童子的声音"时，儿童读者们顿时会觉得这首诗是专为他们写的。这便是传说中的"儿童立场"。再如，在微课的最后，教师把整首诗设为一个"谜语"，并揭晓了两个"谜底"。他这是试图用童趣揭开诗歌的奥秘，从而让儿童读者在聆听这节课时兴趣盎然，在不知不觉中达致对人生的一定程度上的理解。

课堂容量

从学习者的角度来看，5分钟的微课中，学不了太多的"知识"。但一节课的容量，除了"知识"本身，还应包括课堂内容对学习者造成的思维冲击。毫无疑问，初阳君的这堂微课，对学生的冲击是多元的，深刻的。一方面，他对诗歌的解读独到而深刻，另一方面，他的教学安排有趣而有序，而在最后一个环节，教师又带领读者从诗歌的解读中"华丽转身"，实现了从文本学习到人生体悟的飞跃。这些，不就是本节微课留给读者的丰富而宝贵的财富吗？

教改的动力与文化的野心

——评刘发建老师的一堂汉字课

刘发建君是一位非常传统的先生，有些时候，他对传统的坚守甚或已经到了冥顽不化的程度。因而当他要给小学生上一堂汉字课时，我的第一感觉是，他会在课堂内一本正经地推销些学问，除此之外，恐怕只能给孩子们留下无趣与沉闷。

令人意外的是，他的这一课的题目居然是"和孩子们玩汉字"。这个"玩"字，意味深长，似乎说明这位顽固的传统先生准备让他的课堂具有时尚的元素，或者简单地说，要取悦孩子。

话说，发建君的这堂课，并非心血来潮的结果。他之所以要坚持开发汉字课，之所以还写作了不少文字为他的汉字课辩护，是他多年来对小学汉字教学的忧患所致，也是他多年来对汉字文化的研究所致。换言之，他的教学勇气，实乃基于他的文化底气。

因此，他在这堂课里，藏匿着他的动力和野心。也许正是这动力和野心，让这堂课变得丰富而有想象力，让孩子们喜闻乐见，也让语文教师退而深思。

汉字教改的动力

在小学语文界，有志于教改的教师们这些年正为如何让"汉字教学"变得有效而在不懈地努力着。这十分令人费解。在过去，我们从未听说过"汉字难教"这个问题，也没有如今这么多对汉字教学的"研究成果"。然而那时候人们对汉语文字的习得水平，依然令我们"甘拜下风"。

那么，现如今汉字为什么难教？

这个问题似乎远不止教学法层面这般简单，它的背后，是长期以来我们对汉字字形的摧残破坏，以及我们对汉字所蕴含的文化意象的主动放弃。

而一线的教师在教孩子"识字""写字"时，发现其中的困难远超想象。虽然有人从政策、技术、课程的角度探讨汉字教学的有效性，但效果并不明显。

在发建君看来，这些做法无异于南辕北辙。由于"把笔画当成汉字字母，识字教学从而长期陷入教笔画的泥潭"。而其结果是"对汉字的音形意之间不能建立意义链接，只能死记硬背"①。

不是说所有的老师都拘泥于笔画教学。有一次发建君听说一位老师为了帮助学生记住"照"字，自编了一首令人毛骨悚然的顺口溜，这让他愈发觉得汉字中固有的"字母"说，不仅关系到教学法的改进，更担负着文化传承的责任。

什么是汉字的"字母"呢？在他的《寻找汉字之母》一文中，发建君并未给出一个确切的定义，但他坚持认为汉字的字母是"最小的表意符号"，如山、水、火、木、土等，并声称"汉字是对自然万物的克隆，自然万物就是我们的汉字之母"。

汉字"字母"说或许在学理上尚需斟酌，但已经使发建君因为认识到汉字的玄妙而欣喜若狂，并在汉字教学中旗帜鲜明地从"汉字有理"的角度来解读汉字、教学汉字。"和孩子们玩汉字"这堂课，也因此显得目标明确、思路清晰。

第一步："望文生义"。涉及的汉字有囧、笑、哭。这是相关人的情绪的三个字，从字形上即可见到人的七情六欲。我问发建君：为何不将"人"字排在第一？他没有回答。现在想来，我的建议只是出于一种学理上的考量，而发建君则更多地关心教学能否贴近孩子的生活和感受。

---

① 刘发建. 寻找汉字之母［EB/OL］. 杭州市安吉路实验学校书友会·汉字寻根（http：//www. ajledu. net/jlb/syh/Hzxg. aspx），2012-5-17.

第二步："拆字生义"。涉及的汉字有休、仙、信。这三个字都以"人"为偏旁，又多以自然之物为部首。发建君此处的用意十分明显：通过对这几个汉字的学习，灌输给孩子们"天人合一"的思想。

第三步："联想生义"。涉及的汉字只有两个：天和人。如果上一步中的"天人合一"思想还处在欲说还休的层面，到了这一步，则可谓"昭然若揭"。另外，此处的教学引入了甲骨文字形，这使得汉字的学习被赋予了历史的厚重感。当然，教师也没闲着，等孩子们说出对"天"的理解后，他也得意洋洋地宣布了自己的发现：

> 师：天就是指我们的头，知道吗？所以天的本义是最高的地方（把手放在头顶上）。这是不是人最高的地方？我们说天才，不是天上的人才，而是最高的人才，水平最高的人才叫天才。我们的头盖骨叫什么？叫天灵盖。这两边还有太阳穴（指一下太阳穴），这是一个太阳。明白了吗？好不好玩？所以说我们的天人合一，人就是天，人要倒下了，天就塌下来了。不要以为天在很遥远的地方，天就在这里（指一下头）。好玩吗？多美妙的天字呀！天机就在这里哦！

这应该是对汉字的"趣解"。不过，倘若孩子们多年后还能见到这一段实录，他们或许会明白这一堂课中老师说这番话的深刻用意。

第四步："汉字启智"。涉及的汉字有立、并、从、比、背、斗等。发建君认为，汉字是"有智慧"的。他试图通过这一环节的设计，让孩子们在汉字中发现人与人之间的关系，从而寻找出中国文化的"智慧"所在。果然，孩子们对着汉字，想象着远古人的种种故事，哪怕这些故事只是自圆其说。此时教师处心积虑地引入了四个更为关键的汉字：美、丑、聪、慧，并让学生用自己的理解进行解释。这里多少有些"道德植入"的痕迹，不过置于这节汉字课中，也算是名正言顺。

第五步："美妙图画"。这一步很明显是教师为了取悦儿童、取悦时代而特意增加的一个环节。他用奥运会的会标"京"字和杭州的城标"杭"字来说明：任何一个简单的汉字，可能都包含着无数的意象、思想和追求。这一招非常时尚，又贴近孩子们的生活，因而课堂效果十分不错。

严格地说，上述五步是课后实录记述者为了方便而整理出来的说法。对发建君来说，课前的教学设计无非思考两个问题：第一，这节课要教授给孩子哪些汉字？第二，既然是"玩"汉字，其中的游戏该如何组织？

是的，用"游戏""玩"汉字，可能是这节课最吸引人的地方。发建君不愧是语文教学的高手，所以他的课堂果然"玩"性十足。按照邵宗杰先生对他另一堂汉字课《触摸汉字智慧　传承民族文化》的评价，教师"从学生的年龄特征和心理特点出发，循循善诱，……在愉快的谈笑中化难为易，其效率比常见的要学生反复抄写，甚或罚抄几十、几百遍的办法，高出何止千百倍"①。能在课堂内做到这一点，是因为发建君了解孩子、理解孩子的必然结果。

不过，仅仅了解孩子，未必能将汉字课上得卓有成效，教师还需要对汉字教学具有独到思考。正如前述，发建君试图让"汉字有理"，但在具体教学中，则首先是让"汉字有形"，正如楼淑建女士说的，"儿童学习汉字，不是认识，而是觉悟，因为汉字就是图画写意。"② 发建君正是靠了这种图画写意的精神，借助甲骨文的"形似""意会"等功能，让孩子们不知不觉地"习得"了汉字，而不是刻意为之地"学得"汉字。

可惜的是，发建君的汉字课，据我孤陋寡闻的了解，总共就两节课，倘能继续开发之，形成一个系列，则他对汉字教学的思考和实践，或许会给我们更多的启示，并引起更多教改人士的积极行动。

文字研究的梦想

设计课堂游戏以博取孩子们的笑声和积极参与，这毕竟属于教学技术层面的做法。发建君的课堂精神，当远非如此。他始终没有忘记自己在课堂教学中的使命——贯彻"汉字有理"的理念。

---

① 邵宗杰. 我看到了希望 [J]. 语文教学通讯·小学刊, 2008 (10).
② 楼淑建. 从识字到启智 [J]. 人民教育, 2011 (12): 37-39.

当然，学生想要从这堂课里获得学问上的系统长进，暂时还只是一种奢望。不过，通过这堂课，我们仍能窥知教师对汉字的深厚研究，也能借助师生的活动窥知汉字的某些密码，甚至更让人惊喜的是，通过课堂的教学，多少了解到一种研究汉字的全新角度和方法，尽管发建君自己未必肯承认，因为他坚持认为课堂只是"让孩子喜欢汉字、亲近汉字、热爱汉字，而并不是引导孩子去研究汉字，考古汉字"①。

首先，发建君既然坚持汉字是"对自然万物的克隆"，因此课堂内师生对待汉字的态度，便洋溢着自然的情调，充满了山水的清新。无论是对人的情绪解读，还是对人的行动、交往、心灵的阐释，都无不透露出自然的灵气。整个课堂没有枯燥乏味的学理考究，只有借助自然对人生进行的思考。

（屏幕出示：仙）

师：山里的人！

生7：（先写出"山"字）

师：好玩了噢！多聪明的孩子，马上就要对了。山里的人，也可以说人在山里。

生7：（琢磨之后，根据老师的提示加上单人旁）

师：把掌声献给她。（对着学生7）你觉得做山里的人有没有意思？

生8：有。单人旁一个山字，人在山里就是"仙"了。

师：神仙就在大山里，好，真有意思。

这一环节中，学生根据教师的提示书写汉字。其中的真正意图，是通过汉字的习得来感受自然的情趣。这大约就是发建君所说的"汉字有理"的"理"吧？

---

① 刘发建. 擦亮汉字的眼睛——小学识字教学的几点思考 [J]. 教师博览（科研版），2011（01）：4-6.

其次，从解构到重构。简单地说，解构即是将汉字的字形打散，以更小的单位理解汉字；重构，则是用有意义的部首偏旁，组合成更具综合意义的汉字。从解构到重构，对孩子而言，仿佛是做积木游戏；贯穿其中的，是汉字的构造历史。似乎陈寅恪说过，"凡解释一字即是作一部文化史"。更为要紧的是，教师在这过程中渗透着他对"汉字字母"以及汉字文化的理解，故他在课堂内说："如果我们会'望'，会'拆'，会'联想'，我们就能够玩出汉字的智慧。"

生12：一个二，一个人，莫当从字猜。（学生很快就写出了"天"字。）

师：一个二，一个人，莫当从字猜。把掌声送给这个孩子，他多会猜字呀！

这个"天"，我们还可以有很多玩法。莫当从字猜，"一"和"大"可以。还有什么呢？你来说。

生13：工人——上面一个工，下面一个人，合起来就是天。

师：我也可以二人合一，那就是天。老师要问：天在哪里？

生14：天就是天空，在人的头上。

生15：头上有白云的叫天。

生17：在我们头顶上，蓝蓝的、有白云的、有太阳的地方就叫天。

师：这个天到底在哪里？我们来看一下甲骨文就能知道。每个人一伸手就能摸到天。相信吗？（出示甲骨文天 ）

以上可谓是解构，这一解构，将"天"的含义阐释得既有诗意的美，又有哲学的深邃。

（出示： ）

生53：一只大羊缺了一条腿。（另一学生在黑板上写下"美"）

师：两个人庆贺一下，来。两条小腿猜得出，一只大羊缺了一条腿也能猜出来，这孩子的语言怎么那么美妙啊？想也想不通。哎，但是我们还得想。你告诉我，什么是美？咱们祖先通过这个字想告诉我们什么是美，总不会说一只羊缺一条腿算美吧？

生 54：可能是一个人背着一只羊，或者拿扁担挑着一只羊。劳动就是美。

师：我觉得一个人背一只小兔子更美。

生：（大笑）

生 55：我觉得是一个人头上顶着一个装饰。

师：把掌声献给他。你真的和我们汉字很有缘。什么是美呀？他一语道破天机。看甲骨文。（出示：✦）这就是一个舞蹈的人，他戴着头饰。现在你能告诉我，什么是美吗？

以上可谓是重构。本来，教师期待的汉字重构是基于汉字的词源说，而学生不买账，津津乐道于汉字的图形构造。这种阐释方法上的差异，一旦处理不当，会剑走偏锋，故教师及时介入，引出"头饰"这一图腾意象。可惜的是，发建君自己对"美"字的词源解释也不到位，从而遭到了楼淑建女士的质疑①。

最后，还原。

（出示甲骨文✦）

生 41：这个字是背。

生 42：我觉得可能是北。

生 43：背。

生 44：北。

师：背北，北背，谁对呢？我们瞧一瞧。

（出示答案：北）

师：你们猜对了吧？北是什么意思呢？

---

① 楼淑建. 从识字到启智 [J]. 人民教育，2011（12）：37−39.

211

生45：北在古代是指两个人背靠背站着。

师：一般在什么时候会背靠背站着？

生45：两个人不和好的时候。

师：把掌声献给他。这个北就表示两个好朋友互相生气了，把屁股一扭，谁也不理谁，是不是这个意思？你看，多有趣的汉字。

这就是一个"还原"的过程，即按照甲骨文的字形，来还原汉字的本源意义。通过对汉字的意象和意义的还原，可以引起学生研究汉字（尤其是古代汉字）的兴趣。在此过程中，发建老师还"纵古通今"，十分机智地将孩子们的生活经验融合在对汉字的解读之中，从而使学生会心得意。这又一次证明汉字"既不排斥形而下的世俗图解，又巧妙包容形而上的哲学思辨，巧妙的外形构造蕴涵丰富的内涵，这就是汉字有着说不尽道不完魅力的原因"①。

文化探索的志趣

严格地讲，发建君在课堂内外所做的努力，不单单指向学理的研究。作为一名资深教师，他非常明白，研究也罢，教学也罢，最终都必须指向人。人的意义建构，人的愿景完善，人与世界的关系建立，这些才是语文教育的终极追求。

因此，课堂内教师所做的一切，其实都基于他对"人"的理解。正如楼淑建女士指出的那样，教师试图凸显"字道统一，以字感化"的功能②。——简单地说，就是以字感人。

首先，教师对所教汉字的选择，体现了他对汉字文化的价值取向。囧，笑，哭，天，地，人，立，比，从，北，并，竞，美，丑（醜），傻，

---

① 钟宏金．浅论从文化视角实施识字教学［J］．基础教育研究，2007（5）：29-30.

② 楼淑建．从识字到启智［J］．人民教育，2011（12）：37-39.

聪，慧，这些汉字，无一不是"人"所具有的个性和习惯；发建君不仅选择了这些字，还对它们精心排序，使之既入乎人的"情绪"，又出乎汉字的"智慧"，其中构思之巧妙，足见其用心之良苦。

不过这一点，在理念上无可厚非，在实践中却会遭遇重重困难。或许有人会问：汉字这么繁多，你怎么将它们有机"串"在一起？更有人会对"汉字之理"质疑，认为未必每个汉字都能用这堂课的趣味办法来教授。

可见，有人本的思想，有对汉字"字母"的基本理解，仍然是不够的。教师需要对课堂教学进行"日常化"处理，从而"下接地气"，被更多的人所认可。

其次，教师还借助课堂，借助对汉字的教学，与学生一道探讨了人之为人的基本要素，譬如人与自然的关系，譬如人与人的关系，再譬如，人之"善""丑"的标准，人对"聪""慧"的追求，等等。

（出示：聪）

师：聪明的聪。你看了以后，觉得什么人聪明？

生71：可能是耳朵、眼睛、嘴巴和心，并用起来想东西速度快，这样的人会比别人聪明。

生72：我觉得应该是耳朵、眼睛、嘴巴和心，一起表达出来就是聪明。

生73：我觉得看书或者是上课的时候，能做到耳到、眼到、口到、心到，这样的人就是聪明的。

生74：我想应该上课的时候，要集中注意力听，然后眼睛要看着老师，嘴巴也要回答，还要用心听课。这样的人就是聪明的。

生75：聪字是耳朵旁，所以我觉得一个人在上课时要注意听。

师：把掌声献给她，她是我们班最聪明的人。这个聪字告诉我们，最善于听的人才是最聪明的。所以中国自古有一句老话：耳大福大。你看耳朵造得最大，这是有道理的。现在老师最后考你们一个字，如果你们真懂这个字，那说明很了不起。

（出示：慧）

师：什么是智慧？看一看，拆一拆，想一想。

生76：应该是自己的思想比树林里的树还多。

生77：它上面有两个丰，大概形容一个人心里的智慧很丰富。

生78：我觉得应该是心中有很丰富的知识，满腹经纶。

师：这个慧，如果把它拆开来，我们就能触摸到汉字的智慧。

（播放课件：什么叫智慧？老祖宗说：知道打扫自己心灵的人，就是智慧的人。没有智慧的聪明人，往往容易犯"聪明反被聪明误"的错误。所以，世上总是聪明的人多，智慧的人少。）

教师为了安排对这两个汉字的习得和讨论，可谓费尽心机，不过效果足以令人满意。在这个过程中，学生不仅习得了汉字，更习得了汉字中包含的"好人"素养，尽管教师的这一做法多少有些"道德绑架"的嫌疑。

在语文课堂内植入"道德""素养"，并不罕见，事实上，我们在讲授文学作品、神话文本甚至是科普读物时，也在悄悄地给孩子灌输一种认识论和世界观；但用汉字的学习来达到这一目的，却可以达到一箭双雕的效果。倘不是出于对汉字的真爱，我想发建君是断不会想到这一招的。

在我们这个时代，汉语正遭受着前所未有的冲击，汉语系统正变得越来越脆弱不堪。作为有良知的教师，发建君对此忧心忡忡。因此，他的汉字课堂带有强烈的重建传统的悲情和决心。这样说也许"过度解读"了他的这堂课，但其中所反映出来的问题，的确是我们必须直面的。

阅读课，需要这样的"学术狂热"

——颜炼军《麦克白》一课带来的启示

　　颜炼军君是一位"学术狂人"。他平生最大的爱好，恐怕就是做学问。半年前，初阳君邀请他给"越读馆"的学生上一堂经典名著的阅读课，彼时他刚从英国访学回来，乃二话不说，立马确定用"读小库"系列中的《麦克白》作为教学文本，原因是那段时间他正着迷于对莎士比亚的研究。

　　老实说，初阳君之所以请炼军君来上阅读课，正是看中了他对学问的痴迷态度，希望这位"学术狂人"能给课堂带来不一样的东西。不过，对于他的教学设计、课堂把控能力，还是有点心存疑虑。要命的是，炼军君一开始并不知道这堂课是给小学四年级孩子上的，他一直以为他的教学对象是中学生。

　　好在炼军君的学术狂热，也覆盖到了教学。为了"学会上课"，尤其是给小学生上课，他屡次到"越读馆"报到，聆听其他名师的课。这些人，路数奇特，学养丰富，技术精湛。在他们的课堂及课后的研讨中，炼军君既习到了教学的技巧，也看到了各人的局限。同时，他一如既往地钻研《麦克白》文本，每一个细节都广征博引地去翻阅、查证，光《莎士比亚全集》就研究了好几套。据说，针对《麦克白》中的女巫，他的研究成果就几乎可以出版一本专著了。

　　如此半年之后，他开始授课了。

课堂回顾：教学，需要的是容量和品质

　　就教学而言，炼军君当然并不在行。不过，他的课，主旨明显，逻辑

清晰，分析深刻，能让孩子们全心投入其中，并且收获丰富。盘点他的课堂特色，大约有以下几点。

第一，奇趣的主题视角。

分析或者教学一个文本，往往离不开这一文本的主题。但主题未必就等于"思想"，解读也未必等于"解释"。选取怎样的角度走入文本，在教学之中，显得尤为重要。

在炼军君的课堂内，幻灯片一开始就赫然呈现"破案：罪恶从何来？"的字样。显然，作为一名大学教师，炼军君还是比较懂孩子们的阅读心理的。从《麦克白》中的"凶杀案"切入，引出剧中的各个人物，并顺便回顾故事的主要情节，能让孩子们的好奇心顿起，在不知不觉中走近文本、深入文本。

不仅如此。"罪恶"二字，其实也非常清楚地表明了教师对这一作品的基本立场：这是一则关于犯罪的故事，而其根源，是人性中的恶。

在接下去的教学环节中，无论是对麦克白、麦克白夫人或是女巫的分析，都围绕着"人的悲剧"这一大的主题。通过对"谁是元凶"这一问题的讨论，也通过对课前作业"如果你是法官，如何判定国王被杀、班柯被杀"的交流，师生们一直在探讨这部作品中的悲剧成因，并对历史乃至现实进行对比观照。

当然，在短短的一堂课里，师生们无法对《麦克白》的相关主题进行足量的探讨（事实上，有一位美国中学老师给她的学生开设的《麦克白》课程，就持续了整整五周，且其目标也仅包括"学生将领会如《麦克白斯》这样的文学作品与自己人生的关系"和"学生能记住该剧的重要细节"这两条[①]）。但引入主题，从而让学生在课后进行更为丰富的阅读和思考，是整本书阅读教学的根本任务。在这点上，炼军君做得非常出色。

第二，整本书的阅读视角。

尽管课堂上教师选用的文本材料是缩略版的《麦克白》（"读小库"

---

① 王玲娟. 从美国《麦克白斯》教学案例中获得的对中国语文教学的几点启示 [J]. 现代语文（教学研究版），2009（5）：117-118.

系列中的《麦克白》其实是一个带有插图的精简故事），但它毕竟有别于"篇章"，它是"一本书"。这一点，作为读书达人的炼军君心知肚明，因此他在课堂内始终贯彻"整本书"的概念。上课伊始，他就给孩子们展示了《麦克白》的各种版本（包括不同的封面与注释）。这看似简单的呈现，其实透露出炼军君在这一课程主题下的视野，而且这一视野，必将在接下来的教学中影响孩子们的阅读和思考。

在课堂进行到一半时，炼军君开始带领孩子们寻找这个插图本的"漏洞"。这一环节师生们投入较多（事实上，他们从"课前作业"阶段就开始这一任务了）。据炼军君课后透露，他所预设的"漏洞"，百分之八九十都被孩子们发现了，而且，孩子们还发现了他未曾注意到的一些"漏洞"。这些"漏洞"，有些与故事的内容相关，有些与故事的逻辑相关，还有些，甚至涉及翻译问题。

- 为什么只有麦克白看到班柯的鬼魂？
- 女巫们的师父是谁？
- 关于"移动的森林"。
- 关于女巫那句"没有一个妇人所生下的人可以伤害你"的预言。
- 女巫对班柯的预言为什么在故事中没有应验？
- 班柯儿子的去向。
- 麦克白为什么能被麦克德夫轻易地杀掉？

　……

对这一"漏洞查找"，教师可谓用心良苦：第一，他希望孩子们能摆脱"文本崇拜"，真正以故事逻辑和文本逻辑的角度看待他们所阅读的材料。简单地说，是在阅读过程中培养一种客观、严谨、批判的态度；第二，他相信唯有这样的疑问和"漏洞"查找，才会引起学生对原书阅读的兴趣。要知道，想要真正习得《麦克白》以及莎士比亚其他作品的精髓，这样的插图本是远远不够的；第三，每个问题及其讨论的背后，都隐藏着莎学研究、中世纪文化、历史学、人类学等各方面的知识，这些知识，孩子们未必能全盘吸收和消化，但教师有责任给他们指出阅读和思考的路径。因此，炼军君以他深厚的学术功底，在每个问题的讨论过程中，向孩子们推荐了相关的阅读材料。比如，在质疑"女巫的师父"时，他给孩子们介绍了赫卡忒（Hecate）这位提坦女神，并推荐阅读《神话词典》；在讨论"移动的森林"（即文中鬼魂的预言"麦克白永不可战胜，除非勃南森林移动到邓西嫩王城前"以及之后的战争场面）时，他引用了波斯人志费尼写作的《世界征服者史》中的一段注释以及美国人乔治·R.R.马丁的奇幻小说《冰与火之歌》中的"移动森林"这一情节。其实，不仅在"查找漏洞"这一环节，通观整节课，教师在需要拓展知识或者需要动用文本证据时，都及时补充了相关的知识和读物。据不完全统计，他的这堂课，总共引用了16本著作、2部电影、15幅名画（其中有几幅注明了画家及馆藏处）。可以说，这样的课堂，简直就是一顿文化大餐，让听课的师生们"吃不了兜着走"。

第三，不一般的人物视角。

毫无疑问，《麦克白》是一部充满人性"悬疑"的剧本，其中每个人物都不是孤立的、单薄的，每个人物的所思所想、所言所行都影响了故事的发展和结局。就传统的解读来看，大家都喜欢重点关注麦克白及其夫人，分析他们的心理和行为，以此对作品中诸如情境、色彩、情感、语言、犯罪心理等要素以及相关的历史背景进行探讨。——这些，自然都是有道理的。而炼军君因为在预先做功课时，对女巫特别感兴趣，所以在课堂内不亦乐乎地分析剧中女巫的形象、语言和行为。这有别于常规的解读。一方面体现了他本人的研究意趣，另一方面也给孩子们的阅读提供了一个抓手，使得课堂能做到精准定位，火力集中。毕竟，想要在一堂课内对《麦克白》中所有人物都分析一番，教师和学生会感到束手无策、力不从心。

事实上，对女巫的讨论，几乎占据了这堂课的一半时间（一个半钟头），以至于大家提议炼军君干脆另开一场关于女巫的专题讲座。师生们首先分析了女巫的两次预言；之后思考：为什么女巫有三个？学生们的回答令人意外。比如有一位学生说，三个女巫分别代表了三个阶段——过去、现在和将来；还有一位学生说，三个女巫其实就是麦克白心中邪恶念头的反映。受教师严谨习惯的影响，学生在回答这样的问题时，也时刻以"文本证据"（text evidence）来佐证自己的观点，这恐怕是他们在本堂课所获得的成果之一。

当然，教师也没有闲着。他为学生提供了大量的材料，告诉他们，根据学界的研究，剧中三个女巫应该指凯尔特神话中的命运三女神，冷酷而漠然（此处他展示了在凯尔特神话、希腊神话以及埃斯库罗斯悲剧中的三个女神形象）；同时，他还给学生介绍了中世纪后期欧洲猎杀女巫的运动（当年甚至连天文学家开普勒的母亲也被控告为女巫）。这些材料，不仅增长了孩子们的知识，还扭转了他们脑海中对女巫的固有认知，从而更加深刻地理解莎士比亚为何要在《麦克白》中安排女巫出场以及这些女巫的语言和行为背后到底蕴含着怎样的寓意。

严格地说，对女巫的探讨，彰显的是教师自身的学术视野和研究旨趣，然而，在课堂上"喋喋不休"地讨论女巫现象，是否在某种程度上脱离了文本？是否忽视了孩子们的学习关注点？甚至，是否背离了本堂课的目标？这些，都值得商榷。不过，炼军君之所以撇开《麦克白》中的其他人物，而与孩子们专注女巫，本身就说明了他本人对历史视域中"人"的理解。正如伊格尔顿在其《论邪恶——恐怖行为忧思录》一书中所说的，"这部戏剧中的主人公们相互厮杀，只是为了能够获得晋升或者保障自己所处的地位，而女巫们则代表了隐藏在这些坚实性之下的某种流动性"，换言之，三女巫才是《麦克白》这部戏剧的真正主角。

也正因如此，教师给学生布置的课后作业便是——给莎士比亚写一封信，向他请教一个问题：为什么把女巫写得又丑又坏却有魔法？

课堂价值：学问和见识，是教师带给学生的最大财富

炼军君的这堂课，是大学教师深入到中小学阅读课堂的一次尝试，是经典作品尤其是挑战性作品进入中小学阅读课堂的一次尝试，是创意性设

计进入中小学阅读课堂的一次尝试。尽管这样的尝试许多学校（或机构）都曾做过，但由于教师自身的学术特色，这堂课仍在以下几方面具有独到的价值。

首先，这堂课给学生呈现了一条深入文本的路径。

"深入文本"是许多语文教育者的教学理想，但很少有人能真正做到。其中，有教师自身的文本理解能力问题，也有教师在教学中所采取的方法和角度问题，甚至还有教师在文本解读和价值传输过程中的观念问题。这些，都会在很大程度上影响学生对文本的态度和理解。而炼军君在这堂课里，却以其自身的学术功底，为学生呈现了一条真正的深入文本之道。

1. 要读经典，能读经典。经典的书籍，不仅有金子美铃的诗，有《小王子》童话，也应该有《麦克白》这样的剧作；而想要从经典中读出东西来，最关键的，是要找到兴趣点。比如在本堂课中，大家就围绕"女巫"进行了有意思的探讨，从而撬动了对整本书的理解。

2. 以问题为基础。任何阅读，都会给读者带来问题——有理解性问题，有探索性问题，有批判性问题。"读出问题"，是阅读教学必须经历的思维过程，在某种程度上说也是破除各类"权威"、质疑结论的过程。在本堂课开始之前，教师就让孩子们对"凶案"进行分析，在课堂结束时，又让他们给莎士比亚写信，继续探讨女巫。这些做法，会使学生的阅读步步为营、由浅入深，并因此具备逻辑性和高品质。

3. 以阅读为出口。在阅读课堂中，所有的理解和思考，都将指向更多的阅读，也必将引起更多、更高品质的阅读。在这堂课里，相信学生能从教师提供的"巨大的信息量"中找到灵感，开拓符合他们个性的阅读世界。

其次，教师的学识是保证课堂品质的基础。

所谓的学识，简单地说就是学问与见识。教师要有学识，这个道理许多人都明白，但要做到却并不容易。炼军君通过这一堂课，为中小学教师提供了一种专业素养上的参照。

1. 教师必须有学问。尤其是本学科的知识必须丰富，最好还能具备跨学科的知识和能力，如此才能提供给学生一种学习上的安全感。

2. 教师必须有专门的研究，尤其是学术的研究。当你对某方面的知识（比如现代诗，比如莎士比亚，比如动物小说）有过专门研究，你的阅读教学将会如虎添翼，特色显著，也能因此引发学生同样的热情与专注。

3. 教师的治学必须严谨。这是对文本也是对学生的起码责任。比如，你引用的文字是否有权威出处？你的观点是否经得住逻辑的推敲，是否得到文本证据的支持？你的教学是否培养了学生必备的思维能力和批判能力？不幸的是，许多中小学教师没有经历过严格的学术训练（或者原先有过，但被周围的环境磨灭了），因此，炼军君的这堂课，不啻给了他们一次警醒。

4. 教师除了有学问，还要有见识。所谓的见识，简单地说，是教师的"三观"，是他对这个世界所持有的基本立场。比如在这堂课里，到底是以人的角度进入故事，还是以宫廷斗争的角度呈现场景？是以学生喜闻乐见的话题开始探讨，还是以传统的方法对作品的结构和内容进行灌输与温故？其实，一切的见识，其背后仍然是无数的阅读和思想。

最后，这堂课交融了多种话语特征。

长期以来，小学、中学、大学的教学，都形成了各自的话语圈及话语特征，彼此虽然互有渗透，但大多止于形式。一般来说，小学教师往往以一个"有爱心"的形象出现，热衷于情感的投入；中学教师则给人"负责任"的印象，但被应试纠缠得苦不堪言；而大学教师则被认为是"有学问"的人，长于学术的研究。这些刻板印象，从某种意义上说，是由他们在各自领域的工作特点所决定的。那么，我们是否能将他们的特点互为融合、优势互补，从而让学生在课堂内最大程度地获益呢？

在炼军君的这堂课里，治学与教学的完美结合，使得师生在平等的基础上，对学习内容有了更加深入和广泛的理解，这是平日的课堂所难以做到的；而在阅读教学过程中的多元参与（包括网上直播、家长聆听、教师点评），也在一定程度上激活了受众对经典文本的持续阅读，推动了他们对文本的价值研讨。如此一来，这样的整本书阅读教学，虽算不上学生语文学习的"正餐"，但也为他们提供了健康、营养、美味的"零食"，并可能改变他们的"饮食结构"和"饮食习惯"。

当然，也有人对这样的课质疑——

比如，像《麦克白》这样的文本，是否偏难、偏复杂，不适合小学生阅读？

比如，花半年时间准备一堂课，是否太不现实？

比如，课堂内如此巨大的信息量，是否会造成学生的认知压力并导致他们对阅读失去兴趣？

比如，要实现这样的课堂，教师的学养该如何保证？

……

对这些问题，我们暂且不做评论。不过，相信许多人（无论是学生、教师还是家长）都会欢迎像颜炼军这样的优秀学者，也会欢迎像《麦克白》这样的优秀文本，更会欢迎那种充满"学术狂热"的阅读课堂。

在贫穷中感受人性的力量

——评张祖庆的《穷人》一课

如果在几十年前谈论贫穷，我们可以分明感觉到它的真实存在；如果在穷乡僻壤读到一则穷人的故事，我们也许会感同身受。但是，现在的大多数孩子，并不明白贫穷究竟意味着什么，或者即便他们身处穷困的境地，也仍然不知道自己最需要做什么。因此，当我们教授诸如列夫·托尔斯泰的《穷人》一类的文章时，势必会被认为在"说教"，一种在学生看来脱离生活实际的教学行为。

但是优秀的文学作品反映的应当是人类的普遍存在状态和普遍追求。《穷人》其实并不"穷"，它的精神实乃富足而有力量。之所以给人以"说教"的嫌疑，实在是因为教师在课堂内的演绎过于"去艺术化"，从而导致了一个好端端的文本，虎落平川，遭到了"不明真相"的小读者们的唾弃。

这是很不正常的。

从故事本身来看，《穷人》的情节非常简单：渔夫的妻子桑娜带着五个孩子，生活艰辛但"温暖而舒适"；当她发现她的邻居寡妇西蒙因病去世，留下两个幼小的孩子时，顿时恻隐心起，遂将这两个孩子带到自家抚养。她对自己的冒失行为感到忐忑不安，以为她的丈夫会因此责怪她。但她丈夫从外面回来，得知这一情况后，却二话不说劝她将两个孩子抱过来——原来他们的心是一致的。

这个故事之所以能成为文学的经典，是有着许多因素的，譬如对环境的细致描写，譬如主人公心理的微妙变化，譬如众多高明的象征手法，甚至是文中透露出的托尔斯泰对于"爱"和"死"的独到理解，等等。对小学生而言，要读出其中的艺术张力，到底有些难度，故教师的导读和教学便显得十分关键。

张祖庆君长于文本解读，更长于在课堂内将他的解读成果转换为一种有效的教育教学行为，故他的课堂，不仅对得起原文，更包含着他自己的艺术发挥，从而能将托翁《穷人》中的精神，潜移默化地输送给孩子们，让他们自觉地习得、吸纳，并转化为人生的一项重要内容。有趣的是，我在研析他的课例时，正值屋外大雪漫飞，此景此课，令我仿佛走入了文本中穷人的生活，更感受着他们的贫穷及其背后的人性力量。

什么是贫穷？

什么是贫穷？这个貌似简单的问题，却是祖庆君带领孩子们在课堂内首先要解决的。因为仅仅知道穷人"什么都没有"，只是一种浮于表面的认识，不可能引起人的切身感受以及对"贫穷"背后之力量的深刻体悟。

于是师生们选择从文本中的细节去寻找"贫穷"的概念。

事实上，原文中没有一处提到"贫穷"，但贫穷的痕迹和影响处处皆是。教师要求学生细读课文，从字里行间捕捉"穷人"的"穷"。这一过程持续了8分钟，可见教师对这一环节的重视。在分享阶段，学生将他们对"穷"的发现尽数汇报：

生：我从第二段的第三句中看出他们很穷，因为课文说"丈夫不顾惜身体，冒着寒冷的风暴出去打鱼。她自己也从早到晚地干活，还只能勉强填饱肚子"。他们很辛苦，但是也只能勉强维持生活。

生：课文中说"不论冬夏都光着脚跑来跑去"，"光着脚"说明他们连买鞋子的钱都没有，而且吃的是"黑面包"，我了解到，黑面包不像白面包那样很软很好吃，它很硬，没有水的话，根本吃不下去。另外，课文中说"菜只有鱼"，渔夫天天去打鱼，但因为没钱买菜，只能吃鱼，可见他们很穷。

这些发现，严格地说，是对渔民生活常态的冷静旁观，并不能真正引起学生对这种生活的同情，因此，它更多是属于"研究性阅读"。接下来，在"小老师"的引导下，学生开始对隐藏着"穷"的环境描写进行讨论。这一招十分有效，正所谓"感时花溅泪，恨别鸟惊心"，对环境描写的阅读，有时候仿佛"围魏救赵"那般，更容易引起人的切身体会。看来这位小老师对文本的阅读角度，非常"语文"。

围绕环境描写，学生找到了诸如"寒风呼啸、汹涌澎湃""又黑又冷、干干净净"等从某个侧面体现"贫穷"的词语，这与教师之前的预设十分相合。不过，仅凭这些词语，是无法让人相信这一作品的经典性的。此时，教师另辟蹊径地让孩子们关注文中那句常被人忽略的句子——"睡觉还早"。

师：同学们，从"睡觉还早"中，你发现了什么？

生：第二段说"古老的钟发哑地敲了十下，十一下……"，证明已经都十一点多钟了，睡觉其实不早了。

师：只是十一点钟吗？

生：可能还会到十二点多，因为后面有一个省略号。

师：是啊，这一个个省略号仿佛就是一记记钟声在敲打着我们，表明时间至少是晚上十一点了。

……

【课件出示】

五个孩子正在海风呼啸声中安静地睡着。（第1自然段）

古老的钟发哑地敲了十下，十一下……始终不见丈夫回来。（第2自然段）

"我也不知道，大概是昨天。唉！她死得好惨哪！……"（第23自然段）

这即是写作中"正话反说"的悖论手法（paradox），其中包含了能予人以想象、意味深长的"留白"。能从文本中寻找出一般读者所忽略的却又是极其关键的地方，正是一个优秀读者所具有的本事。虽然祖庆和他的孩子们只是从时间的度量上研讨"睡觉还早"所具有的意义，忽略了"睡觉"其实还意味着对紧张而困苦生活的逃离，而且这种逃离对穷人而言，几乎是永远无法实现的，但这一发现，无疑抓住了统领"贫穷"的最为关键之处，并使学生意识到，对优秀的文本而言，任何词句都是不可忽视的。

对"贫穷"的描写，当然不只对桑娜一家的叙述。当桑娜走入西蒙家时，眼前的一幕也许更为"贫穷"：

> 屋子里没有生炉子，又潮湿又阴冷。桑娜举起马灯，想看看病人在什么地方。首先投入眼帘的是对着门的一张床，床上仰面躺着她的女邻居。她一动不动。桑娜把马灯举得更近一些，不错，是西蒙。她头往后仰着，冰冷发青的脸上显出死的宁静，一只苍白僵硬的手像要抓住什么似的，从稻草铺上垂下来。就在这死去的母亲旁边，睡着两个很小的孩子，都是卷头发，圆脸蛋，身上盖着旧衣服，蜷缩着身子，两个浅黄头发的小脑袋紧紧地靠在一起。

相信读者在读到这一段文字时，心里极为难受。因为在桑娜家，"炉子里的火还没有熄，食具在搁板上闪闪发亮"，虽然生活困苦，却不失希望的曙光；但在西蒙家的屋子里，一切都是给人以"绝望"的冰冷和死寂！当祖庆君和他的学生津津乐道于"睡觉还早"所隐喻的贫穷时，他们也许没有注意到，对西蒙一家来说，时间已经悄然停止！这或许是他课堂指导时的一大缺憾。我们不禁想起贝洛克对贫穷的一个经典定义：

> 贫穷即陷入一种不断为自己和家属的未来而焦虑的境地，无力维持自幼过惯的生活标准，既不免低三下四，又愤愤然想表示反抗，最终无可挽救地变得绝望。①

---

① ［英］西莱尔·贝洛克. 论贫穷［A］. 黄家修. 世界传世散文精选：快乐的期待——英国卷［C］. 广州：花城出版社，1998.

是的，只有在贫穷变成"绝望"时，它才真的一无所有。

贫穷的财富和力量

事实上，贫穷者所具有的，往往是富足者无法想象的丰富。这既是贯穿于祖庆君这两节课的一个基本思想，也是他希望孩子们在阅读《穷人》一文时所持有的价值取向。诚如他在第二课时开首所点明的那般：

师：……如果这篇文章只让你读出了一个"穷"字，那就是托尔斯泰改写的失败，穷人身上不只有穷啊！

于是，他二话不说，直接让学生拿出纸笔进行填充练习：

穷人虽然很穷很穷，但他们拥有（　　　　　　　）。

学生的发现令人激动：

生：我找到的是第八自然段，文中说"桑娜用头巾裹住睡着的孩子，把他们抱回家里。她的心跳得很厉害，自己也不知道为什么要这样做，但是觉得非这样做不可。她把这两个熟睡的孩子放在床上，让他们同自己的孩子睡在一起，又连忙把帐子拉好"。我觉得穷人虽穷，但是他们拥有有些富人都没有的善良。桑娜说她的心跳得很厉害，自己也不知道为什么要这样做，但是她的直觉告诉她，她应该这样做。

是的，"直觉"，这个很重要。穷人对自己的善良行为没有什么理论基础，他们所做的，更多的是出于对生活和人生的直觉认识。

生："她把这两个熟睡的孩子放在床上，让他们同自己的孩子睡在一起，又连忙把帐子拉好"，我觉得这虽然是一个不经意的动作，但是她把西蒙的两个孩子当成了自己的孩子，决定用心去养他们。作为邻居，她觉得拯救两个生命义不容辞、责无旁贷，因为在她看来，这两个孩子毕竟也是生命里盛开的花朵。

能从生命的角度看待穷人们的互帮互助，这非常了不起。从这一回答中，我们几乎可以说，学生对贫穷背后的力量的认识，是出于自身对生命的敬重和爱护。

然而出乎意料的是，原文之中桑娜的"善良"并没有表现得这么直接，更没有让人觉得"伟大"。事实上，她在做了这一系列事情之后，更多的却是"忐忑不安"。祖庆君是个对文字极其敏感的人，他当然不会在课堂内放过这一细节，于是他让孩子们通过角色朗读，走进桑娜的内心世界，体会她那种真实而复杂的情感。不仅如此，他还极有创意地比较了桑娜一家和西蒙一家的环境布设，从而让学生知晓：同样是贫穷，它所赋予的形式未必完全一样。

师：同学们，作者为什么不写渔网，不写渔具，不写鱼竿，不写蜘蛛网，单单写"地扫得干干净净……"？再读。（生读句子）我们来看一看，"地扫得干干净净"，写出了什么？

生：地面的干净。

师："炉子里的火还没有熄"，让人感觉到——

生：温暖。

师："食具在搁板上闪闪发亮"，除了干净之外，还让我们感觉到了什么？（生：明亮）这房间里还有那么一些明亮的东西。"五个孩子正在海风呼啸声中安静地睡着"，又让人感觉很——（生：温馨）。

师：同学们，桑娜的美好品质都体现在这一个个细小的地方。托尔斯泰抓住了"温暖而舒适"这个关键词，细细写来，没有一句多余的话，非常简洁地写出了女主人的美好品质。

如果贫穷背后还有希望，自然会"温暖而舒适"；而在西蒙家：

> 生：我读到的是"睡着两个很小的孩子，都是卷头发，圆脸蛋，身上盖着旧衣服，蜷缩着身子，两个浅黄头发的小脑袋紧紧地靠在一起"。从"蜷缩"和"紧紧地靠在一起"，我可以读出这个屋子里面十分阴冷；母亲把自己的衣服和旧头巾盖在孩子们身上，可以看出他们家比桑娜家还要穷，他们连被子都没有。
> 师：你又一次发现了"穷"。
> 生：我能不能先给前面这位同学补充一下再说下去？她说"紧紧地靠在一起"，为什么要紧紧地靠在一起？因为他们太穷了，只能紧紧地靠在一起，要不然他们就活不下去。
> 生："显然，母亲在临死的时候，拿自己的衣服盖在他们身上，还用旧头巾包住他们的小脚，孩子呼吸均匀而平静，睡得正香甜。"这里的描写，说明母亲很爱自己的孩子，具有伟大的母爱。

"紧紧地靠在一起"和"伟大的母爱"，这是多么了不起的发现。这也是穷苦者所具有的最令人羡慕的财富和力量！尽管如此，对西蒙家的描写却远没有桑娜家那般温馨，这是很值得探讨的现象。教师因此提出了一个颇有挑战性的问题：

> 师：……同学们，在这段话当中，张老师留意到一个细节。我们来看"冰冷发青的脸上显出死的宁静，一只苍白僵硬的手像要抓住什么似的"，你觉得这个母亲想要抓住什么？

这是一个极具象征意义的句子。毕竟是小学生，他们暂时无法从更多的角度看待这双僵硬的手，只简单地以为西蒙想要"抓住自己的孩子"，"最后一次再摸摸他们"。而教师在此未置可否，他用另一个语文活动替代他内心呼之欲出的回答：

师：难道西蒙在临死前，就未曾想到过把孩子托付给桑娜吗？也许同学们没有深入地去想过这个问题。同学们，作为两个孩子的母亲，西蒙在临死前，一定愁肠百结。请大家用一段内心独白，描述西蒙临死前可能的心理活动。写的时候适当运用省略号。让我们一起走进这位了不起的母亲的内心世界。（学生书写）

【课件出示】

西蒙脸色苍白，神情黯然，望望身边躺着的两个孩子，内心充满着不舍、担忧与矛盾。她沉思着："＿＿＿＿＿＿＿＿＿。"

这一招"还原"，配合之前对桑娜"忐忑不安"的讨论，使学生愈加深刻地体会到作为穷人的母亲，西蒙内心所具有的强烈的爱和对生活的无助挣扎。因此，从某种意义上讲，师生在此处所做的实在是一种令人心碎的讨论。而当教师将描写孩子"睡"的四处文字置于幻灯片中，并伴以淡淡忧伤的背景音乐时，学生更能够在动荡与静穆、苦难与希望的反衬中理解贫穷及其力量，并将这种理解化为文字的书写，沁入自己的灵魂。

值得指出的是，文中西蒙之死是研析整个故事时无法绕开的关键点。依我的理解，唯有西蒙这位母亲的死，才显出贫穷之下"爱"的伟大；也唯有她的死，才有了桑娜那"紧紧地靠在一起"的"冲动"决定。事实上，西蒙的死，虽然悲惨，但并不令人恐惧。正如托翁自己说的："如果人能够把自己的幸福置放到他人的幸福中，就是说爱他人胜过爱自己，那么死亡就不再是生命和幸福的终结，像只为了自己而活着的人所觉得那样。"① 于是我们可以说，西蒙虽死，但她的意识和精神仍在。在本课的预习作业中，祖庆君设计了这样一道题："你认为这篇小说的主人公是谁？"其意不言自明。课堂内，师生成功地将西蒙"唤醒""复活"，正出于一种爱的力量的传递需要。

西蒙今日的悲剧，是否会在明日在桑娜身上重演？西蒙临死前那双冰

---

① Волохова Н. В. Путьсмерти Л. Н. Толстого［J］，изд. Московский. 转引自郑露燕. 托尔斯泰创作中的死亡主题［D］. 黑龙江大学，2011.

230

冷僵硬的手，不得不让我们对未来忧心忡忡。而能终结这种恐惧的，按我个人的理解，正是桑娜在她家的出现，以及她那虽"忐忑不安"却又异常坚决地将两个孤儿抱回家的行为。可以说，桑娜的行为，终结了"贫穷"者无望的挣扎，并成为一种人性的高贵力量，使这一作品被赋予了明亮的色彩，从而让"家"变得"温暖而舒适"。

这即是《穷人》这一故事留给我们的最大财富。而祖庆君在课堂内的艺术演绎，亦使得这一财富深深地植入到孩子们的生命之中，成为他们人生中一股可贵的力量。

经典艺术的力量传承

在本堂课的"预热板块"中，祖庆君与孩子们一同讨论了莫言的《红高粱》，指出张艺谋的改编"让一件艺术品变成另外一件艺术品"。到了第一板块（《穷人》溯源），他更点明了文学史上的一个事实，即托尔斯泰对雨果的叙事诗《可怜的人们》的改编，赋予原作以更强大的生命，并引起了更多人的共鸣。

是的，这就是文字的力量。相信托尔斯泰在阅读雨果的诗歌时，是带着他自身对于贫穷、对于爱、对于生与死的理解的，因此，他的改编，使得这一作品超越了对穷人生活状态的朴素同情，而以一种人性美的高度，进行着力量的传递，并影响着不同背景的人们，最终成为经典财富，为人类所共享。诚如托翁自己说的：

> 艺术的使命就是"把个人从离群和孤单的境地中解脱出来，就在于这样使个人与其他的人融合在一起"①。

从这个意义上说，祖庆君的课堂，也是一种对原作的"改编"，他在

---

① ［俄］托尔斯泰. 列夫·托尔斯泰文集：14 卷［C］. 陈燊，等译. 北京：人民文学出版社，1991.

其中融入了他自身的艺术发挥，从而使原作中的精神财富为更多的读者所享用，"融合"了更多的人，使他们即便不是"穷人"，也从中体悟到贫穷之于人的影响，体悟到与贫穷共生的人性美。

所以说，一堂优秀的课，它既是艺术的，也是道德的。

一堂"有意为之"的课

——干国祥《去年的树》教学点评

那天在微信群里看到干国祥君说了一句，要在杭州上《去年的树》，"为了某个人"，我就知道，这是一节"有意为之"的课。我当然知道他指的那个人是谁，所以我也义无反顾地去听了，也一样地"有意为之"。

从"走进文本"到"走出文本"

因为"有备而来"，所以课堂内的一切都在学生不知情的情况下提前设计，或者说，这堂课的"预设"性很强。

这首先体现在教师对课文文本的解读之中。

《去年的树》是人教版小学四年级上册的一篇课文，它的核心思想到底如何，各人的解读并不一致。在上课之前，教师即已"心里有底"，但他仍然想先了解孩子们对文本到底是什么态度，有什么感觉。

老师问："你认为《去年的树》想告诉我们什么？"

这一招算是"引蛇出洞"吧——探知学生的观点之后，再见机行事，抛出教师自己的解读结果。

上课之前，学生就已经在语文老师的带领下学过了这篇课文。他们的回答大致是"信守诺言""珍惜友谊"甚至是"保护大自然"。显然，这与教师的预设很不一样。"想不到在杭州，在优秀的天地实验小学，竟然有孩子说这篇课文是为了'保护大自然'！"事后，干国祥君一直很纳闷。

我知道他是文本解读高手，便小心翼翼地提出了自己的见解，认为这篇《去年的树》的点睛之笔，乃在最后一个情节：

在一盏煤油灯旁，坐着一个小女孩。鸟儿问女孩："小姑娘，请告诉我，你知道火柴在哪儿吗？"

小女孩回答说："火柴已经用光了。可是，火柴点燃的火，还在这盏灯里亮着。"

鸟儿睁大眼睛，盯着灯火看了一会儿。

接着，她就唱起去年唱过的歌给灯火听。

唱完了歌，鸟儿又盯着灯火看了一会儿，就飞走了。

在这里，"树"其实并没有死，那盏灯里的"火"，分明就在延续大树的生命，鸟儿此时唱的歌，也将在永恒的时空中回响，凄然而美丽。

可干国祥君对我的"生命论"不置可否，因为他想解读的，他希望孩子们看到的，是他心中早已存在的一个目标。"让我们把过去读到的成见暂时放在一边，重新带着一颗朴素的心，走进《去年的树》。"课堂内他这样告诉学生。

重新"走进"文本的结果，是师生们发现，原来在《去年的树》中，小鸟和大树是"互相需要"的关系。

"互相需要"的关系是一种什么样的关系？此时，教师又及时通过互文参照，引入《小王子》中的"驯养"和《伯牙绝弦》中的"知音"这两个概念。

到了这里，我们已经能感觉出教师对文本的态度了；到了这里，小鸟和大树间的关系开始变得清晰而立体起来了。他们互相"驯养"，互相成为"知音"，于是课堂内一切的言说和想法，甚至是情景重现，都变得顺理成章。到了最后，当教师抛出问题——为什么是树先对鸟儿说"再见"，而不是鸟儿先说时，孩子们的回答已经"入情入理"；在小鸟追寻大树踪迹这一情节，当教师用"命运"两字引导学生说出"命运主宰不了我们的选择"的警语时，孩子们已经从文本中体悟到了人生的崇高。

是的，崇高，再没有比这种互为依存、互为欣赏的"知音"更能体现人际关系的美与好了。如果说干国祥君对文本的解读多少带有"语不惊人

234

死不休"的牛角尖精神，如果说他的教学路径多少是一条充满理性的羊肠小道，那么，它通往的，是人性中的"崇高"，并以此作为教育的使命。

这即是在这堂课中教师"有意为之"的第一步：在文本解读中寻求人的价值。

若是普通的一堂课，至此也算是完美了。可是，课堂并没有结束，因为走到这一步，顶多实现了教师之于文本的学理诉求。这节课之所以"有意为之"，是因为在任何文本解读、任何教学招数、任何课程设想的背后，都有一种现实的指归。

这一指归就是李玉龙。

"我有一个小小的私心，因为我曾有一棵'去年的树'。对我而言，年纪大了，难免在生命当中会有些'去年的树'。你们愿意我跟大家分享一下我生命中的去年的树吗？"

很多观课的老师并没有料到教师的这一出，或者即便有，在他们看来，也无非如影视中的片尾插花，不足挂齿。

然而，显然不是。干国祥君上《去年的树》，奔的就是这一刻。他的"有意为之"的第二步，就是想让课堂走出文本，走向现实中的人。

屏幕上出示了众多朋友悼念李玉龙先生的文字，而教师则在一边喋喋不休地旁白：

"李玉龙老师是我的小鸟，他唱歌给我听；他是我的大树，因为我唱的歌他能懂。可是他并不是我独一无二的好朋友啊！他是那么多人的好朋友，那么，我又有什么了不起的？"

孩子们即便不知道李玉龙到底何许人也，此刻也大致明白了老师的心思：

"因为他在你生命中是独一无二的。"

够了，之前一切的努力都汇集到了这一出口。至此，教师带着孩子，摆脱了语言学习的束缚，摆脱了文学欣赏的浸染，让所有的一切都成功"落地"，以一个现实中的典型事例，阐释了什么是"知音"，以及它带给人灵魂的力量。

或许，这就是干国祥君此次课堂的最大隐喻吧。

学理与情理

"瞎闹！"

即便干国祥君将课堂演绎得有声有色，他还是招致了这样的全盘否定。

否定的背后，是一系列颇具学理的质疑：

譬如，教师对文本的解读，是否是唯一的？如果不是，他之后所有的教学努力，是否都成了一厢情愿式的"填鸭"？

譬如，"有意为之"的教学，会不会使教师牢牢控制住实际话语权，从而形成一种课堂专制，并左右学生对文本的价值判断？

譬如，在这堂课中，教师将一个学生并不熟悉的人物，强行"粘贴"至一篇本具有丰富可能性的文学作品，这会不会让该作品本身"掉价"？而关键的关键，这一"外来入侵者"对孩子来说，或者对语文课堂来说，到底起到了多少的作用？

这些疑问很有来头，而其核心的根据，则是"新课改"中的"生本"原则。现在，干国祥君的课堂里，颇多证据表明他有"私心"（他自己也是这么说的），颇多证据表明他在教学中无视学生的存在，无视学生的心理，无视学生的生活。这样的课堂，不是瞎闹是什么？

手持学理之剑，可以立马将这堂课击得一溃千里。这是"新课改"提供给我们的最好武器。多少年来，我们都试图用西方的逻辑为本土的教育教学重新设立标准。我们惊喜地发现，当"理性逻辑"替代"感性逻辑"时，对课堂的评论会变得理直气壮，会变得密不透风——虽然我们所套用的"理性"，也许压根就是东施效颦的伪冒产品。

只是，有些时候，"理性"是冷冰冰的，因而也是讨人嫌的。当一位教师带着强烈的个人感情走进课堂时，我们已不屑于用"理性"的标准去判断课堂的"优劣"了，因为此时充满全场的，是情，是意，是气。

"玉龙兄是我那几年的，那段岁月的，那个地点的，独一无二的——去年的树。谢谢孩子们，你们今天有两句话我会记在心里：我们决定不了命运的安排，但是，命运也决定不了我们的——"

所有的孩子齐声接下去——选择。

这是这堂课最后一次师生对话。说完之后，作为主持人的天地实验小学校长王雷英女士已经抑制不住自己的眼泪了。在场的师生都知道，天地实验小学的"让我们谈谈"这一校训，就是李玉龙先生设计的。当一堂课关乎一个对所有人来说都是"重要他者"的人的时候，无论这个人你是否熟悉，你的情感认知肯定会越过你的知识、你的能力，而成为教学场域中最重要的因素。

李玉龙，"问对教育""第一线教育网"创办人，《读写月报 新教育》杂志主编，于2015年10月18日23点15分去世，享年48岁。

15年前，他挟着一种特种兵少校的勇猛剽悍闯入教育界，以超出常人的热情和卓绝的创造力把一潭死水搅得风生水起。

他主编的《教师之友》杂志、《读写月报 新教育》杂志团聚了中国最优秀的一批中小学教师，在教育创新的各个领域做光做盐；他主持的"第一线全国教师高级研修班"激活了一个又一个人的生命状态；他开创的学校文化设计理念和系统将在今后的几十年甚至更长时间里滋养更多教师和孩子的生命……

他天生赤子之心，待人无分别，处事有进退，做事力求完美，做人坦荡光明。

他是我们当中最有情义、最敢担当的那一位。

他是我们当中才华最丰、性情最真的那一位。

他的离世，是中国教育的巨大损失。

（摘自《读写月报 新教育》2015.12）

是自私，更是崇高

于是，我几乎要脱口而出：我就是喜欢这样的"有意为之"！不要一本正经地告诉我，课堂内过多的情感因素其实是很危险的，会让人失去判断的能力；也不要神秘兮兮地说，干国祥的做法其实很"自私"，借用课堂，满足他自己情感抒发的需要。

不知怎么的，说到"自私"，我不由想到叶圣陶老先生在他的《开明国语课本》中的一篇文章，题目是《一封电报》，大意是教书先生某日收到电报，内容是"父病重速归元"。于是，先生"脸色立刻变得灰白了"，急匆匆地调好课，与学生道别后坐火车去看他的父亲，留着他的学生替他担忧。这样的故事，落到现在，恐怕不能被视作一件表现"师德"的典型案例，更不用说还能选入教材。可是，故事之中教师情感的真切率性，他对长辈的敬诺，无不让孩子们一一目睹并深记于心。这，岂是一堂知识学习的课所能比拟的？

可见，作为教师，我们不必在课堂内总是摆出一副客观、敬业的模样。有时候，你在课堂内的喜怒哀乐，正是你最真实的表现，也最为你的学生所喜爱和效仿。同样地，当你将一篇文本的学习与生活中的某个人、某件事相联接时，你一定最受学生的欢迎。

当然，危险的确存在。如果由着个人的"有意为之"，课堂势必成为教师的独角戏舞台：若他引用的人和事，只是毫无典型性可言的个案，若他对文本的解读理解，只是他很不成熟的自说自话，若他的教学，确乎是为了满足他的个人精神私欲，那么，这样的课堂，会愈来愈招致学生的厌恶，也终将在"以生为本"的大旗下，被羞辱，被唾弃。

只有当个人的故事和体验反映一种普适性的人性诉求时，课堂内的"有意为之"才会产生最大程度的共鸣，也才会转变为学生的体验，永远地占据他们的心。

而这，不正是干国祥君在课堂内的"自私"吗？一种以人性的崇高为基础的自私表达。在这种表达中，我们看到了他长久以来追逐的理性思考，因为一个人，因为一种情感，而被赋予了诗意的光环。

叁

课例实录

赵群筠《泥人张》课堂实录

师：今天我们上课的标题是《泥人张》。在正式上课前，有两个概念我们来了解一下，在课文中反复出现一个词：天津卫。我们请一个同学来读一下。

（学生读"天津卫"介绍材料）

师：你的声音非常好听，老师建议在读"接骨的、拔牙的、刷墙的、偷盗的"语速可以快一点。

师：我们了解了"天津卫"的大致情况，还有一个关键人物，课文的主人公是泥人张，他是故事中的人物还是确有其人？我们来看第二个解释——"泥人张"。请你给大家介绍一下。

（学生读"泥人张"介绍材料）

师：这位同学读得很认真，很努力，但是名字不能乱改，得派出所同意。张明山的名字改得国家同意。泥人张原名张明山，从这个材料可以看出，泥人张成了中国泥塑艺术的代表。你到天津，在一条街上走，走几步，就能看到这样的店铺——泥人张。在课文中，泥人张不仅捏泥人厉害，什么更厉害？我们进入课文。

师：泥人张在天津卫最喜欢去的地方是哪里？请大家大声读课文第二自然段。

（学生大声朗读课文第二节，教师把话筒移至一女生面前，女生甜美的声音在教室里回荡着。）

师：喜欢去哪几个地方？

生1：东北城角的戏院大观楼，北关口的饭馆天庆馆。

师：去哪里更多一点？最喜欢去天庆馆，去那里干什么？用文中的一句话告诉我。

师：文中有一句话，对，"去天庆馆要看人世间的各种角色"。人世间的各种角色，其实很有学问。那么泥人张在这一天看到了哪些角色？请大家在文中找一找。

生：大名鼎鼎的张五爷。

师：前面加了"大名鼎鼎"，很好。

生2：吃客们。

生3："撂高的"。

师："撂高的"其实指——伙计。

师：我们归类一下。一是泥人张，二是海张五，然后，把刚才说的伙计、吃客们、后面的人们概括为一类，群众？——众人好不好？——其实众人在文中的作用是非常大的。

师：再看这三类人，冯骥才把泥人张称为俗世奇人，冯骥才为什么要称泥人张为俗事奇人？我们先来理解"俗世"指什么？

生：平凡的世界。

师：精神平凡还是物质平凡？

生：物质。

生：凡夫俗子。

师：凡夫俗子是指一位人，俗世是指着这些人居住的？这位同学找到一个词，和大家说说。

生：市井里巷。

师：这个词比较专业也比较准确，市井里巷是指人居住的环境。那么奇人呢？

生：高手。

师：高手，生活在市井里巷的高手。冯骥才对海张五和众人没有做这样精妙的概括，这个任务交给大家，每人写四个字，海张五和众人各是什么"世"什么"人"？

（教师提示学生：记住了前面是环境，后面是特点。）

（学生思考52秒）

师：我们先讨论海张五，谁来说一个？

生：闹市横（héng）人。因为文中有这样一句话"天津卫是做买卖的地界儿，谁有钱谁横，官儿也怵三分"。

师："横"字老师要帮你纠正一下，hèng，你再说一遍。从文中看，非常棒。

生2：钱世名人。关于钱的，"靠着贩盐赚下金山"；名人指大家都认识他，知道他，大名鼎鼎。

生3：闹市牛人。

师：好一个"牛"字，我喜欢，再说一个，女士优先。

生4：奇世庸人。泥人张是奇人，这个世界对他来说很浮躁——俗世；海张五是庸人，这个世界对他来说就是奇世。

师：这个同学的思路很有意思，用对比的方式。泥人张是奇人，海张五只能是庸人，泥人张是俗世，你就来个奇世。老师也想了一个，看是不是合理。猜猜老师为什么写这两个字。

（多媒体出示："雅"世俗人）

生："雅"字加了一个引号，就是生活在富贵人中，其实是靠关系，阿谀奉承；俗人指平凡的人，只不过有钱而已。

师："而已"两个字用得非常好，老师这样说还行吗？（老师微笑征询学生的意见）

生：还行。（众人笑）

师：为什么加双引号。"雅"似乎是生活在名流之中，我们承不承认？他只是有钱而已，是俗人。

师：那么众人呢？

生1：俗世凡人。

生2：俗世庸人。

生3：俗世凡人。

生4：俗世闲人。每天都在看热闹。

师：可不全是看热闹，伙计还"摞高"呢。

（学生支支吾吾，不知道如何回答，老师机智给学生解围）

师：我知道你的意思是"无聊"，没有正事可干，不是做大事的。我明白了你的意思。

师：俗世可以定下来，下面再来一个字，带点书卷味——索性就说他们是俗人。俗世俗人代表着真实的百姓状态。

师：这样的三种角色凑在一起，一定会有好故事发生，下面我们讲故事。请同学们找出推动故事情节发展的关键词。什么是关键词？冯骥才自己在《题外话》中有一句话："中国人十分讲究文字的功底，尤其单个的方块字的运用，绝不是一写一大片。"故事情节找的时候要有针对性。一般故事情节分为——起因、经过、结果——在文中圈出来。

（学生阅读圈画，教师巡视，同时提醒学生，要找的是一个字、一个词，但绝对不是一句话。学生用时 1 分 40 秒）

师：找到一个就写在黑板上，给老师们展示一下。

（学生先后在黑板上书写：找乐子、贱卖、回报、牛。）

师：找了四个字词，"回报"和"贱卖"有重叠，老师就圈三个字，看能不能把故事讲完。故事的起因是什么？

（学生集体低声回答：找乐子。）

师：我感觉应该是"牛"，然后是"找乐子"和"贱卖"，我们就用这三个词，看看能不能把故事讲完，看看冯骥才的文字功底，他为什么用这三个字。关键词的理解，老师再教大家一个方法，"回归原文法"，把这个字放到文中，结合语言环境，前后文来理解意思。先找"牛"。

生：第三段。（学生断断续续读课文）

师：你找得很准确，但语音语调我们坐下来还可以研究。这段话怎么读最合适？——"中间一位"指谁？海张五很牛，他为什么横冲直撞，凭什么牛？

生1：有钱。

生2：靠山很大。

师：有势、有钱、有权。真牛，还是假牛？群众眼里是一头假牛（众人笑）。文中哪里看出来？

生："人家当面叫他张五爷，背后叫他海张五。"

师：同学们注意背后的话才是真实的。所以这段话，旁观者来读，带什么语气读？

生：（学生有声有色读）是不屑。

师：我听出来了，不以为然，有什么了不起的。群众只是敢怒而不敢言。

（学生齐读）

师：故事里有真牛的人吗？泥人张，他凭什么牛？

生：高超、非凡的手艺。

师：用课文中的语言印证。

生：手艺人除外，手艺人靠手吃饭，求谁？伏谁？故此，泥人张只管饮酒，吃菜，西瞧东看，全然没有把海张五当个人物。

师：手艺人多了去了，求谁？伏谁？这样的人多不多？手艺人达到怎样的境界才可以"牛"？

生：读第一段。

师：为什么没第二，肯定有第二，为什么没有第二呢？平时考试有第二吗？第一第二都很厉害，是你们崇拜的对象。

生1：实在太高超了，如果第三排第二，没有理由，相差实在太多。

师：第三排第二，什么意思？

生1：手艺太高了，第三和他相比太远了，没有理由排第二。

师：为什么没有理由排第二？

生2：肯定有第一第二，泥人张和第三的差距太大了。泥人张敢称第二，就没人敢称第一。（众人笑）

师：泥人张有一天不想当第一了，就没有人敢当第二第三了。第二的人都不好意思称自己是第二。这是一种写法——夸张。当时天津卫还真有这样的现象。手艺人靠手艺吃饭，你手艺好大家就崇拜得不得了。来看一段话。要读出由衷的赞赏。

（学生读材料）

师：读得很流畅，但有一句话不够响亮——最后一句话，要读出气势和对手艺人由衷的赞赏，敬佩，把这种感觉读出来。

（学生大声读"只有这一个绰号，在码头上响当当和当当响"）

师：泥人张是真牛，牛得有手艺基础，众人在捧着他。如果海张五是牛客的话，用网络上流行的词，泥人张是达人。牛客遭遇达人，就互相开始找乐子。

师：找出找乐子的句子，其中有一句是两个人一起找的。

生1："他朝着正走出门的泥人张的背影叫道：'这破手艺也想赚钱，贱卖都没人要。'"

师：你的思维跳得很厉害，我们在找乐子，先别贱卖。

生2："海张五那边还在不停地找乐子，泥人张这边肯定把那些话在他手里这团泥上全找回来了。"

师：海张五怎么找乐子？

生1：在哪儿捏？在袖子里捏？在裤裆里捏吧！

师：冯骥才在写这个找乐子时，用了一个非常有意思的细节。

生1：对比：有个细嗓门的，海张五的大粗嗓门。

师：一个细，一个粗，会产生什么艺术效果。这种艺术效果大家展示一下。读一读，细嗓门用细嗓门来读，粗嗓门用粗嗓门来读。班里哪位同学的嗓门最细？

（学生相互推让后，老师鼓励学生没有关系，分别请同学读细嗓门和粗嗓门。）

师：细嗓门应该用什么语调读？

生1：表面赞赏，其实瞧不起。

师：准确到位。

（学生用细嗓门读赢得满堂喝彩，掌声雷动。）

师：大粗嗓门怎么可以没有话筒。文雅的男孩来读粗嗓门，难为你了。

（女声读细嗓门，男生读粗嗓门。）

师：你们觉得这个乐子找得怎么样？

生：（学生依次回答）好（众人笑），低俗，平庸，无聊。

师：大家比较客气，简直就是下流。"泥人张这边肯定把那些话在他手里这团泥上全找回来了"找回了什么？

生：尊严。

师：你找了一个很好的词，为什么不大声说，怎么找回来的？书中有一些细节，我们品味一下。

生："只见人家泥人张听赛没听……比海张五还像海张五。"

师：你回答问题的方式很奇特，一般同学只回答一段或一个地方，你回答了两个地方，你能和同学们说说理由吗？

生：先突出泥人张的手灵巧，本事高超。后面也是突出技艺高超。

师：前面是过程，后面是结果。过程和结果都很高明。请大家再补充一下。

生：文中泥人张都没有用眼睛注视这团泥巴，用一只手就捏出"比海张五还像海张五"。

师：你注意过程中都没去看，"泥人张听赛没听，左手伸到桌子下边，打鞋底抠下一块泥巴。右手依然端杯饮酒，眼睛也只瞅着桌上的酒菜"注意细节，"依然、只"副词的作用。

生：泥人张技艺高超。鞋底下的泥巴随便就把它捏成了海张五。

师：鞋底下的泥巴给你一种什么感觉？

生：泥人张很瞧不起他。

师：海张五不过是脚底下的一块泥，这话有没有说——很随意一个动作就把一些东西说了。

师：泥人张眼睛都不瞅，除了说明手艺高超，还说明什么？

生：气愤，连看都不想看，瞧不起。

师：不愿看，懒得看，不屑看，也可以捏得很像。

师：泥人张是这样"找"的，那么泥人张的"乐"在哪里？

生1：把海张五的脑袋割下来。

师：你找到隐藏在后面的乐子，很高明，那么隐藏在前面的乐呢？

师："估衣街上来来往往的人，谁看谁乐。乐完找熟人来看，再一块乐。"这个乐找得怎么样？泥人张从头到尾都没有说一句话，"叭"地一戳，就走了。结果大家全乐了。他找了，别人帮他一块乐，是不是很高明？这个乐找下来，海张五气急败坏，冲着泥人张大吼一声"这破手艺也想赚钱，贱卖都没人要"——用刚才的方法，分析"贱卖"的妙处。

生1：价格低廉，海张五的身价低。

师：这个词在推动情节中有什么作用？贱卖没人要，我就来个贱卖。泥人张怎么做？——成批生产，成本低，价格不高，来来往往的人都能买。但海张五说贱卖都没人要。

生：结果海张五花大价钱全部买走。

师：这样说，海张五还是挺男人的，输了就认栽。

师：三个词把一个故事讲完了，冯骥才厉害，大家也很厉害。

师：想一想，这个故事为什么传了一百多年？

生：有趣。

师：有趣的背后有什么？

生：对有权有势，横行霸道人的讽刺。

师：还可以用一个更好的词。

生：嘲讽、轻蔑。

师：我觉得还有一个词：斗争。泥人张巧妙的斗争方法和精神。泥人张代表大多数人的利益，所以传了一百多年。

师：我们送他几句话，用这节课学来的字词用法，写一句话，作为这节课的小结。赵老师写了两句，你们每人写一句。

这真是"码头有豪强，_____。"对下句；这边同学"智者赢尊严"对上句。可以用上刚才推敲这么久的字词。

生1：市井奇人。

生2：俗世奇人。

生3：贱卖海张五。

师：你的思路很好，但名词要对名词，智者对什么——牛人——牛人干什么？——找乐子——找乐子骨子里是什么人——牛客找俗乐。

（学生集体读：这真是"码头有豪强，市井出奇才；牛客找俗乐，智者赢尊严。"）

师：故事讲完了，其实老师告诉你们，风筝魏、机器王的故事都很精

248

彩，都是俗世奇人。这让赵老师想起有一首歌的歌词"神者无敌"（有学生下面小声嘀咕：仁者无敌），是周杰伦的《双截棍》，真还有天津话板的《双截棍》，我们边听边欣赏泥人张绝妙的泥塑。

（多媒体展示泥人张绝妙的泥塑作品，大屏幕"欲知泥人张后续如何，请听下回分解。"）

师：下课！

罗才军《古诗两首》课堂实录

走近诗人，书写两个辉煌的名字

师：老师课前布置了预习，初步了解今天要学习的这两首诗歌的作者，你了解到了什么？

生：陆游是南宋诗人，字务观，号放翁，越州山阴（今浙江绍兴）人。他小时候好学不倦，自称是"我生学语即耽书，万卷纵横眼欲枯"。

师：你的这种学习能力我很赞赏！学习古诗，不仅要读诗，而且要会了解作者，阅读相关的诗作。"学语即耽书，万卷已纵横"，可见陆游真是个爱读书的人。你刚才还说到陆游的字、号？

生：字务观，号放翁。

师：所以，如果你以后在书里读到陆务观、陆放翁，你就知道是谁？

生：陆游。

师：在古代，不仅姓名可以用来做称呼，字、号，甚至官职都可以用来做称呼。比如杜甫，我们不仅可以叫他杜甫，还可以叫——

生：还可以叫杜子美、杜工部。

师：你怎么知道的？

生：杜甫字"子美"，又当过"工部员外郎"。

生：杜甫出生在"奉儒守官"的文学家庭中，7岁就开始写诗，15岁诗文就引起洛阳名士们的重视。在20岁后的漫游之旅中，他开阔了胸怀并结识了诗人李白。

师：嗯，从人们给他的称号中就能看出他的天赋！

生：人们称杜甫为"诗圣"。

师：这说明人们觉得他写的诗怎么样？

生：非常精妙。

生：炉火纯青。

生：杜甫是现实主义诗人。

师：什么叫现实主义诗人？

生：就是他写的诗大多数都是说现实生活的，是忧国忧民的。不像李白，李白是浪漫主义诗人，写的诗都是充满想象的。

师：你还真有见地，会对比着李白来谈杜甫。当然，关于"现实主义"，我们在今后更丰富更深入的学习之后会领会得更深刻。

生：陆游是存诗最多的诗人，至今存诗9000多首。杜甫的诗被称为"诗史"。

师：不只是杜甫，陆游的诗也可以被称为诗史，因为他们的诗比历史更形象、更生动、更真实。那么，大家对这两首诗歌的写作背景有过了解吗？

生：《示儿》这首诗是陆游的绝笔，他在弥留之际，还念念不忘被女真族霸占着的中原领土和人民，热切地盼望着祖国的重新统一，因此他特地写这首诗作为遗嘱，谆谆告诫自己的儿子。

师：了解写作的背景，知人论世是学习诗歌重要的方法！我听你说"弥留之际""绝笔""遗嘱"，这都是什么意思啊？

生：就是说《示儿》是陆游生前写的最后一首诗。

生：《闻官军收河南河北》是杜甫生平第一快诗。当时杜甫在四川剑门关外躲避安史之乱，忽然听说官军把叛军打败了，非常高兴，即兴写下了这首诗。

师：没错。安史之乱说的是唐朝安禄山、史思明发动的内乱。战乱使杜甫整整八年流离失所、无家可归。看来大家的预习非常到位。下面请大家拿起笔，把这两位诗人的名字端端正正地写上一遍。写字的时候人坐正，脚放平，把你对这两位诗人的崇敬和仰慕都凝聚到笔尖。

（一生板书，其他学生认真书写，教师提醒"游"的右半边要写准确。)

师：写好的同学和黑板上的校对一下，有错误的马上改正。通过刚才对两位诗人的了解交流，我们知道杜甫和陆游分别属于哪个朝代？

生：杜甫是唐代的，陆游是宋代的。

师：没错，杜甫是唐代的诗人，他的这首《闻官军收河南河北》成诗于1500多年前；陆游是宋代的诗人，《示儿》成诗于800多年前。那么你想过没有，这属于两个朝代、相隔400多年的诗人写的诗怎么就搁在一篇课文里了呢？不着急，等咱们学完课文之后，再来思考这个问题。

诵读《示儿》，纵向叠加"悲"的意象

师：先从我们熟悉的《示儿》开始。请大家把课文拿起来，正确流利地朗读一遍。(生自由读诗)

师：谁来读一读？(指名读，学生读得字正腔圆。)

师：(指名同桌)你在她旁边，你觉得她读得怎么样？

生：她读得很有节奏，每一句四个字后面停顿了一下。

师：对了，读七言的古诗就可以用这样的节奏。尤其是像她那样，读出节奏后，每一句后面三个字还能一字一顿地读，节奏和韵味就全出来了。谁还能读？(指名读，学生读得有声有色。)

师：(指名一学生)你觉得他读得怎么样？

生：我觉得他读得铿锵有力。

师：真会点评。除了"铿锵有力"，我还想再加四个字"抑扬顿挫"。一句是抑，二句是扬，三四两句是顿挫。我想请他再读一遍，我们一起聆听。给你个小建议，最后一句"家祭无忘告—乃—翁"带点余韵会更好。(生再读，全场鼓掌。)

师：这才叫"读诗"呢！不仅要读得字正腔圆，读出节奏和韵律，还得随着作者的情感起伏读出抑扬顿挫来！不过同学们，读诗读得抑扬顿挫，读出节奏和韵律还不是读诗的最高境界。你知道读诗的最高境界是什么吗？

生：读出诗人内心的情感。

师：对了，也就是说要读得和诗人心心相印、心有灵犀。我们一起来看这首诗，有人说陆游的这首《示儿》明白如话，什么叫"明白如话"？

生：我觉得是"明白得像平常说话一样"。

师：很准确。下面请大家快速地默读这首诗，看看陆游在跟儿子说什么话？（生带着问题，默读古诗。）

师：好，一句一句来。第一句"死去元知万事空"。陆游跟儿子说什么呢？

生：死去了就万事都空，什么也不知道了。

师：死去了就万事都空了。但是这句当中有一个词"元知"你没解释出来，"元知"是什么意思，谁来给他补充？

生：应该是"本来就知道"的意思。

师：本来就知道，原来就知道。所以这个"元"其实就是我们现在用的？

生："原来"的"原"。

师：请大家把这个"元"字圈一圈，在上面写上"原来"的"原"。注意字要写端正。（生在课本上标记）

师：（回请第一位）老师还请你把这一句说一说。陆游在跟儿子说——

生：死去了原来就知道什么都不知道了。

师：听着别扭。古诗古文的表达方式跟我们现在不同，所以用我们的话说的时候要符合我们的语言习惯。这句话怎么说才更准确流畅？

生：本来就知道人死去了就什么都没有了。

师：一点就通。接着第二句，陆游又跟儿子说什么？

生："但悲不见九州同"是说但是为没有看见整个中国的统一而悲伤。

师：哪个词是指"中国"？

生：九州。

师："九州"就是古代对中国的称呼，在古代，对中国的称呼有很多，除了"九州"，你还知道什么？

生：中原。

师：诗歌第三句中就有。

生：华夏、中华。

生：神州。

师：没错，这些都是古代对中国的称呼。这一句当中还有一个字老师要提出来，"但悲"的"但"不作"但是"讲，应当作"只是"讲。请大家把这个"但"字圈一圈，旁边写上"只是"。现在我们一起把这句话说一说。

生：（齐）只是为没有看见中国的统一而感到悲伤。

师：第三句谁来说？

生：南宋王朝的军队向北平定中原的那一天。

师：明白了。最后一句。

生：在家里做祭祀的时候不要忘了告诉我。

师：哪里是"我"的意思？

生：乃翁。

师：不准确。有时候联系上下文也不能理解的时候，我们还可以借助工具书。

"乃"在字典里有这么几种解释。（出示 乃：①才 ②是，为 ③于是，就 ④你，你的）"乃翁"的"乃"指的是什么？（生自由回答第④种解释。）

师：翁是什么？

生：翁就是指父亲。

师：所以"家祭无忘告乃翁"是说——

生：在家里做祭祀的时候不要忘记告诉你们的父亲。

师：真的是明白如话。我们就这样联系着上下文，用自己的话代替、补充着读懂这首诗。从诗歌第一句的"死去元知万事空"到最后一句的"家祭无忘告乃翁"，联系我们的预习就知道这不是日常对儿子的嘱咐，这是到了什么时候了？

生：临终之际。

师：按照我们人之常情，一个人到了临终之际跟儿子说话，一般会嘱咐些什么事？

生：可能会嘱咐儿子以后的生活该怎样过。

师：对，要教给他如何为人处世的道理。

生：要说说家产分配的事情。

师：是的。遗产还是要交代清楚，免得引起家庭纷争。同学们说的都是人之常情。但是陆游在这里说家产了吗？

生：（齐答）没有。

师：陆游其实把这一切都看空了，诗中有一句说明了这一点。

生：死去元知万事空。

师：可就是这么一个"死去元知万事空"，把万事都看空的陆游，却对一件事情耿耿于怀、念念不忘，哪件事？

生：祖国的统一。

师：用诗句中的话来说。

生：但悲不见九州同。

师：万事都搁得下，唯有一件事情难以搁下，那就是——

生：（齐）但悲不见九州同。

师：他说"死去元知万—事—空"，但悲不见——

生：九州同！

师：他说"王师北定中原日"其实就是想看到——

生：九州同！

师：他说"家祭无忘告乃翁"其实就是想听到——

生：九州同！

师：诗歌读到这里，我们发觉整首诗读着读着其实可以读成其中的一句。那就是——

生：（齐）但悲不见九州同！

师：甚至可以读成其中的三个字！

生：（齐）九州同！

师：请你把九州同这三个字圈出来。（师相机板书：九州同。）

255

师：如果你课前做过预习、读过一些陆游的诗句，你就知道，这种不见九州同的悲，其实是延续了陆游的整整一生。（师相机板书：悲。）就在陆游出生的第二年，金兵大举侵犯中原，中原百姓沦为了移民，也就是亡国奴。陆游在《秋夜将晓出篱门迎凉有感》中这样写道（出示前两句），谁来读？

生：遗民泪尽胡尘里，南望王师又一年。

师：这些把泪都流尽了的"遗民"里就有一个叫——

生：陆游。

师：南望王师又一年，这一望就是整整一生啊。但是陆游他望到了吗？直到去世他都没望到，他怎能不悲从中来呢？（出示并复沓《示儿》）一起读。

生：死去元知万事空，但悲不见九州同。

师：这种不见九州同的悲啊，在陆游正当壮年，踌躇满志，却因为奸臣当道、报国无门的时候最为铿锵！你听他在《哀郢二首》中写道（出示前两句）：

生：离骚未尽灵均恨，志士千秋泪满裳。

师：这个千秋泪满裳的志士就是谁？

生：陆游。

师：像屈原一样，山河破碎、风雨飘摇，志士千秋却壮志难酬。所以他怎么能不悲伤啊！一起来读！（复沓《示儿》）

生：（齐，一字一顿）死去元知万事空，但悲不见九州同。

师：这种不见九州同的悲啊，到诗人两鬓苍苍的时候还在延续。我们一起读！（出示《诉衷情》）

生：（齐）胡未灭，鬓先秋，泪空流。此生谁料，心在天山，身老沧洲。

师：这个"鬓先秋，泪空流"的人是谁？

生：陆游。

师：这个"心在天山，身老沧洲"的人就是谁？

生：陆游。

师：这怎么能不让他悲痛欲绝呢？（复沓《示儿》）

生：（齐，感同身受）死去元知万事空，但悲不见九州同。

师：现在老师把这些诗句打在大屏幕上，你会发现有一种情感一直在延续。

　　　遗民泪尽胡尘里，南望王师又一年。

　　　离骚未尽灵均恨，志士千秋泪满裳。

　　　胡未灭，鬓先秋，泪空流。此生谁料，心在天山，身老沧洲。

生：陆游的爱国情怀。

师：就是这种爱国情怀，使陆游充满悲伤、悲凉和悲愤。他是那么的无力，那么的无助，那么的无奈，以至于他只能一而再，再而三地把这种悲伤化作那一次次的——

生：流泪。

师：所有的无力无助无奈，所有的悲伤悲凉悲愤都化作了"泪尽胡尘""泪满裳""泪空流"。同学们，什么叫"字字泣血，句句含泪"，说的就是陆游啊，我们一起来读。（生齐读）

师：直到临死之际陆游还一直盼望着九州同，但是他盼望到了吗？一个人盼望了整整一生的东西都没有能够实现，你说他的内心该是一种怎样的悲凉？

（配乐，指名朗读）

师：读得字字入眼，句句入心。我尤其佩服你"告—乃—翁"，充满了悲伤绝望，余韵绵长。（指名读）

师：缓慢低沉的语调，不仅让我们感受到诗歌的节奏和韵味，更重要的是让我们体味到了诗人悲凉的心境。谁还读？（指名读）

师：就是这样一个铁血丹心、矢志不渝的陆游啊。盼望了一辈子的九州同都没有能够看到，流了一辈子泪的期待都没有实现，这怎一个悲字了得啊！一起来！能背的背，不能背的捧着课文读。（生齐背）

互文《闻官军收河南河北》，横向叠加"喜"的意象

师：如果说陆游的《示儿》展现的是一种不见九州同的悲，那么杜甫的《闻官军收河南河北》展现的又是一种怎样的情感呢？请你拿起课文，把这首诗歌有滋有味地读上三遍，读完之后看看大屏幕上的注释和示意图，听明白了吗？（生自由读《闻官军收河南河北》）（出示杜甫归乡路线示意图和注释）

河南河北：唐代安史之乱时叛军的根据地。此时已被官军收复。

剑外：剑门关以外，这里指四川。当时杜甫流落在四川。

蓟北：今河北北部，是叛军老巢。

巴峡：当在嘉陵江上游。

巫峡：长江三峡之一，在今四川湖北交界处。

襄阳：今湖北西北部。

洛阳：今河南西部，素有"九州腹地"之称。

师：仔细看就知道，这里的注释都是什么？

生：都是诗中写到的一些地方。

师：是的。这首诗歌中地名特别多。我们学习古诗、古文的时候，看到这些地名，了解一下就行，不必过于纠缠。示意图谁看懂了？如果你看懂了，你就知道这个示意图其实就是诗歌当中的两句话。

生：即从巴峡穿巫峡，便下襄阳向洛阳。

师：你看，示意图也是理解古诗的一种方式。如果你课前有过充分的预习，你就知道这条路其实就是——

生：就是杜甫从四川回到家乡洛阳的路线。

师：注释、示意图都看明白了，这首诗还有没有不明白的地方？（学生认为没有）那我倒要考考你们，这三个词是什么意思？（出示：衣裳、妻子、青春）

生：衣裳就是穿的衣服。

师：我们现在是这么说的。但在古代，"衣裳"不是一件衣服。

生：就是从上身到下身，上衣和裤子在一起叫衣裳。

师：你是有古文底子的。其他同学听明白了吗？"衣裳"在古代不是一件，而是一套。（出示）

生：（齐）古代上为衣，下为裳。

师：第二个词——妻子。

生：我觉得是他的老婆。

师：这是我们现在的意思。

生：我认为"妻"是指他的妻子，"子"是指他的孩子。

师：也就是说这里的"妻子"不是一个人，而是一家人。（出示，学生齐读）

师："青春"谁知道？

生：指美好的春天。（出示，学生齐读）

师：我们现在"青春"是什么意思啊？

生：就是年少时光。

师：在古诗文学习中，这些古今异义的词汇一定要特别注意，它能帮助我们更好地理解诗歌。如果说陆游的《示儿》表现的是一种不见九州同的悲，那么，杜甫的这首《闻官军收河南河北》表现的又是一种怎样的情感？

生：表现的是喜的情感。

师：请大家把诗歌中这个喜欲狂的"喜"字圈一圈。（师相机板书"喜"）

师：如果说陆游的悲愤、悲凉是不见九州同，那么杜甫喜的又是什么？

生：杜甫喜的是军队收复了河南河北，他终于可以回家了。

生：整个国家又安定祥和了。

师：收复失地，安定祥和，这不就是陆游念念不忘的——

生：（齐答）九州同！（师相机在"九州同"旁写"！"）

师：下面，我们再回到诗歌中去。既然诗歌表现的是杜甫看到九州已同、可以回到家乡的一种喜悦，那么，诗歌中的哪些言行举止表现了杜甫的喜悦？请你快速地圈一圈。（生默读，圈画）

生：初闻涕泪满衣裳。

师：你仿佛看到什么？

生：我仿佛看到杜甫听到官军收了蓟北的消息以后，高兴得泪流满面，把衣裳都打湿了。

生：杜甫有点不敢相信，脸上惊喜又带些不可思议。

生：我仿佛看到杜甫高兴得眼泪夺眶而出，他赶紧用衣袖去擦。

师：用我们熟悉的一个成语讲，这正是喜极——

生：喜极而泣！

师：这是第一喜！第二喜在哪里？

生：漫卷诗书喜欲狂。我仿佛看见杜甫他胡乱地卷起诗书，兴奋得想跳舞。

生：杜甫是个很爱书的人，他胡乱地卷起书，说明他真的非常高兴。

师：高兴得都要发狂了对吧？把喜欲狂说成一个成语那就是——

生：欣喜若狂！

师：这是第二喜！第三喜在哪里？

生：我觉得是"白日放歌须纵酒"。因为读着这一句，我仿佛看到杜甫在大好的青天白日里又是放声歌唱，又是纵情喝酒。肯定是高兴得不得了。

师：你知道杜甫当时多大吗？我告诉你，52岁！一个52岁的人，在那里又是豪迈地唱歌又是纵情地喝酒。那真是——

生：欣喜若狂！

生：喜不自胜！

师：好一个喜不自胜！第四喜在哪里？

生："即从巴峡穿巫峡，便下襄阳向洛阳。"我仿佛看到，杜甫马上收拾行装，兴冲冲地准备出发返回家乡了。

师：巴峡、巫峡、襄阳、洛阳，仿佛一说完，杜甫就已经到哪里了？

生：到故乡了。

师：但其实他有没有出发？

生：没有。

师：也就是说，身还在剑外，心已经——

生：心已经回到洛阳了，他归心似箭了！

师：你看，杜甫在写喜悦的时候，不只写现实中的喜悦，还把自己想象中的喜悦都写出来了。这是第四喜。第五喜在哪里？

生：我觉得是"却看妻子愁何在"。"愁何在"，就是说杜甫的妻子和孩子脸上的忧愁全都跑了。

师：脸上忧愁全都跑了，代之而起的，是喜上——

生：喜上加喜！喜上眉梢！

师：真好，杜甫不仅写自己的喜悦，也写家人的喜悦。看看第六喜在哪里？

生：我觉得是"青春作伴好还乡"。因为他伴着美好的春光就可以回家了。

师：此时你完全可以想象，他的脸上——

生：神采奕奕。

师：喜笑——

生：喜笑颜开！

师：第七喜在哪里？

生：（小声）剑外忽传收蓟北。

师："剑外忽传收蓟北"什么意思啊？

生：剑门关外忽然传来收复蓟北的消息。

师：忽然传来这样的好消息，用我们熟悉的一个成语讲那就是喜从——

生：喜从天降！

师：诗歌读到这里，我们发现原来诗人的这种喜悦是流转在每一个诗句当中的。你仔细看——

（出示：涕泪满衣裳、愁何在、漫卷诗书、放歌纵酒、青春作伴好还乡、巴峡、巫峡、襄阳、洛阳）

师：这里既有喜悦的神情"涕泪满衣裳、愁何在"，也有喜悦的动作——

生：漫卷诗书、放歌纵酒。

师：既有喜悦的现实"青春作伴好还乡"，也有喜悦的想象——

生：（齐）巴峡、巫峡、襄阳、洛阳。

师：正是这些喜悦一而再，再而三，三而四地叠加在一起，才形成了这首诗歌如此丰富、如此磅礴、如此一泻千里的喜悦。来，带着这样的理解，一起再来读读这首诗。（师领诵，生有感情地齐读）

师：无论是喜从天降还是喜极而泣，无论是喜不自胜还是欣喜若狂，这每一种喜悦都达到了喜悦的极致。不过你们看，诗人杜甫写到了自己神情的喜悦、动作的喜悦。但是他没写到自己言语上的喜悦。下面请你拿出作业纸，想象杜甫在漫卷诗书、放歌纵酒的同时还会对他的朋友、他的家人们说些什么？

（配乐、出示：杜甫漫卷诗书、放歌纵酒，欣然曰："＿＿＿＿＿＿！"）
（学生想象补白）

师：写得好还要说得好！想想杜甫当时是什么心情！该怎么说这番话！

生：杜甫漫卷诗书、放歌纵酒，欣然曰："今天终于九州一统，天下太平了。没有战火，没有哭泣，没有流离失所，我此生更是无怨了！"

师："没有战火，没有哭泣，没有流离失所"这种排比的表达方式真切地展现了杜甫的喜悦。对他来说，"感时花溅泪，恨别鸟惊心"的日子终于一去不复返了。

生：杜甫漫卷诗书、放歌纵酒，欣然曰："家乡已定，又有青春作伴，此刻终于能够坦荡地走在大唐的疆土上了。"

师：你不仅写得好，说得更好！尤其你的这个"坦荡"让我能够感受到杜甫此时内心何等的敞亮啊。

生：杜甫漫卷诗书、放歌纵酒，欣然曰："九州之同，可喜可贺，可喜可贺啊！"

师：从你"可喜可贺"的这种重复当中，我们感受到这种喜悦正在杜甫的心间蔓延。当然前面还可以稍微改一改，改成"九州已同"会更好。

生：杜甫漫卷诗书、放歌纵酒，欣然曰："如今终得九州同，吾可快活返家乡。善哉，善哉！"

师：这正是"露从今夜白，月是故乡明"啊！我看你不仅是杜甫的知音，也是文言文的知音啊！

生：杜甫漫卷诗书、放歌纵酒，欣然曰："今日忽闻收蓟北，涕泪满面愁不在。八年为求这一刻，可算得愿喜若狂！"

师：这不就是活灵活现的小诗圣嘛！给他掌声！现在让我们把我们读到的，看到的，理解到的，写出来的喜悦都融入诗歌中去，一起来！（师领诵，生齐读）

师：把你体会到的喜悦融入句子中去，能背的背，不能背的捧着课文读。（生齐诵）

鉴赏评价《古诗两首》，深度领略编者意图

师：两首诗歌学完了，回顾老师上课之初提出来的问题。为什么把这两首相隔400多年，属于两个朝代的诗人写的诗放在一块，我相信你现在

一定能说出很多个理由来！

生：这两首诗都是表达爱国之情的。

生：这两首诗一首是绝句，一首是律诗，编在一篇课文里有变化。

师：眼光独到，形式上的变化也被你发现了。

生：杜甫的喜和陆游的悲都是因为九州同，都是表达爱国的。

师：了不起，会从写法上谈。这两首诗一首写——

生：一首写"喜"，一首写"悲"。

师：但是这种喜的极致和悲的极致都统一在一点！

生：爱国，也就是为九州同。

师：什么叫真正的大诗人？杜甫被称为"诗圣"，陆游被称为爱国诗人都不是偶然的。那是因为他们把自己的喜怒哀乐都跟什么联系在一起啊？

生：我认为是国家兴亡。

师：是的，把自己的喜怒哀乐和国家的兴亡联系在一起！陆游曾经说"位卑未敢忘忧国"，说的就是地位虽然卑下，但是也不敢忘记忧国忧民。同样的，杜甫也是忧国忧民的诗人。咱们中华民族的历史上有太多太多这样的诗人学者，先天下之忧而忧，后天下之乐而乐！老师希望今天的课堂，带给大家的不仅是两首诗歌，两个诗人，也不仅是两种截然不同的情感，更重要的是那种时刻把自己的命运、自己的喜怒哀乐和国家民族的命运维系在一起的情怀。

王文丽《35公斤的希望》课堂实录

（课前交流：分享自己读过的一本课外书。学生列举了《欧洲简史》《秋叶》《上下五千年》《草房子》，教师从不同角度分别予以了评价和引导。）

板块一：讲讲这个故事，交流阅读技巧

师：今天我们来分享的这本书也是一本获奖书，它曾经获得过法国不朽文学奖。这本书的名字叫——

生：《35公斤的希望》。

师：最初看到这本书书名的时候，你有什么疑问吗？

生：我在想"希望为什么是可以用一个重量单位去衡量的"？

生：35公斤的希望是怎么产生的？

生：对于故事中的人来讲，希望到底是怎样的一种力量？

师：那么，读完了这本书后，你对这个书名又有着怎样的认识呢？

生：希望是靠努力而产生的，多多以他最大的努力想摆脱他的困境，就是学习不好。

师：也就是说有希望才有未来。台下听课的老师很多都没有读过这本书，谁来介绍一下这本书主要讲了怎样的一个故事呢？

生：这本书讲的就是一个小男孩——多多，他不愿意上学，但是特别喜欢做手工。最后他因为自己的做手工的爱好，考上了一所寄宿学校。

师：很好。别人怎么来概括这个故事呢？不要担心，可能你和他说的不完全一样，但那才是正常的。

生：我觉得这本书讲的就是主人公多多，他不喜欢上学校，他一上学就会肚子痛，但是他特别喜欢做手工，他在做手工方面很有天赋。这本书讲的就是他的成长过程。

生：这本书讲的就是叫多多的主人公，对学习非常厌倦，他只有一个爱好，就是动手做东西，最后他给一个中学的校长寄去了自己发明的剥香蕉皮机器的图纸，还写了一封信，然后那所中学的校长就收留了他。

师：接纳他，接受他的是一所怎样的学校呢？

生：是一所技校。

师：是的，是一所叫作格朗尚中学的技工学校。多多因为学习成绩不好，很多中学都把他拒之门外，格朗尚中学的校长被他言辞恳切的信打动，也看到了他在发明和动手方面的天分，于是收留了他。

师：了解一本书讲了什么故事，可以通过阅读全书。除此之外，还有一些小窍门。你知道还可以从哪儿知道这本书主要写了什么吗？

生：有的时候，一本书会单独有个内容简介，有的时候书的内容会在序或者后记中有所体现。

师：看得出你是一个非常有阅读经验的孩子。那我们来看看这本书，它的内容简介在哪儿呢？（学生打开书，翻找）

生：翻开第一页左边这里。

师：这个地方是有名称的。你们看，这个封面的延展处折过来的地方叫勒口，勒口处常常会呈现书的主要内容，也就是梗概、简介。封面延展处折过来的地方如果叫前勒口，那么封底的延展处折过来的地方就叫——

生：后勒口。

师：真聪明。那么，前勒口和后勒口除了有时会写到书的主要内容，还会写些什么呢？

生：很多书会在勒口处写这本书带来的影响力或者获得的奖项。

生：会有对作者的介绍。

生：会有对这本书的评价。

生：有时还会有同一类书或者同一个作者写的其他书的推介。

师：（板书小结）是的。读的书多了，自然就积累了这样的一些阅读经验。从勒口处我们可以了解很多内容，接下来我们就来看看这本书的勒口处是怎样介绍这本书的内容的。请同学来读一读。

生：（朗读）

我讨厌学校

那里的气味让我头疼

老师和同学都嘲笑我

体育课就是我的噩梦

回到家，爸爸妈妈总是吵架

只有爷爷是我唯一的支柱

他的储藏室是让我感到最幸福的地方

现在，我留级两次了

没有学校愿意收留我

可我不想哭，我想幸福起来

我想把命运抓在自己的手里

师：你们有没有发现，这本书的勒口处特别用红色的字摘抄了书上的一句话，尤其醒目。我想这大概是表示这是书中非常重要的非常有意义的语句。你看到了吗？谁来读一读？

生：（朗读）我不是很高，不是很胖，不是很壮，我有 35 公斤的希望。

师：这是书中的主人公多多说过的一句话，你已经读完这本书了，现在你懂得这句话是什么意思了吗？

生：似懂非懂。（笑声）

师：一本好书，读过之后还想再读；一个好的读者呢，未必一定要把问号变成句号，非常有可能读过之后还是问号。有时候我们可能已经读了两遍三遍也还是不明白，没关系，我们先留一个问号在这里。读书就是一个不断感悟、不断发现、不断思考的过程。所以一开始王老师就说读书是一个不断理解，不断发现，不断产生疑问的过程。

板块二：体会人物情感，探究背后的成因

师：主人公多多是个怎样的孩子呢？谁能来说说他给你留下的印象。

生：他是个很讨厌学校的孩子，因为在学校里，老师和同学都经常嘲笑他。

生：他是个很坚强的孩子，书中快结尾的时候说体育课上，他原来不会的攀绳也可以攀到顶端了。

师：多多即便在学校里受了那么多的委屈，但是他从未放弃。

生：我觉得多多是个动手能力非常强的孩子，他应该手指非常灵活，能做出许多有趣的玩意儿。

师：你们记不记得书中有个玛丽老师，她是怎么评价多多的？

生：这个男孩子有着漏斗般的脑袋，仙女般的手指，敏感的心灵，一定可以教育成才。

师："漏斗般的脑袋"说的是什么意思？

生：就是老师讲什么，他左耳朵进，右耳朵出，什么也记不住。

师：他不光是记不住，他也根本学不会。老师讲的很多东西他连听都听不懂。但是玛丽老师说他有"仙女般的手指"，你能举例说说为什么说多多有着仙女般的手指呢？

生：他一直想发明一个给小狗捡骨头的机器。

生：他在幼儿园的最后一年的最后一天给老师做过一个礼物，那是一个很有意思的笔筒。

生：有一次，他被学校开除了，心里非常难过，就做了一个毛毛怪，晚上搂着它睡觉，眼泪把毛毛怪都浸湿了。

师：你的意思是想说，他发泄的方式都跟别人不一样，都是借助自己发明的小东西、小玩意儿来排遣不良的情绪。

生：他还在暑假学会了如何用蒸汽机剥离墙纸。

生：多多还帮妈妈调整电熨斗的高度，还把锄草机给修好了。

生：多多六岁的时候就发明了一种剥香蕉的机器，他后来去格朗尚中

学的时候把这个图纸寄给了校长。

师：是的。如果我们阅读得够认真，就会发现他有很多发明。在我们看来都是大人才会做的事情，是发明家才会做的事情，多多却轻而易举地就做到了。所以玛丽老师说他有着漏斗般的脑袋和仙女般的手指。

师：可是，就是这样一个孩子，在学校生活得非常痛苦。书中专门有一页特别强调了这一点，写出了多多的感受，你看到了吗？

生：在目录后面和第一章的前面写道：我恨学校，恨它远胜于世界上的任何东西，甚至更加严重，学校毁了我的生活。

师：这一页也有名字，有人知道这一页叫什么吗？（没有人举手）

师：王老师再教给大家一个新知识，这一张叫"辑页"。辑页也叫辑封，隔页，它用来表示章节之间的间隔。如果这一本书是多个人的作品，它可以用来表示每一个人作品之间的间隔。如果是像我们今天读的这本书这样，是由多个章节组成的，就用来表示章节之间的间隔。可是现在你翻翻这本书，除了第一章之前有这样一页辑页，其他章节前还有吗？

生：（学生翻书）没有。

师：看来，这几句话在编者看来太重要了，他单独把这几句话列出来，是想让读者清晰地看到。谁再来读读这几句话，这是多多的心声。

生：我恨学校，恨它远胜于世界上的任何东西，甚至更加严重，学校毁了我的生活。

师：为什么多多在学校里会生活得如此痛苦呢？你觉得造成他如此痛苦的原因是什么？（学生讨论交流）

生：同学经常嘲笑他，比如体育课上，他做不好任何事情，就如同噩梦一样。

生：他不会写作业，这使得他的家庭不和睦，爸爸妈妈老是因为他学习的事情吵架。

生：他学习差，老师都不喜欢他，在学校里他感到自己没有任何价值。

生：他根本听不懂老师说的东西，没人能理解他，同学们还嘲笑他；他回到家以后，父母还因为他吵架，他觉得很无助。

师：这样的生活对于他来说，怎么能体会到成长的快乐，这简直是——

生：是一种折磨。

生：是一种煎熬。

师：我不知道你们身边是不是有这样的孩子，但世界上真的有这样的孩子。我看过一部电影叫《地球上的星星》，那里面的主人公和多多真的是太像太像了。他因为有阅读障碍什么也学不会，肢体也不协调，总是受到老师的训斥、责骂和同学的嘲笑，过着生不如死的日子。王老师今天也带来了电影中一个片段，我们来感受一下像多多这样的孩子他们在学校里到底是怎样的一种生活。（学生观看电影片段3分钟）

师：不知道你们看了这段电影，心里是怎样的感受。

生：我觉得这个主人公很可怜，没有人理解他，反而去惩罚他。

生：我感到同情。

生：一个在某些方面有缺陷的孩子，更需要别人的关爱和理解。

师：你好有思想。可是你们有没有发现，在当下的教育当中，我们的老师往往不去关注孩子的天性是什么，天分是什么，而总是在想着，我要把你塑造成什么样子。

师：对于和电影中的主人公一样的多多，你能想见得到他的痛苦吗？你虽然不是他，你身边可能也没有多多这样的孩子，但是我相信你能感受到他的感受。

生：他非常无奈，在学校里的每一分每一秒都是煎熬。

师：你们还记得吗？书中说多多每天早上去上学的时候，都会觉得肚子好痛，就好像里面有个硬硬的球……这种症状到了下午四点钟会有所缓解，为什么？

生：因为放学了，总算可以解脱一会。

师：可是到了晚上七点钟又会加剧，为什么？……

生：因为爸爸妈妈要检查作业了。

师：爸爸妈妈对他说的最多的话就是"学习……学习……学习，看看你考了多少分……你怎么又不会……"他每天面对的都是这样不堪的生活，他怎么能对学校有美好的感情呢？然而正像这本书的书名那样，多多最可贵的地方就是他始终有希望，始终不放弃，他终于通过自己的努力去了一所叫格朗尚的中学。那是一所什么样的学校呢？

生：那所学校里有机械工作室、木工房，有机房，还有温室。

师：也就是说，他去了一所适合自己的学校，可以让特长得以发挥。

生：这所学校里的老师也不会批评他，还鼓励他，给他关爱。

生：这里的同学把他当哥们，在这里他能感觉到人人平等的一种幸福。

师：我记得老师不光是鼓励他，甚至有个老师还拿了图纸去找多多请教。老师觉得多多在某些方面比自己做得还好，所以把多多当成是自己的老师。那你说多多在这样的学校里都找到了什么？

生：自信。

生：快乐。

生：朋友。

生：希望。

师：快乐、友情、自信、希望，这些对多多来说多么可贵。可是，这就是一所技工学校啊，你们的家长通常会希望你们上哪些学校呢？

生：先考重点中学，然后上重点大学。

生：上名牌大学或者出国留学。

师：上世界上最好的大学。

师：可是孩子们，是不是所有的人都有条件、都有能力、都有天分上最好的大学呢？

生：（摇头）不是。

师：在这个世界上还有一大部分人就是平平常常，像多多这样的孩子虽然不多，却真实存在。如果我们就用考重点大学的标准来要求，他可能努力一辈子也做不到。所以找到自己的位置，去一所适合自己的学校也是不错的选择，然而现实生活中有很多人根本就接受不了。他们更希望无论孩子什么样都要去考大学，名牌大学，对这个问题，你怎么看？

生：他们为了让孩子考上重点大学，一个劲儿地只让孩子学习，不管孩子是否劳累。

生：他们总是要替孩子来决定命运，让孩子走自己没有完成的道路，强迫孩子接受，也不管是否适合孩子，家长的野心太难填了……（笑声）

生：给孩子施加了太大的压力，让孩子喘不过气来。

生：他们根本就不懂孩子。

生：我觉得他们对自己的孩子定位不准。（笑声）

师：大人们总以为他们最懂孩子，其实，我们自己才最懂自己，当然，我们会从心里渴求大人也懂我们，这样身心才能健康地发展。

板块三：发现编者意图，探求教育本质

师：读完这本书，你们有没有发现这本书行文上的一个特点呢？

生：我发现有些地方字会加粗，还会变字体；有些地方还会空几行。

师：你说得好极了，读书时真用心。那么，这是怎么回事呢？加粗的那些字、变字体的那些话说的是什么呢？（出示 PPT）

1. 而这只不过是一场噩梦的开端。

2. 我对这一切不感兴趣，就这么简单。

3. 时间一年年过去，学校会改变，可学校的气味总是无法改变。

4. 我真是烦，好烦……烦到了你们根本无法想象的地步。

5. 只有心上沉沉的一份重量，让我哭不出来。

6. 应该就是这样，我的保险丝断了，我身上的一部分熄火了，一切对我而言都变得无所谓。

……

生：这些话说的都是多多内心的想法。

师：这是他最想表达的东西，是他内心的独白。那空行又表示什么呢？（学生翻书）

生：我感觉这个空行就是在讲一个个发生在不同场景中的故事，每到变换场景的时候，作者就加一个空行。

师：你的发现非常可贵。其实这是编者在编辑这本书的时候有意这样

272

做的，她的目的是什么呢？

生：在读书的时候就仿佛是在看电影，一个一个的镜头摇过来，一个镜头的画面讲完了，就换到下个场景中。(掌声)

师：是的，这样一来多多所经历的那些事，就如同电影一般，在读者面前一幕幕地展现出来。有一些人，有一些事，让多多充满了希望和欣慰。比如：玛丽老师，爷爷——老莱昂。他们给了多多很多理解和宽慰，才让多多的生活有了希望。爷爷甚至对他讲："你爸爸妈妈吵架根源不是你，是他们自己出了问题。"你认为爸爸妈妈吵架是谁出了问题呢？

生：我觉得不应该是多多的错，虽然他们吵架是因为多多，但是他们在吵架的时候都是在互相埋怨，没有考虑到多多的感受。没有检讨过自己的问题。是父母的错。

师：我也是为人母亲的，我想为父母说句话。你们知道，当他们看到自己的孩子学不会、听不懂，他们有多焦虑，多着急。因为他们知道如果孩子在小学阶段就学不会，他们就没有办法上个好中学，更没有办法上个好大学，甚至在将来不能找一个好工作，所以他们就会很紧张，很焦虑，有时候他们就会不自觉流露出来，导致两个人之间的埋怨和战争。你觉得还是父母的错吗？

生：那就是学校里老师的错。他总是批评多多，导致多多的信心越来越少，越来越失落。

师：可是，我就是个老师，我现在就想为老师说句话，他什么也学不会，什么也不懂，可是得期末考试啊，得区里调研啊，将来他得升学啊。我不说他怎么行啊？你觉得还是老师的错吗？

生：不是。(笑声)

师：要是考试平均分会因为他下来好几分，校长会批评老师的呀。

生：那我觉得是校长的错，他不应该这样要求老师。(笑声、掌声)

师：校长又会怎么说呢？

生：这也不能怪我，是教育局要求我这样做的啊！(笑声、掌声)

师：局长会怎么说？

生：局长会说是市长要求我这么做的，而市长又会说是政府要求我们

这样做的。（笑声、掌声）

师：好的，孩子们。其实问题讨论到这里，有些东西越来越清楚，的确，当下教育中的很多问题让老师、校长、局长、学生都活得很痛苦，根源到底在哪儿呢？

（学生讨论）

生：我觉得是教育的方式有问题。

生：我觉得是对人的评价有问题，貌似只有一条出路可以成才，那就是考试。（掌声）

生：我认为这是整个教育体系的问题。（掌声）我们现在的教育一味鼓励培养人才，不去关注那些所谓有缺陷的孩子，使得他们陷入困境，感受不到成功的快乐，也感受不到做人的尊严。（掌声）

师：你说得非常好，老师们的掌声已经足以说明你的思考是有价值的。的确，我们的校园常常成了人才的锻造所，却忽略了人最本质的需求。

师：你觉得什么样的教育才是最好的教育呢？

生：作业不要太多。

生：不要有惩罚性作业，例如考试不好就抄卷子。

生：因材施教、关注学生的兴趣。

生：每个教育人能够适当地理解学生的心性，从教育方面弥补学生心性的不足，达到育人的目的，从而健康地成长。（掌声）

师：说得非常好，不可否认有些人智力上的确是有缺陷的，但是对他的爱却可以弥补这种缺陷，让他享受到作为一个人的尊严和幸福。

生：要关心和理解孩子。不要体罚学生。

师：你对教育的要求真不高，不要体罚就好了。（笑声）

生：老师、家长和学生要像朋友一样相处，还要互相学习。

生：最好能有一种量身定制的课程，就是针对这个孩子来说最有用，最适合他的课程。

师：就是说需要一种个性化的教育。

生：最好的教育是对每个孩子都平等的，不因为他学习差就体罚，就瞧不起，而是一视同仁。

师：看来我们对教育都有自己的解读，如果有一天让你来推荐这本书，你会推荐给谁看，为什么？把你的观点在小组里交流一下。（略）

板块四：走近作者经历，拓展延伸阅读

师：这本书的作者叫安娜·嘉瓦尔达。她曾经做过初中的法语老师，这是她专门写给孩子的一本书。她说："我在学校里看到一些孩子活得那么痛苦、煎熬，我就很难过。我总是在想，有一天我要为他们做点什么。"这本书一经问世就受到了读者的热烈欢迎，它曾经获得过法国不朽文学奖，获得过法国青少年读物奖。也被拍成过电影、广播剧和话剧，在世界各国引起巨大反响，被翻译成 21 种语言。为什么有这么多国家都要引入这本书呢？

生：因为教育不是一个国家的事，而是全人类的事情。（掌声）

生：因为这个世界是充满爱的，是博大的。

生：因为可以借助这本书检讨教育的不足。

师：面对多多这样的孩子，我们可以做些什么呢？

生：去理解他，给他关爱。

生：多去帮助他，在他伤心的时候给他安慰。

生：不要去嘲笑他，赞美他的特长，让他感受到自己的价值。

师：今天的你或许能够想到的就是给他同情、理解和关爱，未来的你会长大。有一天，你也许也会做老师、校长、局长、教育部部长，甚至联合国秘书长，那个时候你还能够想到有多多这样的孩子，有那么多与教育有关的话题，我相信你会因为曾经读过这本书而做得更好。

师：日本作家灰谷健次郎的《兔之眼》，黑柳彻子的《窗边的小豆豆》，讲的都是这样一类孩子的故事。若你有兴趣，可以找来看一看。

师：同学们，阅读不是光让自己富有同情心，阅读还会让自己有一份责任心。这是我这节课想告诉你们的。下课。

王崧舟《城南旧事》课堂实录

离别：永远的童年

1. 铺垫基调，感受"离别"

师：孩子们，我们先来听一首歌曲。这首歌的歌名叫《送别》，这首歌的谱曲者是美国音乐家奥德威，这首歌的填词者是民国时期的李叔同先生，也就是后来的弘一法师。这首歌在民国时期非常有名，几乎是家喻户晓，因为它是学堂乐歌，民国时期的小学生毕业，都要唱这首歌。现在，让我们静下心来，好好地听一听《送别》——

（课件播放：歌曲《送别》）

生：（听歌曲）

师：歌曲听完了，能跟大家分享一下你的内心感受吗？

生：感觉有点淡淡的忧伤。

师：这是属于他的感受。

生：歌词中最后一句是："人生难得是欢聚。"人生中没有几次欢聚，所以每次欢聚都要珍惜。

师：你的感受好独特，你在感伤中似乎学会了某种珍惜。

生：我觉得这首歌离别的感觉特别浓。

师：我估计很多人都会有这种感觉。孩子们，知道为什么要请大家听这首歌吗？

生：我觉得《城南旧事》里每个故事都有人和作者离别，而且这首歌也在这部电影里经常放。

师：好厉害，他已经把整部小说的基调读出来了。

生：因为我觉得首先这首歌是作者在一年级的时候唱给六年级的学生听的。

师：她记住了小说中的这个细节。

生：并且在六年级的时候其他学生也为他们献出了这首歌。

师：她记住了小说中的又一个细节。

生：正是在这个时候，她的父亲和她离别了，而且在故事中很多的悲剧人物都与她离别了，她承受着她这个年纪不该承受的事情。

师：说得真好。是的，小说《城南旧事》写到了这首歌，而且前后出现了两次，第一次出现在《我们看海去》——

（课件呈现）

我们唱欢送毕业同学离别歌："长亭外，古道边，芳草碧连天……问君此去几时来，来时莫徘徊……"我还不懂这歌词的意思，但是我唱时很想哭的，我不喜欢离别，虽然六年级的毕业同学我一个都不认识。

——《城南旧事》/"我们看海去"/p. 129

师：谁来读一读？

生：（个别朗读）

师：来吧，我们一起来读一读。

生：（齐读）

师：是啊，我其实还不懂这首歌词的意思，但是我唱的时候很想哭，就像这位孩子听完这首歌的感受，一模一样。我不喜欢离别，就像刚才那位孩子所讲的一样，虽然六年级的同学我一个都不认识，这就是最真切的感情。

师：好，这是第一次。第二次出现在《爸爸的花儿落了》——

（课件呈现）

我唱了五年的骊歌，现在轮到同学们唱给我们送别：

"长亭外，古道边，芳草碧连天……问君此去几时来，来时莫徘徊！天之涯，地之角，知交半零落，人生难得是欢聚，唯有别离多……"

——《城南旧事》／"爸爸的花儿落了"／p. 224

师：谁来读一读？

生：（个别朗读）

师：来吧，我们一起读。我读开头，你们读歌词。

生：（齐读）

师：别离就是离别，离别就是别离。（板书：离别）

2. 回顾情节，梳理"离别"

师：歌曲的主题是离别，歌曲的情绪是离愁。而这篇小说，就像刚才那位男生所讲的那样，小说的每一个故事都跟离别有关。不光他这样说，作者林海音自己也是这样说的。在《城南旧事》的后记中，林海音写过这样的话——

（课件呈现）

读者有没有注意，每一段故事的结尾，里面的主角都是离我而去，一直到最后的一篇《爸爸的花儿落了》，亲爱的爸爸也去了，我的童年结束了。

——《城南旧事》／"童年（后记）"／p. 239

师：谁来读一读？

生：（个别朗读）

师：孩子们，作者已经非常明确地告诉我们，每一段故事的结尾都有一个主角离"我"而去，注意到这个现象了吗？

生：（自由应答）注意到了。

师：我们不妨简单地回顾一下这个现象。打开作业纸，完成课堂练习的第一大题。

（课件呈现）

根据《城南旧事》的故事内容，填写表格，并在相应的（ ）里打"√"。

故事	离别时间	离别地点	离别主角	离别方式
惠安馆	英子七岁（春夏之交）	椿树胡同		死亡（ ） 入狱（ ） 远走（ ） 回乡（ ）
我们看海去	英子八岁（暑假开始）	新帘子胡同		死亡（ ） 入狱（ ） 远走（ ） 回乡（ ）
兰姨娘	英子九岁（中秋节）	虎坊桥大街		死亡（ ） 入狱（ ） 远走（ ） 回乡（ ）
驴打滚儿	英子九岁（冬天）	家门口		死亡（ ） 入狱（ ） 远走（ ） 回乡（ ）
爸爸的花儿落了	英子十二岁（毕业典礼）	医院		死亡（ ） 入狱（ ） 远走（ ） 回乡（ ）

师：不看小说，只凭回忆，仔细想一想，当每一个故事结束的时候，谁离开了英子？离开的方式又是什么？

生：（根据小说内容，完成表格）

师：好，完成的孩子举手示意。我们来看第一个故事，惠安馆的小桂子，离别的时间是英子七岁那年，她还没有上小学；离别的地点是在椿树胡同，也就是惠安馆、英子第一个家所在的那条胡同；谁还记得这个故事中离别的主角是谁？

生：这里面离别的是秀贞和妞儿。

师：他说的是秀贞和妞儿，也有把它说成是秀贞和小桂子，因为我们知道小桂子就是妞儿。请你继续。

师：离别的方式是什么呢？

生：她们两个被火车轧死了。

师：也就是说，你选择了——（引说：死亡）。他读得很细心，因为读过小说的人都知道，作者并没有直接写她们娘儿俩的结局。这个结局，是英子在医院住院的时候，偶然听到妈妈和宋妈之间的对话，才隐隐感觉到的。原来，那天晚上，秀贞和小桂子被火车轧死了。是吧？

生：（应答）是。

师：我们看第二个故事，我们看海去，离别的时间是英子八岁那年，她读一年级，正好是放暑假的第一天；离别的地点是在新帘子胡同，也就是英子第二个家的家门口；这个故事，离别的主角是哪位？

生：离别的主角是一个"小偷"，他被一个便衣警察抓到监狱去了。

师：我问一下，"小偷"你加了引号没有？

生：加引号了，因为那个小偷其实他本意是好的，他只是想为了让弟弟去上学迫不得已才去偷东西的。

师：没错没错。所以我们知道，这个加了引号的"小偷"有特指的意思。好，离别的方式是——

生：离别的方式是被一个便衣警察抓捕入狱了。

师：入狱，没错，这是第二个故事。我们继续来看第三个故事，兰姨娘，离别的时间是英子九岁那年的中秋节，她读三年级；离别的地点是虎坊桥大街，也就是英子第三个家的家门口；而这次离别的主角是谁呢？

生：离别的主角是兰姨娘和德先叔两个人。

师：好记性。离别的方式是什么呢？

生：离别的方式应该是远走。

师：是的，兰姨娘和德先叔，一个为了自由，一个为了革命，当然，还有爱情，他们要远走他乡，先去天津，再去上海，也可能再去别的地方。

师：好，第四个故事，驴打滚儿，离别的时间是英子九岁那年的冬天，那天，天刚蒙蒙亮，雪停了；离别的地点是英子家门口，离别的主角是哪位？

生：这个故事离别的主角是宋妈。

师：英子家的奶妈兼保姆。

生：对，她离别的方式是回乡。

师：好，我们看第五个故事，也是小说的最后一个故事，爸爸的花儿落了，离别的时间是英子十二岁，那天正好是毕业典礼；离别的地点是医院，准确地说是在北京的同仁医院；离别的主角是谁呢？

生：离别的主角就是英子的父亲。

师：没错，爸爸。

师：离别的方式是什么？

生：死亡，他是得病死亡的。

师：（随着师生对话，逐渐形成以下表格）

故事	离别时间	离别地点	离别主角	离别方式
惠安馆	英子七岁 （春夏之交）	椿树胡同	秀贞和小桂子	死亡（√） 入狱（ ） 远走（ ） 回乡（ ）

故事	离别时间	离别地点	离别主角	离别方式
我们看海去	英子八岁（暑假开始）	新帘子胡同	"小偷"	死亡（ ） 入狱（√） 远走（ ） 回乡（ ）
兰姨娘	英子九岁（中秋节）	虎坊桥大街	兰姨娘和德先叔	死亡（ ） 入狱（ ） 远走（√） 回乡（ ）
驴打滚儿	英子九岁（冬天）	家门口	宋妈	死亡（ ） 入狱（ ） 远走（ ） 回乡（√）
爸爸的花儿落了	英子十二岁（毕业典礼）	医院	爸爸	死亡（√） 入狱（ ） 远走（ ） 回乡（ ）

师：孩子们，一起看大屏。五个故事，离别时间，离别地点，离别主角，离别方式。其实，你们已经很快地梳理了这部小说的基本结构，你们现在看到的，就是《城南旧事》的结构，一目了然，一清二楚。孩子们，这是整本书阅读的一个基本策略——简化（板书：简化：梳理整本书的结构）。

正如作者林海音自己在后记中所讲的那样，每一个故事的结尾，故事的主角都离"我"而去，不是生离，就是死别。看看第一次离别的方式是什么——

生：（齐答）死亡。

师：这是永远的离别。看看最后一次离别的方式是什么——

生：（齐答）死亡。

师：也是永远的离别。孩子们，这难道只是一种巧合吗？不管怎么说，一次次的离别，一次次永远的离别，贯穿了《城南旧事》的始终。

3. 聚焦性格，思考"离别"

师：那么，这些生离死别的人物，在英子心里都是一些怎样的人呢？我们一起来回忆一下，猜猜他（她）是谁——

（课件呈现：心地善良、苦命、爱孩子）

师：他（她）是谁？

生：应该是秀贞。

师：把"应该"改成"可能"，是不是更准确一些？为什么说可能是秀贞呢？秀贞这个人，心地善良吗？

生：善良。

师：苦命吗？

生：苦命。

师：爱孩子吗？

生：爱。

师：凭他对秀贞的记忆，他觉得这个人可能是秀贞。有没有不同的猜测？

生：我觉得可能是宋妈。

师：为什么这么说？

生：宋妈心地善良，也是苦命的，她也同样很爱孩子。

师：有道理。还有别的可能吗？

生：我觉得还有一点点可能是爸爸。

师：哦，是爸爸？有点意外。爸爸心地善良吗？

生：善良。

师：爱孩子吗？

生：爱孩子。

师：为什么说爸爸也苦命呢？

生：因为，我觉得他跟英子关系很好，但是他在自己孩子毕业典礼的时候还不能去，得了绝症，最后死去了。

师：你知道爸爸去世的时候，家里有几个孩子？

生：6个。

师：算上英子，是7个。我再问你，爸爸去世的时候，英子几岁？

生：12岁。

师：下面还有4个妹妹，2个弟弟，一共7个孩子，最大的英子才12岁。这么多、这么小的孩子，爸爸放得下吗？

生：放不下。

师：爸爸能放心走吗？

生：不能。

师：有一个成语叫"死不瞑目"，也许，爸爸就是这样的。所以你说爸爸苦不苦命？

生：（齐答）苦命。

师：这么说来，爸爸确实也有可能。还有吗？

生：我觉得还有可能是那个"小偷"。

师：为什么？

生：因为首先是他心地善良，他去偷东西并不是为了使坏，是为了弟弟；就因为他这么爱他的弟弟，所以我觉得他很爱孩子的；苦命是因为他心地这么善良，最后还是被捕入狱了。

师：没错，"小偷"的父亲早死了，家里穷得叮当响，为了弟弟上学，没办法，所以才去偷，也是个苦命人。还可能是谁？

生：可能是兰姨娘。

师：为什么？

生：兰姨娘心地善良，她出身烟花之地。

师：她几岁就被人卖掉了？

生：很小的时候。

284

师：三岁。

生：而且她还嫁给了六十八岁的施老爷做小妾。

师：对，苦不苦命？

生：苦命。

师：兰姨娘爱孩子吗？

生：爱孩子，她非常喜欢英子。

师：所有的可能，你们都猜到了。根据这三个性格特点，这个人物可能是——（引答：秀贞），可能是——（引答："小偷"），可能是——（引答：兰姨娘），可能是——（引答：宋妈），可能是——（引答：爸爸）。

师：其实，这三个性格特点，正是所有跟英子离别的人物的共同特点。那么，有没有不同特点呢？当然有！你们看——

（课件呈现：像个"疯子"）

师：一起说，她是谁？

生：（齐答）秀贞。

师：（课件呈现："秀贞"插图）为什么说秀贞像个"疯子"？

生：因为我记得，当时思康走的时候，她肚子里已经有孩子了，生出来的时候她妈妈才知道，她妈妈就把这个孩子扔掉了，她想孩子就想疯了。

师：她真的疯了吗？

生：没有。

师：在外人看来，她的确疯了，时不时会有一些疯疯癫癫的行为。但是，在英子心目当中，她是不是疯子呢？

生：不是。

师：好，我们继续看——

（课件呈现：心地善良、苦命、爱孩子、想要看海去）

师：他是谁？

生：我觉得是"小偷"。

师：（课件呈现："小偷"插图）"小偷"为什么想着要去看海呢？

生：因为英子那个时候刚刚学了一篇课文叫《我们看海去》，她就读给"小偷"听，"小偷"和英子约定了小学毕业后他们一起看海去。

师：约定一起看海去，说明在英子心里，"小偷"是个好人啊。

师：我们继续看，猜猜他（她）是谁——

（课件呈现：心地善良、苦命、爱孩子、追求自由）

生：我觉得她是兰姨娘。

师：（课件呈现："兰姨娘"插图）没错，就是兰姨娘。继续看，猜猜他（她）是谁——

（课件呈现：心地善良、苦命、爱孩子、勤劳质朴）

生：我认为应该是宋妈。

师：（课件呈现："宋妈"插图）应该没有问题，她就是宋妈。好，我们继续看，猜猜他（她）又是谁——

（课件呈现：心地善良、苦命、爱孩子、表面很严厉）

师：其实不用猜啦，我们一起来说吧，谁？

生：（齐答）爸爸。

师：（课件呈现："爸爸"插图）为什么说"爸爸"表面很严厉？

生：因为他其实是很爱孩子的，他打了英子以后，马上就赶到学校给她送衣服，还给了英子两个铜钱。

师：没错，表面很严厉，其实特别爱孩子。孩子们，一起看大屏——

（课件呈现：人物性格一览表）

故事	主角	性格特点
惠安馆	秀贞	心地善良（√） 苦命（√） 爱孩子（√） 像个"疯子"（　）

故事	主角	性格特点
我们看海去	"小偷"	心地善良（√） 苦命（√） 爱孩子（√） 想要看海去（　）
兰姨娘	兰姨娘	心地善良（√） 苦命（√） 爱孩子（√） 追求自由（　）
驴打滚儿	宋妈	心地善良（√） 苦命（√） 爱孩子（√） 勤劳质朴（　）
爸爸的花儿落了	爸爸	心地善良（√） 苦命（√） 爱孩子（√） 表面很严厉（　）

师：可能之前你们读《城南旧事》的时候，不一定会注意到这些人物的相同特点和不同特点，但是现在，当我们重新分析、比较这些人物的性格特点时，我想，你们应该会有一些新的发现——

生：我发现他们心地都很善良，很苦命，也很爱孩子。

师：没错，他们都是好人，又都是苦命人。

生：我记得在《我们看海去》中，英子对"小偷"说她以后要写本书，一定要把好人和坏人分清楚，她现在写出来的这些人都是好人。

师：看来，英子已经分清楚了。她写了好人，写了好人中的苦命人。

跟好人离别，心里什么滋味儿？

生：痛苦。

生：特别伤感。

生：依依不舍。

师：跟好人又是苦命人离别，滋味儿会变得——

生：更难受。

生：更痛苦。

生：更加依依不舍。

4. 选择典型，体悟"离别"

师：你们还记得吧，在这五次离别中，给你印象最深的是哪一次？

生：给我印象最深的是第一次。

师：能说说理由吗？

生：他们在一个下着大雨的夜晚离别的，那个时候英子又发着高烧，后面晕倒了，晕倒就已经给我们留下了悬念。

师：你能记住这么多细节，看来第一次离别确实给你留下了非常深的印象。有不一样的吗？

生：让我印象最深的是跟爸爸的离别。

师：就是最后一次。

生：刚才王老师说，当时在民国时期，每个小学毕业生都要唱《送别》，当时英子也小学毕业，她要跟那么多的老同学离别，这已经很伤心了。但与此同时，她的爸爸也因为得了肺结核而病逝了。她爸爸是死别，小学毕业是生离，这就是生离死别，而死别又让我感觉是雪上加霜。

师：说得真好！孩子，你知道吗，把你的话全部录下来，整理成文字，就是一篇很好的文章。其实，重要的不是哪一次，重要的是你能用心去感受。来吧，我们来看看英子生命中第一次离别的片段——

（课件呈现）

走出惠安馆的大门，街上漆黑一片，秀贞虽然提着箱子拉着妞儿，但是她们竟走得那样快，秀贞还直说：

"快走，快走，赶不上火车了。"

出了椿树胡同口，我追不上她们了，手扶着墙，轻轻地喊：

"秀贞！秀贞！妞儿！妞儿！"

远远的有一辆洋车过来了，车旁暗黄的小灯照着秀贞和妞儿的影子，她俩不顾我，还在往前跑。秀贞听到我喊，回过头来说：

"英子，回家吧，我们到了就给你来信，回家吧！回家吧……"

声音越细越小越远了，洋车过去，那一大一小的影儿又蒙在黑夜里。我趴着墙，支持着不让自己倒下去，雨水从人家的房檐直落到我头上，脸上，身上，我还哑着嗓子喊：

"妞儿！妞儿！"

我又冷，又怕，又舍不得，我哭了。

——《城南旧事》/"惠安馆的小桂子"/p. 85，p. 88

师：谁愿意来读一读？

生：（个别朗读）

师：读得真好！孩子们，又一次重温这个片段，你的心里依然会有一些感触和感受吧？你最大的感受是什么？

生：我觉得英子非常舍不得妞儿，因为妞儿是陪她从小到大的。

师：你读出的是"舍不得"。

生：英子很喜欢秀贞，也特别舍不得秀贞。妞儿是她一起长大的好伙伴，也是特别舍不得。我觉得是两种舍不得加在一起的感情。

师：依依不舍，难分难舍。

生：我觉得还有一种就是很无助。因为她看着秀贞和妞儿走了，她们对英子印象非常深刻，她们两个走的时候，英子只能眼睁睁由着她们的声音越细越小越远了，渐渐没有了，她想阻止也阻止不了，我感觉她非常无助。

师：秀贞和妞儿跟英子离别，是为了去找谁？

生：思康。

师：秀贞的爱人，妞儿的爸爸。从这个角度说，英子希望她们走。但是，英子好像又不希望她们走，为什么？

生：因为她可能再也见不到她们了。

生：她担心秀贞和妞儿可能找不到思康。

师：希望她们走，又不希望她们走。无奈，无助，纠结，担心，这些情绪交织在一起。那么孩子们，仔细看一看，用心找一找，哪些细节带给你这样一种感受？

生：我看见了环境描写，她所见街上漆黑一片，说明了离别的时候是很黑的，连人影都看不见，也难以知道他们到底是怎么生离死别。

师：没错，这些环境渲染给你一种什么感觉？

生：给了我一种很难过的感觉，而且当时下着大雨，我就感觉她很悲伤、难过的心情，然后她就哭了，和天空中这些雨水相呼应了。

师：仿佛泪水就是雨水，雨水就是泪水。好眼力！

生：我发现的是车旁暗黄的小灯照着秀贞和妞儿的影子，只能看到影子，更能衬托我们的依依惜别。

师：小灯照着，看见影子；小灯过去，看不见影子。朦朦胧胧，若隐若现。影子不见了，英子的心也跟着她们一起去了。

生：我觉得"声音越细越小越远了"这句。首先，声音越来越远了，说明她们跑得越来越远了，英子心里的希望也越来越小了。同时，那句"洋车过去，那一大一小的影儿又蒙在黑夜里"，感觉英子好像失去了她们一样，就再也看不到她们了。英子"趴着墙，支持着不让自己倒下去"，一个是她的身子支持不住，同时她一下子失去了两个好伙伴心里也支持不住了。

师：说得真好！所有的细节都在反射英子的内心，所有的环境都在渲染英子的情绪。你已经完全把自己放进小说的这个情境中了。来吧，我们一起带着刚才的感受，再来读一读这个片段。英子的喊话，秀贞的喊话，我们一起读；其他的文字，老师读。

师生：（合作朗读）

师：我们知道，这样的离别在小说中不是一次啊！第二次，跟善良的、苦命的、爱孩子的"小偷"离别；第三次，跟善良的、苦命的、爱孩子的兰姨娘和德先叔离别；第四次，跟善良的、苦命的、爱孩子的宋妈离别；而最后一次，是跟自己最最亲爱的爸爸离别。在一次次的离别中，英子渐渐失去了自己的童年，直到爸爸也离她而去，英子知道，自己的童年永远失去了。(板书：永别实际的童年)

师：正像《送别》这首歌所唱的那样，"人生难得是欢聚，唯有别离多——"

(课件播放：歌曲《送别》)

生：(听歌)

成长：永恒的主题

1. 联结生活，触发成长

师：其实，离别是人生的常态。孩子们，在生活中，你也遇到过类似的离别吧？跟谁离别？什么时候离别？在哪儿离别？以什么方式离别？为什么会离别？能跟大家交流交流吗？

生：在我小学二三年级的时候吧，因为我妈妈身体不好，我原来是有个弟弟的，但有先天性心脏病，出生几个月后，就在 2016 年 2 月 15 日那天，去世了。

师：现在还会想自己的弟弟吗？

生：感觉很难受，才出生 4 个月就去世了。

师：理解，弟弟去世的那一天，你记得清清楚楚。

生：我太公在我二年级的时候去世，我记得他以前特别爱我，我小时候特别喜欢吃糖，每一次我去他那里他都会给我好几包糖。他说我这么喜欢吃糖，拿去吃吧，长蛀牙了也没关系。那时候我觉得太公真好，他走了以后我才发现，没有了太公就没人给我糖吃了。后来一想，就难过得哭了。

师：当初也觉得平平常常，一旦失去了，才发现原来吃太公的糖有这么珍贵啊。

生：前年8月18号的时候，我爷爷得了肺癌去世了。我本来很想见到他，可是他在重症监护室待了三个月，我一直没有见到他的最后一面。8月19日就是他的生日，他连生日都没有过。我很伤心。

师：我理解。我也有过类似的伤心。

2. 细读范例，感悟成长

师：离别，确实是人生的一种常态，谁没有经历过离别呢？咱们一起来看看英子经历的最后一次离别。请一位同学来读一读——

(课件呈现)

"老高，我知道是什么事了，我就去医院。"我从来没有过这样的镇定，这样的安静。

我把小学毕业文凭放到书桌的抽屉里，再出来，老高已经替我雇好了到医院的车子。走过院子，看到那垂落的夹竹桃，我默念着：

爸爸的花儿落了，

我已不再是小孩子。

——《城南旧事》/"爸爸的花儿落了"/p. 230

生：(个别朗读)

师：跟第一次离别相比，第五次离别的时候，英子的表现有什么不同呢？

生：我发现她跟秀贞离别的时候，是很恐惧很害怕的，她不愿意接受这个事实。但是她现在跟自己的父亲离别，她是很镇定很安静的，她已经默默地接受了这个事实，承担起了家庭的重任。

师：是的，这是非常明显的不同。还有什么不同呢？

生：第一次离别的时候，她完全还是单纯的一个小孩子，是很舍不得的。到了最后一次，她已经知道必须接受离别了，她懂得了放下。

师：你还记得前后两次英子的表现吗？

生：第一次的时候，她内心很恐惧，她一直在喊："妞儿啊，妞儿"，把嗓子都喊哑了。那个时候可以看出她的情绪波动是很大的，内心的承受能力比较差。但现在这一次，她镇定了，哪怕是她最亲最爱的爸爸去世了，她也是很镇定的，这个也可以看出她的内心也是有一定成长的。

师：说到成长，我问你一个问题，第一次跟秀贞、小桂子离别的时候，英子有没有哭？

生：有。

师：有。这一次跟最亲最爱的爸爸离别，英子有没有哭？

生：没有。

师：没有。这个时候，英子几岁？

生：这个时候英子 12 岁。

师：12 岁。在座的各位，你们几岁？

生：（自由应答，有说 11 岁的，有说 12 岁的）

师：也就是说，你们跟英子是同龄人。那我再来问问大家，一个 12 岁的小姑娘，突然知道自己最亲最爱的爸爸走了，最自然最本能的反应是什么？

生：应该是在那里哭。

师：哭。谁能找一个成语来形容英子可能的"哭"？

生：泣不成声。

师：泣不成声。很有可能。

生：可能是涕泗横流。

师：涕泗横流。眼泪鼻涕满脸都是，很有可能。

生：泪流满面。

师：泪流满面。很有可能。

生：号啕大哭。

师：号啕大哭、泪流满面、涕泗横流、泣不成声……这是一个 12 岁的小女孩最自然最本能的反应。但是，英子哭了吗？

生：（齐答）没有。

师：英子喊了吗？

293

生：（齐答）没有。

师：不但没有，英子的反应是从来没有这样的——

生：（齐答）镇定。

师：从来没有这样的——

生：（齐答）安静。

师：请问，谁在影响着英子？

生：可能是和她离别的那些人。

师：比如说——

生：妞儿和秀贞。

生：还可能是宋妈。

生：可能是那个"小偷"。

生：还有可能是兰姨娘和德先叔。

生：也可能是爸爸。

师：来！打开《城南旧事》，快速浏览《爸爸的花儿落了》。找一找，这些人物是怎样影响着英子的成长。

生：（快速浏览）

师：你们应该找到这些痕迹了吧？来，说说看，这些人物怎样影响着英子的成长。

生：我找到的是：宋妈临回她的老家时候说："英子，你长大了，可不能跟弟弟再吵嘴，他还小。"

师：没错，宋妈影响着英子的成长。继续找——

生：就在她找的后面，兰姨娘跟着那个四眼狗上了马车的时候说："英子，你大了，可不能招你妈妈生气了。"

师：没错，兰姨娘影响着英子的成长。继续找——

生：在草地里那个人说："等你小学毕业了，长大了，我们看海去。"

师：没错，"小偷"影响着英子的成长。继续找——

生：爸爸也不拿我当孩子了，他说："英子，去把这些钱寄给在日本读书的陈叔叔。不要怕，英子，你要学会做许多事，将来好帮助你妈妈，你最大。"然后后面还有一个，爸爸说："闯练，闯练，英子。"

师：没错，爸爸影响着英子的成长。还有吗？

生：爸爸已经在医院去世了，老高也对我说："大小姐，到了医院，好好劝劝你妈，这里就数你大了，就数你大了。"

师：是啊，连家里的厨子——老高也在影响着英子的成长。正是这些人物，在不知不觉中影响着英子，所以，到了爸爸去世的时候，到了跟最亲最爱的爸爸永远离别的时候，英子才会表现得如此——

生：（齐答）镇定。

师：如此——

生：（齐答）安静。

师：这一切在告诉我们，虽然跟爸爸离别了，永远离别了，但是，似乎还有什么东西留在了英子的心上。

3. 扫描离别，确证成长

师：不光是这次离别，我们来看看，第一次，跟秀贞和小桂子离别的时候，小说是这样写的——

（课件呈现）

我没有再答话，不由得在想——西厢房的小油鸡，井窝子边闪过来的小红袄，笑时的泪坑，廊檐下的缸盖，跨院里的小屋，炕桌上的金鱼缸，墙上的胖娃娃，雨水中的奔跑……一切都算过去了吗？我将来会忘记吗？

——《城南旧事》／"惠安馆里的小桂子"／p. 96

师：孩子们，这一切，英子会忘记吗？

生：这一切英子都没有忘记。

师：她记住了什么呢？

生：这些人离别之后对她的影响永远留在了英子的身上。

师：我们再来看，第二次离别的片段——

（课件呈现）

我慢慢躲进大门里，依在妈妈的身边，很想哭。

宋妈也抱着珠珠进来了，人们已经渐渐地散去，但还有的一直追下去看。妈妈说：

"小英子，看见这个坏人了没有？你不是喜欢做文章吗？将来你长大了，就把今天的事儿写一本书，说一说一个坏人怎么做了贼，又怎么落得这么个下场。"

"不！"我反抗妈妈这么教我！

我将来长大了是要写一本书的，但绝不是像妈妈说的这么写。我要写的是：

"我们看海去"。

——《城南旧事》／"我们看海去"／p. 141

师：那个时候的英子，曾经为分不清大海和蓝天而苦恼，也为分不清好人和坏人而苦恼。但是，当英子说将来要写一本书《我们看海去》的时候，你知道有什么东西留在了英子的心里呢？

生：我觉得一个可能是和"小偷"在院子里高高的草丛里说笑的记忆留在英子心上。

师：纯真留在了记忆深处。

生：我觉得还可能是她和"小偷"曾经的约定——一起去看海。

师：憧憬留在了记忆深处。我们再来看第三次，那是与兰姨娘和德先叔的离别——

（课件呈现）

我想哭，也想笑，不知什么滋味，看兰姨娘跟德先叔同进了马车，隔着窗子还跟我们招手。

那马车越走越远越快了，扬起一阵滚滚灰尘，就什么也看不清了。

——《城南旧事》／"兰姨娘"／p. 175

师：孩子们，那时候的英子想哭也想笑，请问她为什么想哭？

生：因为她舍不得兰姨娘。

师：她为什么又想笑？好像有点矛盾啊？

生：因为在小说里有写道，他爸爸有点花心，是对兰姨娘有点暧昧的，所以她为了维护妈妈的地位，撮合兰姨娘和德先叔，最后撮合成功了，也维护了妈妈的地位，所以她想笑。

师：如果是在刚读小学的时候，这种想哭又想笑的矛盾、纠结，可能就不会留在英子心上。这说明，英子在成长。我们再来看第四次离别的片段，与宋妈的离别——

（课件呈现）

宋妈打点好了，她用一条毛线大围巾包住头，再在脖子上绕两绕。她跟我说：

"我不叫你妈了，稀饭在火上炖着呢！英子，好好念书，你是大姐，要有个样儿。"说完她就盘腿坐在驴背上，那姿势真叫绝！

……

驴脖子上套了一串小铃铛，在雪后清新的空气里，响得真好听。

——《城南旧事》／"驴打滚儿"／p. 208、p. 212

师：孩子们发现没有，这次离别的情绪好像跟前面几次都不一样，你看，宋妈盘腿坐在驴背上的姿势——

生：（接答）真叫绝！

师：你听，驴脖子上套了一串小铃铛，在雪后清新的空气里，响得——

生：（接答）真好听！

师：这次英子显得——

生：英子显得成熟多了。

师：成熟多了，她的情绪是——

生：我觉得是非常平静。

师：不光是平静，甚至还有一点点——

生：开心。

师：开心。你知道这是为什么吗？

生：我觉得她现在想她了，开始体谅宋妈了，她觉得等宋妈回去了以后，再去看看自己的孩子，她还会再回来，她会变得更加快乐。

师：所以，宋妈的离去似乎让英子看到了——

生：她似乎看到了希望。

师：是啊，孩子们，不要以为离别只有伤感，只有痛苦，只有不舍。其实有些离别也可能意味着希望。看来英子的确在长大，而所有的这一切都留在了英子的心上，她的纯真、她的善良、她的坚强、她的勇气，包括她对这些人的深深的情义。孩子们，这就是心灵的童年。（板书：永存心灵的童年）

师：是的，在离别当中，英子一次一次地失去她实际的童年。然而，也是在离别当中，英子却永远留存了她美好、纯真、心灵的童年。孩子们，这就叫成长。（板书：成长）

4. 切己体察，表达成长

师：就这样，在一次一次的离别中，英子在成长。就如现在，你就是成长中的英子，你十二岁，你已经离开了自己的爸爸，你已经意识到自己是个大人了，那么回过头来，各位英子，你想对小说当中曾经跟你有过深深联结的人物说些什么呢？来，打开作业纸，请你任选小说中的一个人物，把自己想象成现在的英子，把你最想对他（她）说的话写下来。

（课件呈现）

秀贞、小桂子、"小偷"、兰姨娘、宋妈、爸爸、英子

任选其中的一个人物，想象自己就是现在的"英子"，把自己此刻最想对她（他）说的话写下来。

_____

_____

生：（背景音乐《送别》响起，想象写话）

师：好，孩子们，把笔都放下，选其中的一位角色，此刻你是英子，把你最想说的话说给他（她）听。

生："小偷"，我虽然不知道你的名字，但是我知道你是好人。你是为了你的弟弟才去做这些的，你善良，爱孩子，在我心里你就是一个好人。谢谢你带给我不一样的童年，让我分清好人、坏人、大海和蓝天，我们还会一起去看海吗？

师：其实，你和"小偷"早就一起看过海了。你们看的是生活的大海，是心灵的大海。

生：小桂子，你还好吗？如果你还在，就可以和我一起毕业了；如果你还在，我们就可以养一大群小黄鸡了；如果你还在……我好想你啊！小桂子。

师：我想，在天堂的小桂子，一定也在读书，一定也爱养一大群小黄鸡，一定也在想你——她最好最好的朋友。

生：爸爸，你的花儿落下了，我也不是孩子了，我长大了，是家里的姐姐，我不会让你失望的。现在的我，多了一份担当，多了一份责任，我会帮妈妈撑起这个家，会像您最喜欢的夹竹桃一样，落了又开，坚韧不屈。

师：是的，爸爸的花儿不会落，爸爸的花儿永远开在你的心里。

生：爸爸，谢谢您！是您使我慢慢懂得了许多道理，是您使我在风雨中缓缓地成长。在渐渐长大的同时，我永存了美好、纯真的心灵童年，谢谢您！我亲爱的爸爸。

师：真好！还有谁说？

生：宋妈，放心吧！我已经长大了，能够帮妈妈撑起这个家了，不会给妈妈添乱了。希望你能找回小丫头，希望你的丈夫不再赌博了，你们可以幸福地生活在一起。希望你不要忘了给我回信，我好想去你们家看看你的小丫头。

师：宋妈走了，是带着希望走的。宋妈留给你的，同样是对未来的希望。希望，真好！说你们好，是出于真心的好。为什么？因为你们替英子写下的所有话，我感受到的是纯真，是善良，是对爱的希望。所有这些人，虽然都已经离你而去，但是，在你心里，他们永远活着。所以，孩子们，读小说，其实就是在读自己。不知不觉中，你们把小说最美好的东西化作自己的东西。这也是我们整本书阅读的一个重要策略——内化。（板书：内化：接受整本书的滋养）

师：其实，你们写的这些话，他们是永远不可能听到的。但是，那又有什么关系呢？因为，所有的话，都是说给自己听的；真正的阅读，其实都是在读自己。正如作者林海音在小说的序言《冬阳·童年·骆驼队》中所写的这样——

（课件呈现）

我对自己说，把它们写下来吧，让实际的童年过去，心灵的童年永存下来。

就这样，我写了一本《城南旧事》。

我默默地想，慢慢地写。看见冬阳下的骆驼队走过来，听见缓缓悦耳的铃声，童年重临于我的心头。

——《城南旧事》/"冬阳·童年·骆驼队"/p. 8

师：我们一起读——

生：（齐读）

师：在一次次的生离死别中，英子失去了实际的童年；但是，也正是在一次次的生离死别中，英子留下了心灵的童年，纯真、善良、坚强、执着、勇气、责任，还有爱！

其实，每个人都有属于自己的离别故事；每个人都有属于自己的"城南旧事"。在离别中，我们永别了实际的童年；在离别中，我们永存了心灵的童年。这是成长的忧伤，也是成长的幸福！

【板书设计】

主板书：

城南旧事

成　长

↑

永别实际的童年　←　离　别　→　永存心灵的童年

副板书：

简化：梳理整本书的结构

内化：接受整本书的滋养

郭初阳《顾城的诗》课堂实录

师：今天我们一起来看一首诗（出示 PPT），第一个同学，请你朗读，好吗？

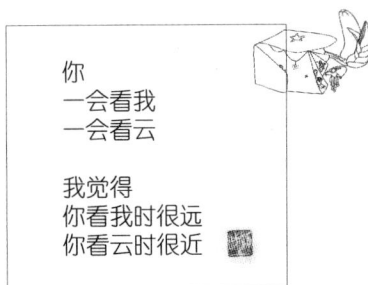

你
一会看我
一会看云

我觉得
你看我时很远
你看云时很近

生：拿话筒吗？

师：当然要拿话筒，否则大家都听不到。

生：（朗读）你，一会看我，一会看云。我觉得，你看我时很远，你看云时很近。

师：非常好，请坐，把话筒往后传。第一个同学朗读的时候，把儿化音加上去了，"一会儿、一会儿"。好，后面那位同学，请你继续朗读，好吗？

生：（朗读）你，一会看我，一会看云。我觉得，你看我时很远，你看云时很近。

师：非常好，请坐。第二位同学朗读的时候他有意强调了第一个字"你"，在这首诗里面，"你"是一个核心，是所有猜测的焦点，值得强调。（示意往后）继续，接着往下读。

生：（朗读）你，一会看我，一会看云。我觉得，你看我时很远，你看云时很近。

师：非常好，请坐。在读的时候大家要注意，"远"，第几声？

生：第三声。

师：我们一起来读一下"远"，一二开始。

生：（齐声）远。

师：嗯，第三声，它有一个拖长的音调，对吗；而最后一个字呢，"近"，第四声，很短促。所以"yuǎn"，距离很远——有这样一种声调的对应，对吗——"jìn"，（靠近身边的学生）我们很近。这在刚才那位同学的朗读上有所体现，最后，请你朗读一遍，好吗？

生：（朗读）你，一会看我，一会看云。我觉得，你看我时很远，你看云时很近。

师：非常好，请坐。我们一起来朗读一遍，请注意这首诗分成两节，中间要有适当的停顿，每一行之间也要有小小的停顿。（领读）你，一会看我，一会看云。一二开始。

生：（齐声）你，一会看我，一会看云。我觉得，你看我时很远，你看云时很近。

师：再来一遍，一二开始。

生：（齐声）你，一会看我，一会看云。我觉得，你看我时很远，你看云时很近。

师：默读一遍，记住它。（学生们坐姿紧张，双手叠放于桌上）各位可不可以把手都从桌上放下去，你的手放在桌子上，记忆力会很差，把手都放到桌下去好不好，轻松一点，看大家的手都放在桌上，我很害怕。（学生垂下手，换了轻松的坐姿）对，记住它。好，各位朝我这里看，请看我，不要看云啊，不要偷看。你，一二开始。

生：（抬头看师，齐声背诵）你，一会看我，一会看云。我觉得，你看我时很远，你看云时很近。

师：非常好。话筒轮到谁了，（示意背诵）继续说，看我。

生：（背诵）你，一会看我，一会看云。我觉得，你看我时很远，你看云时很近。

师：非常好，请坐。（示意）女生，来背诵一下。

生：（背诵）你，一会看我，一会看云。我觉得，你看我时很远，看云时很近。

师：漏了一个字，最后一句话怎么背的——"你"看云时很近。（话筒传到下一位同学，正自动起立打算背诵）请坐，没有让你背。（众善意地笑）不要急。

师：好，大家知道这首诗是谁写的吗，有没有人知道？

生：（小声）顾城。

师：非常好，有同学知道这首诗是顾城写的。（出示PPT）

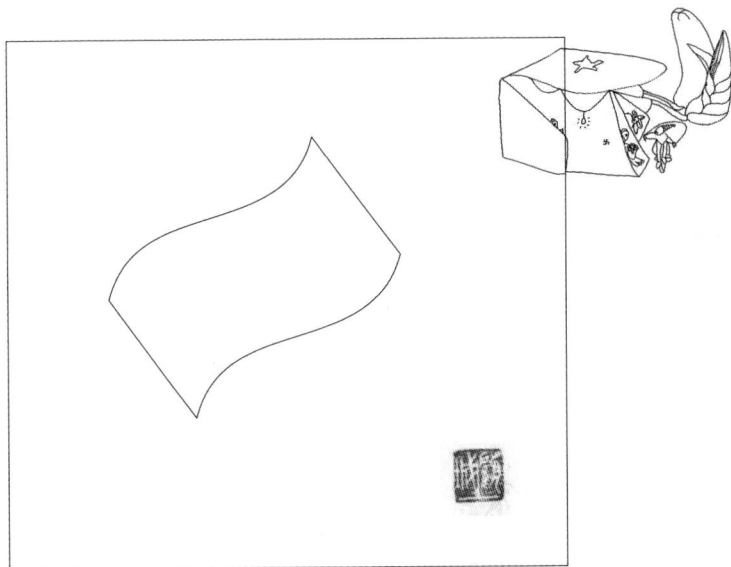

师：在揭示顾城之前，我想请大家先做一件事情，准备好你的笔和纸，大家看PPT，上面有一个几何图形，请各位同学用最快的速度选择一个恰当的几何图形来表现这首诗，把这首诗简化为一个几何图形。越快越好，随便画，不要讨论，不要偷看。千万不要受上面这个图形的影响，这个图是乱画的，只是为了告诉大家：请你画一个几何图形而已。

（生思考、画图形，师巡视，然后请一位学生在黑板上画。）

师：好，时间有限，我们看黑板。有一位同学在黑板上画了一个三角形，我看到很多同学画了一朵云，这位同学和大家画得不一样，来，我们请这位同学说一说：为什么要画一个三角形？

生：因为这首诗中有三个角色，一个是你，一个是我，一个是云，三角形有三个角，分别代表了你、我和云。

师：非常好，谢谢，请坐。那么大家看一下（示意黑板），在这首诗的三个主角中，你、我和云，如果我们有 A、B、C（示意三个角），云应该放在哪里比较合适呢？

生：A，顶上。

师：哦，放在顶上（板书"云"），云嘛，总是在天上的，是吗？接下来是"你"和"我"的问题（板书"你""我"），对吧。好，我们一起来朗读这首诗，你，一二，开始。

生：（齐声朗读时，师对应指示三个角）你，一会看我，一会看云。我觉得，你看我时很远，你看云时很近。

师：很好，这个三角形画得很漂亮啊。好，接下来我们探讨一下顾城。（出示 PPT）

师：顾城是一个很可爱的诗人，他总是戴一顶帽子，他的帽子很像牛仔裤上剪下来的一截裤腿。（生笑）所以大家要问他：你干吗戴这么一顶

1956.9 - 1993.10

你的帽子是怎么回事？

　　我好像平生做的唯一一件，完全由我选择的事，就是做了这顶帽子，并且戴到了脑袋上。没想到就被洞察出来。那么我不知道这个帽子是一份贡献呢，还是一个扰乱。人家质问我这个帽子的时候，我不想令人失望——

　　我回答说这是我的家，我老呆在家里很安全；

　　我回答说我生气的时候，这是个烟囱；

　　今天我说，要是谁乐意往里边放钱，也并不太坏。

　　……

1992年5月19日晚　旧金山
《顾城文选 卷二 思忆朦胧》P336
中国文化出版社，2006年9月

帽子啊？

　　师：他有几个很好玩的回答——

　　师：他说，这是他的家，他老呆在家里面觉得很安全。

　　师：第二个答案：他说生气的时候，这是一个烟囱。气都往这里出去了。

　　师：第三个答案：今天，要是谁乐意往这里扔钱的话，也并不太坏。

　　师：所以诗人很喜欢戴一顶帽子（出示PPT）。

你
一会看我
一会看云

我觉得
你看我时很远
你看云时很近

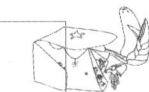

　　师：这首诗也有一顶帽子，但是被郭老师给摘掉了。今天这节课要做的一件事情，是请你根据自己的理解，给这首诗拟定一个你个人觉得最恰当的、最为精妙的标题。好，各位有几分钟的时间来做这个事情，请你认真地思考，慎重地下笔。现在开始。

（学生思考、书写，师巡视）

师：各位在考虑的时候，要注意这么几点。第一点，你的标题应该体现出对这首诗的深刻理解。第二点，它是一个题目，请注意"题"，"题"这个字的意思就是脑门，"目"的意思是眼睛，对吗？其实我们看人也是一样，看的是上面头部这一块，你不要把题目拟得太复杂，越简练越好，这是第二点。第三点，你所想到的题目其他同学也都能想到，所以尽可能要想得跟别人不一样，但是要有道理。好，各位还有一点点时间，继续用力想。

（学生思考，师巡视指点）

师：有同学偷偷问我："郭老师，我用两个字，可不可以？"当然可以了。如果你觉得有必要，你愿意用十个字，那我也没有办法，也可以啊，是不是？你说郭老师，这首诗一共就二十四个字，但是我这个题目有一百个字，可不可以？也可以啊，只要你有道理，是吧？

师：好，接下来，因为这是一个比较艰巨的任务，我们要分一下小组，每个小组的同学要交换意见，每个小组要推选最有水平的一个题目，我们这样分啊，四人一组，（示意）第一组、第二组、第三组、第四组、第五组、第六组、第七组，最后面两位同学坐到里面来，好不好？坐到这里来，对对，过来。

师：好，明确了，四人小组，充分交流不同的意见和看法，你的题目是什么，你的题目是什么，要知道其他三位同学的标题分别是什么，然后各位彼此说一下，看看哪一个题目最好，哪一个题目别的小组都想不到，哪一个题目最能代表我们小组的水平和才华。等会儿，我要请同学把思考的结果写到这块黑板上来，有字为证哦，所以，加油！现在开始。

（四人小组讨论，师巡视，加入各个小组中）

师：好，我暂时打断一下，请各位回一下头，看一下PPT。

师：四人小组，四位同学，（示意）A、B、C、D，这样四位同学，请注意，请注意，等一会儿你们讨论完了之后，你们讨论的结果将由A同学上台来书写；请注意，等会儿发言的时候将由C同学来阐释；B和D千万

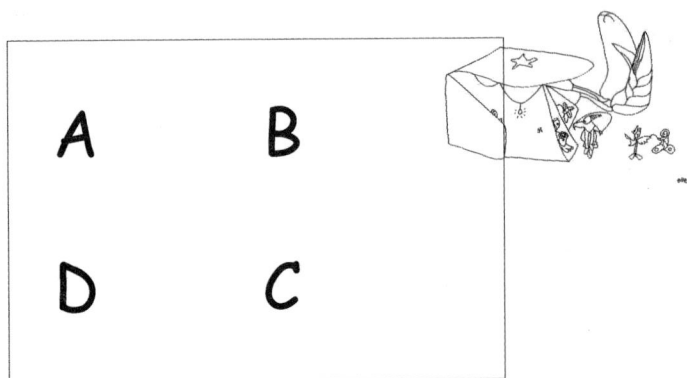

不要高兴太早，因为，等会儿我的追问将由 B 同学和 D 同学来回答。所以，请各位积极参与讨论啊，已经完成的同学可以让你们的 A 同学上台书写，抓紧抓紧抓紧。

（四人小组热烈讨论）

师：已经确定题目的小组，可以派 A 同学上黑板前来书写。

（A 同学们渐次上来板书，师告知写上题目与姓名）

师：我们来看黑板，很不容易哦，大家知道创作是很艰难的，哪怕只是想一个题目，一两个字而已，我们都想破了脑袋，四个人商量了很久，结果我们很艰难地把结果呈现在黑板上。先一起来看一遍。

师：（示意黑板）这一个小组的标题比较长：《云近而我远》。然后，这一组的标题是《距离》。这一组的标题是《友谊》。这一组写在这里：《遥远》。这里有一个题目很奇怪：《自然》。同样也有一个小组写的是

308

《距离》。这个很特别：《障碍》（众生笑）。有一个小组标题是一个字：《美》。

师：好，那么接下来——八个小组的题目都在黑板上了——我们排一下顺序，依次请同学来发言。那么首先，我想因为写《距离》的有两个小组，我们就从《距离》开始，第一组（标《距离》①），第二组（标《距离》②）。然后这个标题好像跟距离也有那么一点关系，那就作为第三组来发言（标《云近而我远》③）。还有这个还是和距离有关对吗，我们集中把这个问题探讨透，这是第四组发言的同学（标《遥远》④）。然后，这个跟距离刚好反一反，对吗，有那么点意味，我们把《障碍》放在第五组（标⑤）。然后我们把这个《美》放在第六组（标⑥），《友谊》第七组（标⑦），《自然》第八组（标⑧）。

师：不要紧张，我们再一起来朗读一下这首诗，好吗？放轻松一点，不就是一首诗嘛。你，一二，开始。

你
一会看我
一会看云

我觉得
你看我时很远
你看云时很近

生：（齐声）你，一会看我，一会看云。我觉得，你看我时很远，你看云时很近。

师：非常好。我们的话筒在哪里？第一组，冯洛晶，你们小组的 C 同学来阐释一下：为什么你们组拟的标题叫作《距离》？

生：因为这篇课文主要是在讲：你、我、云这三者之间的距离。

师：结束了？请坐，同桌继续补充。（同桌缓缓站起，思考中）

师：没错，这首诗写的就是你、我和云之间的"距离"——这是对三者的概括，除此之外还有别的吗，关于距离你们还有别的发现吗？

生：（师等待，生持话筒思考良久，终无语）

师：我们知道你很努力了，很想告诉郭老师，但是我们知道，沉默的时间超过三秒就会显得尴尬（众笑），你坚持了六秒钟，请坐，前面的同学帮助一下。

生：因为……

师：用话筒。

生：因为文中的"看""远""近"，全部写的都是距离，所以起的题目叫作《距离》。

师：好的，请坐。第三个同学补充了"远""近"，很明显这都跟距离有关。好！这是第一小组给我们的一个非常简要的概括，我希望后面那个小组能给我们更多的、更丰富、更美妙的解释。我们请——来，仇索，你们小组，C同学，话筒递一下。关于《距离》，你们是否有高见？

生：第一点跟他们是一样的，在这首诗的第二段，我们认为云的距离应该是比人与人之间的距离远的，但是他认为云的距离比他和人之间的距离更近，形成对比，所以我们认为是《距离》。

师：很好，请坐。我们会发现，根据第二小组同学的阐释，（示意黑板上的图形）其实这个三角形画得还不是最完美，因为他说，根据我们普通的生活经验可以知道，云和人之间的距离比人和人之间的距离要更远，对吗？按照理论上来讲，如果有可能的话，我们应该把云画得更高一点，甚至可以画到房顶上，对吗，完全可以。这应该是非常尖锐的，是一个锐角三角形，对吗？好，那么第二小组的其他两个同学是否还有补充意见，关于距离，展现一下，发言机会很难得。来！你怎么看？

生：实际上，我与他人的距离应该是小于我与云之间的距离，而这里却写我与人的距离大于我与云之间的距离，可能是因为，人之间互相不信任的原因，可能构成了我和他的距离越来越远，导致我和他的距离比我与云的距离还要远。

师：非常好，请坐。绕，绕，绕口令一样，把我们都给绕晕了（生笑）。但总而言之，我们知道这个距离是很玄妙的。我和你之间的距离是固定的，对吗？但是，我们发现，在这首诗的第四行也就是第二小节的第一句话，是三个字，我——

生：（众人小声）我觉得。

师：这是我的一种什么？

生：感受。

师：这是我的一种感觉，是吗？在我的感觉中这个距离是固定的吗？

生：不是。

师：不是，怎么样？你们小组还有一个同学没发过言，你来继续说，在你的感觉中这个距离会怎么样？

生：这个距离可以随时移来移去的，不固定的。

师：非常好，请坐。所以根据第二小组给我们的贡献，我们会发现这个距离，它是会发生变化的（板书：变）。我们再来朗读一遍——这是一首会变化的作品对吗，它不是固定的——你，一会看我，一二开始。

生：（齐声）你，一会看我，一会看云。我觉得，你看我时很远，你看云时很近。

师：在变化，在变化……好！还有一组同学写的是《云近而我远》，来，张玲艳，你们小组，C同学。

生：我们小组取这个名字是因为关于诗的内容，他说那个……我觉得你看我时很远，你看云时很近，所以我们就取这个题目了。

师：你们小组认为这首诗里面最重要的是远和近这两个字吗？

生：（点头）嗯。

师：非常好，请坐，因为顾城这首诗原来的标题其实就是《远和近》，对吧，我们根据我们的理解给它加上标题，所以第三小组直接把这两个字放在了题目里面，但是他们觉得"云"和"我"这两者也很重要，于是就把它们嵌在里面。另外两个同学有补充发言吗？

师：（该组B同学、D同学笑而不答）没有。好，我们继续往下走，轮到哪一组了，第四组，来，《遥远》。章乙凌是吧，来，你们小组。

生：人不管在什么地方都能看到云，但是两个人如果相隔很遥远的话，那他们互相就看不见，那他们两个人之间的距离一定是小于一个人到云的距离。

师：那么我想问你一个问题，在这首诗里面的"你"和"我"，你觉得他们的真实的距离到底有多远，你告诉我，有多远？

生：（低声）近在咫尺。

师：那么是你和我之间的距离，我们这样的距离吗？还是你跟这位男生的距离，还是你跟同桌的距离，还是你跟摄像的距离？你感觉，哪个距离比较恰当？

生：我和同桌。

师：你和同桌，是吗？好，请坐。同桌很感动啊！（众生大笑）站起来发言还想着同桌，而且你的同桌是女生。（众笑）

师：（肃然）他提供了一个非常宝贵的答案，也就是说，这个小组的同学告诉我们，在这首诗里，你和我两个人，实际的距离是怎么样的呀？非常——

生：近。

师：非常非常近的。所以说你的同桌，他往哪里看，你知道吗？你当然知道了，因为他就在你的旁边呀！对吧？他上课走神了，他在看手机，都被你发现了，因为他是你的同桌，你们挨得很近。但是在这首诗里面，你觉得他们两个的距离真的很近吗？来，刚才那个小组的同桌发一下言。因为你们小组拟定的标题是《遥远》，对吧，为什么你们拟的是《遥远》？

生：因为我们觉得……

师：刚才你的同桌说，他和你近在咫尺呀。

生：但是我觉得，他们虽然近在咫尺，但是他们的心可能并不是……

师：在一起。

生：（笑）哎，对。

师：请坐。当你说完这句话的时候，你的同桌非常的失望（众生大笑）。这两位同学给我们提供了一些线索，大家有没有发现，第二位同学她回答的时候，出现一个非常重要的字（板书：心），"心"，对吗？

师：在网上看到一句很流行的话：世界上最遥远的距离……是我站在你的面前，你却不知道我是谁。我们相隔得多么远啊，我们俩面对面没有用啊！是吗，所以，在这首诗里面我们会发现，有几种距离？

生：（齐）两种。

师：两种，哪两种？一种是——

生：（齐）长度上的距离。

师：长度上的距离就是物理的距离，对吗，第二种是什么距离？

生：（齐）心理距离。

师：非常好！（板书：心理、物理）心理的距离和物理的距离，哪一种距离是不变的？

生：物理的。

师：物理距离是不变的，像这个僵硬的三角形，而心理距离呢，在不停不停不停地发生变化，对吧。

师：好，随着我们不断地有小组加入，对这首诗的理解越来越不一样了。继续，轮到哪一组了，来，杨晨颖，你们组，给我们谈一谈《障碍》的问题。关于诗的理解，我们的确有很多的障碍。

生："障碍"，就是两个人之间有一种心理上的隔阂，在她旁边却不敢跟她说话，有种胆怯的心理。

师：请坐。（示意同桌）还有补充？

生：从"你看我时很远，你看云时很近"，用云衬托出我们心理之间的障碍。

师：很好，请坐，还有补充吗？

生：（该小组最后一位发言者）云离你比较近，我离你比较远，这说明你和我之间有一层像云一样似有似无、却又无法跨越的障碍。

（热烈的掌声）

师：这是一个非常团结的小组，每个人都站起来声嘶力竭地呼喊了一番。（生笑）他们的努力只不过是想克服一个"障碍"——让我们更深刻地明白了，在这首诗里面你和我之间虽然挨得如此之近，却仿佛隔着千山和万水，对吗？所以说，最后一位同学说得很好，他们之间有"云一样的、若有若无的"障碍。

师：第一位同学的发言也很值得重视，因为他说出了那样一种情感，诗里面"我"的情感，"我"是一个比较羞涩的、胆怯的、羞于表达的、不知如何言说的……这么一个人，对吗？我有和她对话吗，有对话吗？没有，甚至也许我连和她说话的——（有生答"勇气"）——机会都没有，有同学说"勇气"都没有。我只能跟她用什么交流？

生：眼神。

师：只有，有且只有眼神的交流而已，是吗？所以这里的障碍，很好，不仅是距离的障碍，而且还有心理上的障碍，甚至还有表达上的障碍，沟通上的障碍，这是一个很棒的答案：《障碍》。很好，继续，叶媛媛，你们组，《美》，请为我们谈谈《美》。

生：因为既远又近，所以距离产生美；而云的洁白也是一种美，然后让我们感觉心旷神怡，所以这也是一种距离的美。

师：这个小组给我们提供了两条关于美的证据：第一个，因为有距离才会美，隔得很远，越远越美——挨得很近看起来就不够美——距离产生美；第二个，在这个小组中，他们第一次强调了这首诗里面云的意象。云——我们想想——云：白色、轻盈、纯洁、柔和、自由、温暖、自在……所有这些，都属于云的范畴。所以我们看云的时候会觉得：哇，非常美！我们学过一篇课文叫《火烧云》，有印象吗？对吧，很美，有道理。还有补充吗，你们小组里面，还想发言吗，谈一谈。

生：因为美不是固定的，所以不同的距离产生不同的美，所以我们把这个题目取名为《美》。

师：很好。当我们去看蒙娜丽莎这幅画的时候，我们会发现——（示意学生）请坐——她的眼睛，你在不同的角度看她，她好像都在看你，因为有变化，所以这美才更加丰富多彩。很好，到哪里了，哦，《友谊》，是哪一组的，翁佳——我看不清楚，（生答：胜）翁佳胜，哦，这个胜字太酷了。

生：刚刚在讨论中，我们在猜测：你和我的关系是什么？然后——

师：你们想探讨一下他们的关系，是吗？

生：然后，我们猜测最多的就是，他们是朋友的关系，所以把它取名为《友谊》。

师：你觉得他们是怎么样的朋友，是老朋友吗？你感觉。

生：嗯……应该是的。

师：是老朋友，老朋友还很胆怯呀？话都不敢讲。

生：嗯……他们之间是不是发生了什么事情……

师：哦，吵架了是吧（众笑），吵架了，那朋友偷了一块我的橡皮，我骂了他一顿。（生笑）好，请坐，（示意同桌）我们请男生来谈一谈，好不好，男生对朋友的理解肯定不一样，你怎么看，你觉得他们是什么样的朋友？你继续说，怎么感觉就怎么说。

生：（起立，思考，沉默）

师：友谊真是一个非常沉重的话题，对吗，很难发言，请坐，还有没有同学没有发过言，帮助一下。（该组另一男生起立，沉默）请坐，没问题，这个小组给我们提供了一个完全不一样的标题，觉得他们两个之间的关系是朋友，但是郭老师根据刚才我们其他小组提供的证据，很明确的，这两个人之间的关系，应该怎么说呢，纯粹是他们俩（指刚才那一对同桌），对吗？（众笑）当然同桌也是朋友，是吧，哦，有同学要发言，好，如果你有话要说，你可以举手。

生：我感觉，如果是老朋友的话，不可能是那种不会讲话，老朋友的话应该是比较善于交流，不会不讲话这样子的。

师：那你觉得他们是怎样的朋友？

生：我感觉……

师：说。

生：我感觉，他们应该是，或许是新朋友这种……（笑。众议论）

师：你觉得这对朋友应该是像我们一样的哥们，这样的朋友们呢，还是像他们那对同桌一样呢？（众大笑）

生：我觉得应该是（众大笑）……因为同桌的话……

师：我不是说同桌，我是说他们的性别（众笑），你觉得是像我们两个的性别，还是像他们两个的性别？

生：像他们两个的性别。（众大笑，鼓掌）

师：像他们两个的性别，请坐，请坐。当我们谈到友谊这个词语的时候，我们有一位同学非常勇敢地举起了手，并且他试图在友谊这个台阶上更进一步来为我们分辨，诗里面两个主角的性别，于是他给出的答案是认为这两者之间的关系是异性。还有没有同学要发言？（一女生举手）好，把话筒传一下。

生：我觉得对于友谊这件事情来说，就算是老朋友之间总有吵架的时候，我也有过。有句话说"感情是吵出来的"，他们做朋友不可能一直不吵架，不然的话就觉得两个人的感情不深厚。既然是老朋友他们肯定会吵架，互相知道对方，接触越多，就会对对方的一些事情了解很清楚，因此会吵架。就算他们现在这样有隔阂的感觉，即使有隔阂的话，他们也还是有深厚感情在那里。他们只是跨越不了这个障碍而已。

师：好，先别急着坐下去。你说得非常好，你说尽管他们内心有矛盾，也有这样的隔阂，但是他们其实有深厚的感情。请给我们朗读一下这个作品，读出这种感觉，好吗？我们听。

生：（朗读）你，一会看我，一会看云。我觉得，你看我时很远，你看云时很近。

师：好悲伤啊，请坐。（众生笑）好，时间有限，我们继续往下走，关于他们是什么样的朋友的问题，大家可以继续思考。我们这里还有一组是《自然》，程鑫这一小组，C同学谈一谈，话筒递一下。

生：我们组认为，这首诗它整体来看，显得十分自然。（众生大笑）

师：请注意，我恍然大悟了，原来这个"自然"是当作形容词来使用的——十分"自然"！请坐，（示意同桌）有补充？

生：在这首诗中，重点我看出了你、我、云，你、我、云都是在大自然中的，是密不可分的，所以我认为用《自然》作为这首诗的题目比较恰当。

师：请坐。请各位抬起头来，抬头往上看，我们能看到云吗？

生：（齐，抬头看，笑）不能。

师：看到聚光灯。所以他们这个小组给出的题目很有意思，告诉我们这首诗所发生的情境，必须在敞开的自然中，因为对方抬头就可以看见云，是吗？而且这首诗的确很自然，大家有没有发现一首好的诗，并不一定用非常深奥的语言，恰恰相反，它用的是三岁小朋友都认识的字，但它讲出了我们直到三十岁都还无法完全参透的道理，对吗？好的诗句的表达是自然的，读起来也是很顺口的——这是评判好作品的一个标准。

师：那么我想说的是，我们最后一个小组，他们的观点和诗人本身的观点非常接近。我们请这个小组的另外一位同学，来给我们朗读一下顾城本人的看法。（出示PPT）

顾城：复归自然的愿望

这很像摄影中的推拉镜头，利用"你"、"我"、"云"主观距离的变换，来显示人与人之间习惯的戒惧心理和人对自然原始的亲切感。

这组对比并不是毫无倾向的，它隐含着"我"对人性复归自然的愿望。

1981年5月18日

《顾城文选》卷一P247
北方文艺出版社，2005年9月

生：这很像摄影中的推拉镜头，利用"你""我""云"主观距离的变换，来显示人与人之间习惯的戒惧心理和人对自然原始的亲切感。这组对比并不是毫无倾向的，它隐含着"我"对人性复归自然的愿望。

师：很好！请坐。这组对比并不是毫无倾向的，它隐含着"我"对人性复归自然的愿望。所以说顾城本人如果来拟一个标题，有可能他也会很喜欢《自然》这个标题，这跟作者非常非常地呼应。

师：好，我们再一起来朗读一下这首作品。（出示PPT）

远和近

顾城

你
一会看我
一会看云

我觉得
你看我时很远
你看云时很近

1980年6月

师：这就是诗人的样子，长得很好看，我们来一起读一下，它的标题叫作《远和近》。《远和近》，顾城，一二开始。

生：（齐声朗读）你，一会看我，一会看云。我觉得，你看我时很远，你看云时很近。

师：好，我想再请三位同学来说一说，他有他的题目，他有他的帽子，我们用我们的帽子变了很多戏法，然后我想请同学来说一说：到现在为止，你最喜欢哪一个题目？你来说。

生：我还是喜欢诗人的题目。

师：理由是？

生：它充分地表现了最后两句话的内容，深刻地。

师：深刻的道理，他还是喜欢《远和近》，请坐。你喜欢哪一个？

生：我比较喜欢我们组的《障碍》。（众笑）

师：嗯，为什么？

生：因为我觉得他们之间的确有一种似有似无、飘忽不定的隔阂；另外，他们的距离虽然现在非常地近，但是心灵上非常地远。

师：很好，请坐。我们再一起来背诵一下，你，一二开始。

生：（齐声背诵）你，一会看我，一会看云。我觉得，你看我时很远，你看云时很近。

师：明天天气放晴，大家有空要抬头看一看云。好，下课。

生：起立。

师：同学们再见！

生：老师再见！

师：谢谢大家！

丁慈矿《如画的池塘》 课堂实录

轻松片刻海上行

师：同学们都准备好了吗？

生：准备好了。

师：准备好了，我们就开始上课。我来自上海，我姓丁，在这里上课我很激动。知道什么原因吗？

生：不知道。

师：因为我来自上海，但是我从来没有在海上上过课。今天第一次在海上上课，脚底就是海，所以很激动。大家可小心别掉下去了！好了，上课！

"老课本"中寻深意

师：今天我们来读一组老课文。这些课文出自很久很久以前的语文书。有多久呢？将近一百年了。也就是我爸爸的爷爷，你们爷爷的爷爷读过的语文书。（拿起一册老课本）这些课文都选自这里。哪位同学有兴趣上来看一看、摸一摸？请这位男同学！你可以翻开来看一看。

生1：（翻开了几页）

师：有什么感受吗？和你读的语文书有什么不同吗？

生1：呃……

师：很激动，是吧？第一次摸到爷爷的爷爷读过的语文书了。

生2：（翻看书）我觉得这本书很老旧。

师：还有吗？

生2：里面都是些毛笔写的字。

师：有没有感觉到很薄啊？

生2：是的。

师：很薄，字很大，课文很短，读起来一点都不吃力。现在语文书都比较大，如果把这么薄的语文书放书包里，书包的重量就减轻了，是吧？

词语清障显学问

师：好的，今天我们就读一读这组老课文。先来看第一篇：《雷雨》。这一篇里有一个词语可能你们没学过，我把它写在黑板上（书写"须臾"两字）。学过吗？没学过……（指一生）噢，你认识的呀！你来读一下。

生3：叫"须臾"。

师：你怎么认识的？老师告诉过你的？（面向其他学生）那你们怎么不知道啊？"须臾"是什么意思？

生3：（摇头）

师：（指一生）你知道，你来说。

生4："须臾"是过一会儿的意思。

师：过一会儿，"须臾"表示极短的时间。你们还学过表示极短的时间的词吗？

生5：不一会儿。

师：还有吗？

生6：立刻。

生7：顿时。

生8：马上。

生9：很快。

生10：忽然。

师：还有一些表示时间极短的词，比如说，"瞬间"，学过吗？

生：学过。

师："刹那"？（学生摇头：没学过）那么"须臾"有多短呢？"须臾"出自佛教，据说它的时间长度等于 28880 秒，算起来是 48 分钟，不算短。"瞬间"是 7.2 秒。所以在写文章的时候，用"瞬间"还是用"须臾"还是用"马上"，是需要斟酌一下的。明白吗？

生：明白了。

摇头晃脑出"节奏"

师：好的，解释了这个词，我们就可以读这篇文章了。请你自己读读这篇文章，看看它和我们现在读的课文有什么不一样。好，开始自己读吧！大声读，读清楚。

生：（自读课文《雷雨》）

师：读完了？读完了请同学来读一下。（指一生）来，你来读一下。

生 11：夏日如火，忽见西北角，有黑云起。电光闪闪，雷声隆隆。大风来，大雨来。须臾，云散雨止。红日西下，那个……（师提醒：蝉鸣树间）蝉鸣树间。

师：好，就一个地方读错了，加了个"那个"。好，我想问你下，你觉得这篇课文和我们的语文书有啥不一样的地方吗？

生 11：有点短。

师：对，很短。还有吗？还有其他同学有感受吗？来，你来说！

生 12：我们语文书一般是一篇文章，这里是几句话。

师：这也是一篇文章，是几句话构成的一篇文章。但咱们读的文章都很长，是吧？

生 13：我们读的那些书，字很大。

师：这不是文章的特点，请坐。同学们刚才找到了一个关键的词语，就是"短"。这种文章在以前叫作"文言文"（板书"文言文"）。文言文有个特征，叫"短小精悍"，句子很简洁，很短。在读文言文的时候，要注意两个字，那就是"节奏"（板书"节奏"）。什么是节奏呢？节奏就是停顿，我们碰到标点符号的地方要停顿；除此之外，还有些句子当中也要有停顿。下面我来示范读一下，好吗？

生：好！

师：夏日如火，忽见西北角，有黑云起。电光闪闪，雷声隆隆。大风来，大雨来。须臾，云散雨止。红日西下，蝉鸣树间。（师读时呈抑扬顿挫状）听出来了吗？

生：听出来了！

师：听出来了？我在哪里停顿？

生14：每过两个字就停顿。

师：每过两个字就停顿，很好！怎么停顿呢？老师把它标出来。（幻灯片显示）老师用斜线标出了那些应该停顿的地方。现在你照着投影把它标一下，然后按照这种停顿来读一下。

生：（标注停顿）

师：标好的同学可以读了。（巡视）（生自读）好的，读完了是吧？我感觉你们的节奏还没有读出来。古人读书，要怎么样才能读出节奏呢？（指一生）你知道啊？来！你来说一下！

生15：一篇文章可以读很长时间。

师：不是，古人读书啊，你有时候在电视上看到过，叫"摇头晃脑"。为什么要摇头晃脑呢？主要是为了读出节奏来。我觉得摇头晃脑还有两个好处，第一是使你的脖子得到放松，不得颈椎病，第二是增强记忆，当你摇头的时候就想到了这个词，对吧？（生点头）那么怎么摇头晃脑呢？我来试着读一下……（对一生）你要来试一下？好啊！你先来。

生16：夏日如火，忽见西北角，有黑云起。电光闪闪，雷声隆隆。大风来，大雨来。须臾，云散雨止。红日西下，蝉鸣树间。（读一句，再做摇头状，状极生硬，众笑）

师：你一会儿往这边摇，一会儿往那边摇，其实我觉得朝一个方向更好一点。来，我来试一下！我的脖子不大好，所以摇得不自然，但是，方向感大家可要看清楚了。（摇头读文：夏日如火，忽见西北角，有黑云起。电光闪闪，雷声隆隆。大风来，大雨来。须臾，云散雨止。红日西下，蝉鸣树间。）是不是？朝一个方向，不要四面八方地摇，头要摇晕的。好，这个节奏啊，除了可以摇头晃脑，还可以加点手势。我不大摇头晃脑，但经常加手势。你看我再来读一下。（加手势再读文本）这样的感觉是不是好一点？有同学会说了，这不是切菜吗？没关系，你只要自己感觉好，你就可以加一点手势，加一点动作，读稳，这样才可以读出味道来。好，你现在加手势读也可以，摇头晃脑读也可以，按照你自己喜欢的感觉，把节奏读出来，好不好？自己读吧！

生：（自读，多数采用摇头晃脑形式）

师：好了，我看这位同学读得很好。（面对该生）你来读一下好吗？

生17：（摇头晃脑地读，较有型）

师：很好，给她一点掌声好吗？（生鼓掌）哪位再来读一下？你能用不一样的方法吗？谁愿意？

生18：（用手势读文本）

师：（指出读错的地方："雷声隆隆"，不是"雷声轰轰"）我建议手势往上，不是往下。好的，来，跟我一起读一遍吧！（领读两遍）（大多数学生用摇头晃脑，部分用手势）

师：能背得过来吗？

生：能。

师：能背的，就闭上眼睛，不能背的，就偷偷地睁开眼睛。我们一起来背，好不好？（起头，学生接着背，少量学生加摇头晃脑动作）

古文改诗见雅韵

师：很好，我看见大多数同学都闭着眼睛把它背出来了。读文言文，就要多读，然后把它背出来。那么，我们再来看这篇文言文，它有五句话（幻灯片显示）。你看它的句子有什么特点？注意，看老师的提示，我划出来的，你就读出来。夏日如火……

生：有黑云起！

师：再看。

生：电光闪闪，雷声隆隆。大风来，大雨来。须臾，云散雨止。红日西下，蝉鸣树间。

生19：都是跟天气有关。

师：我没问你写的是什么。

生20：大都是四个字的。

师：对，大都是四个字的，看到了吗？这文言文啊，它有很多四个字的句子（板书"四字句"）。在今后我们要读到的文言文里，你会发现有很多四个字的句子。在我们的汉语成语词典里，大部分的成语也是四个字的。我们中国的古人最喜欢用四个字来写东西，所以说如果有机会，我们写文章的时候，也可以加一些四个字的句子，好不好？

生：好！

师：唉，你们喜欢读古诗吗？

生：喜欢。

师：古诗每句话往往是几个字的？

生：四个字（众笑）。

生21：七个字……是五个吧？

师：五个字的叫"五言诗"。我们经常读到五言诗，比如说"白日依山尽"……（众生跟着背诵此诗），这叫五言诗。还有一种叫七言诗，每句话是几个字啊？

生：七个字。(师板书"七言诗")

师：七言诗就是每句话有七个字。今天老师也带来了一首写雷雨的七言诗。(幻灯片显示《望湖楼醉书》)学过这首诗吗？

生：没有。

师：这首写雷雨的诗，写的是西湖上的雷雨。西湖去过吗？

生：去过！

师：西湖在哪里？

生22：杭州。

师：对，杭州有一个非常美丽的湖，叫西湖。苏东坡在西湖写下了这首诗。来，跟我读一遍，好吗？（领读《望湖楼醉书》）（教师诵读时带一定手势）看到吗？它也是写雷雨的，每句都是七个字。但是刚才我们读到的文章，里面都是四个字，对吗？古文、文言文也可以变成七言诗。我们有没有兴趣来做一件事情，把刚才学的这篇文章变成一首诗，行吗？

生：行！

师：第一句，丁老师帮大家变出来。看，这句话，一起读——

生：夏日如火，忽见西北角，有黑云起。

师：文言文要变成七言诗啊，就是要把这句话变成七个字。我能不能把这句话全抄上去？

生：不能。

师：不能，我要有所选择，对吧？好，我有选择的哦，我选择了这些字（下划"夏日如火"）。读！（生读"夏日如火"）夏日如火，我接着用后面的句子可以吗？夏日如火西北角？不好！那我就这样（下划"黑云起"），怎么说？

生：夏日如火黑云起。

师：好的，第一句我已经把它写出来了：夏日如火黑云起。一共是四句话，刚才我们已经读到了那首诗，后面还有三句话，但是我们的文章总共只有五句话，你要从后面的四句话中选出三句，然后加字也可以，减字也可以，把它做成一首诗，可以吗？

生：可以！

师：能接受这个挑战吗？

生：能！

师：好，开始吧，把讲义拿出来。我已经给你们留出位置了。

（学生思考并写作诗歌，总共4分钟）

师：（巡视）看一看，哪一句是可以省略的，可以添加什么字。后面总共有四句话，四句话里你可以选择三句，然后改成诗歌，不是把全部都放进去。有些同学很聪明，一下子就写出了三句话。……我们做一回小诗人。以前做过诗吗？（生摇头）做过作文吗？（生摇头）作文也没做过？（笑）作文做过的，诗没做过，呵呵。作文和作诗，差别也不大。……（对一生）就差三个字了，是吧？（生点头）三个字，想一想（竖大拇

指)！……（查看一生作品，并竖大拇指）

师：好，已经有几个才思敏捷的小才子做出来了。其他同学先暂停一下，先听听他们做得怎么样，然后看看对你有没有启发。戴眼镜的女同学读一读。

生23：夏日如火黑云起，电光闪闪大风来。雷声隆隆大雨来，云散雨止天气晴。

师：她加了一个雨过天晴的天气晴。前面她把"大风来，大雨来"拆散了，用到诗句里去了。可以吗？来，这位男同学读一下！

生24：夏日如火黑云起，雷声隆隆大雨来。须臾云散雨也止，红日下蝉鸣树间。

师：最后一句怎么说来着？

生24：红日下蝉鸣树间。

师：红日下蝉鸣树间，听起来感觉不好，再改一改。但是前三句和我做的差不多。还有同学做好了吗？来，你来读一下。

生25：夏日如火黑云起，电光闪，雷声隆，大风大雨来，红日下，蝉树间。

师：听不懂。你做的这是日记还是诗啊？这像什么呢？你们到了高年级就会知道，你做成了"词"。"词"就是长短句。刚才这两位同学做得很好。老师给大家一点启发，你看看我是怎么做的。来，读！

生：电光闪闪，雷声隆隆……

师：有没有和我做得一样的？举下手！哎哟，高高地把手举起来，真了不起！看下面一句：大风来，大雨来。因为后面雨过天晴都写到了，所以这句就不要了，用下面一句。须臾，云散雨止。你看这句话有六个字，还要加一个字。刚才那位同学已经加了一个什么字？

生26：也。

师：还可以加什么字？须臾云散雨……？

生27：须臾云散雨停止。

师：加了个"停"，加动词不好。回家再给我想一想，毕竟才读三年级，认识的字还不多。我们看看老师是怎么加的（面向屏幕）。红日西下，

326

蝉鸣……在蝉鸣前面加一个字，可以吗？红日西下……加什么？唉，刚才有同学说出来了，红日西下，蝉……蝉是什么知道吗？

生：知道，是知了。

师：对，蝉又叫知了。红日西下……

生28：红日西下蝉鸣叫。

师：来，看看我做的，我们一起来把它读一下好吗？预备，起！

生：夏日如火黑云起，电光闪闪雷声隆，须臾云散雨亦止……（生读"亦"字有困难）

师：须臾云散雨亦止！

生：（跟师读）须臾云散雨亦止，红日西下听蝉鸣。

师：还可以吗？

生：还可以。

雨后池塘更向美

师：你看我们的汉语好玩吗？我们可以把文章变成诗，也可以把诗变成文章。因为我们从来没有进行过这种训练，所以变得不够好，但是已经有两位同学把它给写出来了，很不错！我们来看一看，雨后的池塘，是什么样的一种风景呢？请你来看一看第二篇文章，《雨后之池塘》，自己读一读。

生：（读课文）《雨后之池塘》：池塘中，多荷叶。雨后，荷叶上，有雨点。圆如珍珠，明如水晶。

师：题目叫《雨后之池塘》，这个"之"字，同学们要留意，今后你在读文言文的时候会经常看到文章里有这个"之"字（板书"之"）。猜一猜这个"之"字是什么意思？

生29："的"的意思。

师：完全正确。请你再读这篇文章，看看文章中还有什么地方可以加上"之"字。

生：（自读）

生30：可以在"雨后"的后面加。

师：你直接把你加的读出来！

生30：池塘中，多荷叶，雨后之荷叶上，有雨点，圆如珍珠，明如水晶。

师：请坐，加得不够妥当。（指另一生）来，你来！

生31：池塘之中多荷叶，雨之后，荷叶上有雨点，圆如珍珠，明如水晶。

师：他加了两个"之"，都可以的，很好！来，看老师加的……看到没有，我们一起把它读一下好吗？

生：（读）池塘之中多荷叶，雨之后，荷叶之上有雨点，圆之如珍珠，明之如水晶。

师：好的，再读一遍。"雨后之池塘，池塘之中多荷叶，雨之后，荷叶之上有雨点，圆之如珍珠，明之如水晶。"（领读）你看加上"之"和不加"之"有什么区别吗？

生32：加上"之"就变长了一样。

师：（笑）就多了几个字，是吧？加上和不加上，没有区别。在我们古文里，有时候这个"之"可以加也可以不加。加与不加就是找到一种感觉，好玩吗？我们的汉语，就像弹簧一样，可以拉长，也可以缩短。这个池塘之中，还有两种植物，一种是"菱"（幻灯片出示图片），见过吗？（生答"见过"）好像有一个同学说见过，菱在南方很多，你见过是吧？（指一男生）

生33：就是长得像牛头似的，把它的黑色的皮剥下来，里面是白色的。

师：白色的果肉是吧？吃过吗？

生33：吃过。

师：好吃吗？

生33：凑合。

师：好嘞，池塘中这种植物叫作"菱"，它长在水面上，叶子浮在水面上，开的是小白花，看到没有？菱有两种果实，一种果实像两只角，他刚才说得真好，像牛头，"如"牛头，如果用古文来写就是"其形如牛头"。还有的是四个角的。刚摘下来的菱是嫩红色的，剥开来就可以吃，老了，就要煮着吃。那么我们今天学的古文就是写"菱"的，来，跟老师一起读一遍：《菱》（领读课文：菱，种于池塘中；叶浮水面，先开小白花；其实有角，有两有四；嫩时剥食，味极甘美；老则煮而食之。）

师：写得很短，但把菱的花叶果实全写出来了。下次你如果到南方吃菱的时候，别忘了背这篇古文，好吗？

生：好！

师：我们还有一种池塘边上的植物（幻灯片显示芦花图片）。这个我们在北方看到过吗？来，读一下，《芦花》。

生：《芦花》（师领读课文：水滨多芦荻。秋日开花，一片白色。西风吹来，花飞如雪。）

师：你觉得哪句话写得最美？

生34：我觉得"花飞如雪"写得最美。

师：为什么？

生34：因为他写道，花一飞，就像雪一样，真的很美。

师：写出了那种动态，是吧？这花就像雪一样散开来。你呢？

生35：我觉得"一片白色"最美，因为白色像雪一样。

师：和他说的差不多。好的，我也认为这句最美。西风吹来，花飞如雪，你看文言的这种感觉多好！带着这种感觉，我们再把它读一遍，好吗？

生：（有感情地朗读）

师：今天我们就上到这里好吗？下课！

郭初阳《寻隐者不遇》 微课实录

寻隐者不遇

［唐］ 贾岛

松下问童子，
言师采药去。
只在此山中，
云深不知处。

很多人记得这首诗，是因为最后两句写出了日常生活的感受——啊呀，有一样东西知道明明就在房间里，可怎么找也找不到；或者有一个句子知道明明就写在这本书里，可怎么翻也翻不着——"只在此山中，云深不知处"啊！

题目叫《寻隐者不遇》，到底有没有这么一位隐者呢？答案是：有的。那么，有没有谁见过这位隐者呢？答案是：没有。读了这首诗，我们可以领悟一个简单而深刻的道理，用六个字来概括就是：存在，但不可见。

存在，但不可见。就像狐狸对小王子所说的：本质的东西，用眼是看不见的；只有用心才能看见。好，言归正传，让我们来到这首诗里面。

（图片1：提纲）

贾岛的这首诗，首先会带给我们一个疑问：寻隐者，为什么会不遇？

有两种可能。

第一种可能，是因为这一次寻访并没有约好时间。我们知道，农耕社

330

会里的人们，日出而作日落而息，不太讲究时间的精确；像机械钟这类计时器，要到明朝晚期才传入中国。这位唐代的诗人去拜访隐者，没有精确的时间约定，自然就遇不到了。

第二种可能，就像我们一开始所说的，因为这是一位真正的隐者，他远离尘嚣，甚至可能是超于尘世之上，普通人没有见过他，无论如何也找不到他。

刘备三顾茅庐，前两次都不遇；王子猷雪夜访戴，划了一夜的船，都已经到门口了又回来，同样是不遇；而诗歌里的这位隐者，比孔明、比戴逵更超然也更神秘。如果是第二种可能的话，那么，无论你去寻多少次，永远都是不遇的。

以上是寻隐者不遇的两种可能。

其次，要留意到，这首诗全是由对话组成，来来去去总共有三次问答，后面三句都是童子的回答。如果把当时的场景复原，可能是这样说的：

师父在吗——采药去了。

去哪儿采药了——喏，这座山上。

在山上的什么地方啊——哦，那我可不知道。

"松下问童子，言师采药去。只在此山中，云深不知处。"诗人"问"，童子"言"，五言绝句，二十个字里面，有四分之三是童子的声音。

最后要知道，一首好诗，就像一个设计得很精巧的谜语。诗句就是谜面，答案藏在里面，不是所有的人都能解得出。如果把这首诗当成一个谜语来猜，谜底也许不止一个。

我们来看，题目是《寻隐者不遇》，是不是就像题目所说的，真的没遇见？如果有的读者是这么认为的，那么就要被贾岛暗暗地嘲笑了。一个优秀的读者，是不会被作者瞒过去的。不遇？分明遇见了啊，你看，第一句里有松，第二句里有药，第三句里有山，第四句里有云。松、药、山、云，合在一起，隐者就在其中啊，隐者就在松下、药旁、山里、云间。诗人去寻找，就寻见了，对不对？贾岛和读者开了个玩笑，题目里的"不遇"只是虚晃一枪而已。

现在我要来揭晓第二个谜底，这个谜底啊，连诗人自己也不知道。杭州有一块很有名的三生石，上面刻着一个故事，李源的朋友圆泽，后来化身为一个牧童，与他在葛岭再次相遇。按照这个思路，诗人所寻访的隐者，没有隐藏，只是转化，化为什么呢？就化身为面前的这个童子，大大方方地和他说着话。

隐者施展了一个小小的花招，隐藏在背后的是一片柔情，可惜诗人竟然没有懂得。亲爱的读者，你读懂了吗？

张祖庆《穷人》 课堂实录

预热板块：课前谈话

师：我们来认识一个人（出示：莫言头像），他是谁？

生：他是莫言。

师：莫言是谁？

生：莫言就是 2012 年获得诺贝尔文学奖的中国作家。

师：看过莫言的书吗？

生：我看过《红高粱》。

师：好看吗？

生：好看。

师：为什么好看？

生：因为里边讲的农民非常辛勤地劳作，我看了非常敬佩！

师：莫言的代表作还有什么？

生：我好像听说过，莫言有一本书叫《酒国》。

生：还有一本叫什么《丰乳肥臀》。（众笑）

师：大家不要笑，这本书很精彩。再看一个人（出示：张艺谋头像），认识他吗？

生：张艺谋。

师：张艺谋是谁？

生：我知道他是导演，好像《印象西湖》是他导演的。

师：是的，他拍了一系列很不错的电影和印象系列。（出示：莫言和

333

张艺谋图像）张艺谋——莫言之间有什么关系，谁知道？

生：张艺谋导演的电影《红高粱》是根据莫言的小说《红高粱》改编的。

师：说得太对了！同学们，莫言的小说《红高粱》当初并不是很出名，张艺谋把它改编成电影，莫言的小说也一下子出名了。刚才这个同学说得很好，（出示：改编）改编让一件艺术品变成另外一件艺术品。无论是莫言的《红高粱》，还是张艺谋的《红高粱》，都是我们的精神财富。

师：上课！

第一板块：《穷人》溯源

师：同学们，大家再看一个人（出示：雨果头像）。他是法国大文豪维克多·雨果。大家对他有所了解吗？

生：我知道他的代表作有《笑面人》《悲惨世界》《巴黎圣母院》。

师：哎哟，你太了不起了！是的，雨果擅长写底层劳动人民。这又是谁（出示：列夫·托尔斯泰头像）？

生：他是列夫·托尔斯泰。

师：这两人有什么联系？（众多生举手）

生：我知道我们今天要上的《穷人》就是列夫·托尔斯泰根据雨果的一首诗改编的。

师：预习得很充分！是的，法国大文豪雨果写了一首叙事诗《可怜的人们》，列夫·托尔斯泰读到了这首诗，深受感动，于是，把诗改编成了小说，题为《穷人》。小说发表后，引起了很多人的共鸣，大家都被深深感动了。今天这堂课，我们就来研究两个问题：列夫·托尔斯泰为什么要把这首诗改写成小说？他是怎么把这首诗改写得那么精彩的？

师：大家都预习过课文，我来检查一下。《穷人》这篇文章写了几个穷人？

生：西蒙、渔夫、桑娜。

师：同学，你把很重要很重要的人给忘了呀！

生：桑娜家五个孩子和西蒙家两个孩子。

师：是啊，七个小生命，也是穷人啊！大家能用屏幕上这几个词语，把《穷人》这篇小说讲了什么事说出来吗？自己说说看。开始！

（学生自由说）

（课件出示）

桑娜　　　渔夫　　五个孩子

西蒙　　　　　　两个孩子

生：桑娜和渔夫有五个孩子，有一次桑娜在等待出海打鱼的丈夫归来的时候去探望邻居，发现西蒙去世了，她抱回了西蒙留下的两个孩子和自己的孩子睡在一起，渔夫得知后同意领养。

师：说得很好！同学们，读一篇小说，一般来说，我们要先了解一下小说里有哪些人物，然后想一想他们之间发生了什么事情，用简单的情节图，就把这篇小说的主要内容概括出来了。

第二板块：穷人真穷

师：同学们，都说《穷人》写得很精彩，可张老师读完了整篇小说，字里行间找不到一个"穷"字，这些穷人真的很穷吗？（生点头）那你是从什么地方读到的？请大家细读课文，从字里行间去捕捉"穷人"的"穷"。认真地想一想，哪些地方写出了穷人的"穷"？默读圈画，画出一处地方标上1，画出第二处标上一个2，标好了之后，选一处感悟最深的，做简单批注，然后小组分享，等会请同学上台交流。好，开始静静地默读。

（生静读圈画）

师：（生细读1分钟后）也许这"穷"字藏在某个词语中，也许这"穷"字藏在一个标点中，也许这"穷"字藏在一组对话中，也许这"穷"字藏在对环境的描写中，也许这"穷"字藏在某一处细节里。细细阅读，才会发现更多的东西。阅读，就是发现。

（生继续默读、圈画、批注，小组交流分享，大约7分钟）

师：好，现在谁愿意和大家分享，说说从哪些地方读到了穷人的"穷"？接下来，我们请一个同学到讲台上来当老师。（生拿书上台，师在其耳边说悄悄话十几秒后，坐到该生位置。）

生（小老师——以下简称小老师）：请问同学们，大家从哪里读出来了"穷"？请这位同学来回答一下。

生：我从第二段的第三句中看出他们很穷，因为课文说"丈夫不顾惜身体，冒着寒冷的风暴出去打鱼。她自己也从早到晚地干活，还只能勉强填饱肚子"。他们很辛苦，但是也只能勉强维持生活。

小老师：还有补充吗？

师：真好！一下子就上手了。

生：课文中说"不论冬夏都光着脚跑来跑去"，"光着脚"说明他们连买鞋子的钱都没有，而且吃的是"黑面包"，我了解到，黑面包不像白面包那样很软很好吃，它很硬，没有水的话，根本吃不下去。另外，课文中说"菜只有鱼"，渔夫天天去打鱼，但因为没钱买菜，只能吃鱼，可见他们很穷。

师：老师，我想抢话筒！有鱼的生活还穷吗？我家餐桌上经常见不到鱼。

生：课文中说"只有"，说明只能吃鱼，没有其他的菜，天天都得吃鱼。

师：每天都吃鱼，吃得都要吐为止，而且只能吃那些卖不出去的小鱼，是不是？我想请教小老师，课文第二段说"冒着寒冷和风暴出去打鱼"，我觉得可能是偶尔出去的吧？

生：谁来解答这位"同学"的问题？（全场爆笑）

小老师：据我这位沈老师的了解，在海上是经常起风暴的，而不是偶尔。

师：何以为证是经常起风暴的？你把课文语句找出来。

小老师：嗯，第一段就有。

师：我们回到第一段，好不好？你是继续上课还是把机会让给别的同学？

师：（小老师示意让）好，谢谢沈老师！谁愿意当老师？

小老师：我是郑老师，我希望下面找到的"穷"隐藏在环境描写中，而且要在那位沈老师提出的第一段的基础上面，能找到吗？（众笑）

生：第一段第二句，从"寒风呼啸，汹涌澎湃"能体现出外面环境很恶劣。

小老师：我说的是穷，不是环境恶劣，再想一下吧！

师：老师，我有意见！环境恶劣难道跟穷没有关系吗？

小老师：当然有关系啦！那个张祖庆同学啊（众笑），我没有说这个不跟穷有关系，我希望他能理解得更深一点。

师：谁能理解得更深一点？

生：请问郑老师，环境恶劣就代表丈夫可能冒着生命危险，请你就这个地方讲解一下，郑老师。

小老师：我要的就是这个答案。

师：好，郑老师，我想和你一起做老师。同学们，关注一下，这段对环境的描写有很多四个字的词语，你找到了吗？请你把它圈起来。（生圈画）

小老师：找到了吗？

生：寒风呼啸、汹涌澎湃、又黑又冷、干干净净、心惊肉跳。

师：我把这些词语摘录到屏幕上。

（课件出示）

寒风呼啸　又黑又冷

汹涌澎湃　波涛轰鸣

起着风暴　狂风怒吼

小老师：同学们先一起来读一读。（生齐读）

师：（问小老师）接下来的这段教学，我来好不好？如果你有新的补充，你可以上来。谢谢郑老师。（小老师回归位置）同学们，再一起读一读这些词语，一边读一边在脑子里浮现出这些词语所描写的画面。（生读）你分明看到了什么样的画面？你看到了——

生：天气非常恶劣，环境非常恶劣。

师：这不是画面，这是概括，你仿佛看到了怎样的具体的画面？

生：海浪拍击着礁石，溅起的浪花非常寒冷。

生：我仿佛看到了海浪打在沙滩上，溅起的浪花比人还要高。

师：溅起几丈的浪花，你说——

生：我看到了黑压压的天空中时不时地闪过几道闪电，海浪时不时地卷起了一条条水草。

师：同学们，这样的天气随时都有吞没生命的危险，而渔夫此时此刻正驾着一叶小舟在这样的惊涛巨浪当中颠簸着，这不正写出了穷人的"穷"吗？带着这样的画面，带着这样的体会，我们一起读读这段话。老师读黄色字体部分，同学读环境描写的句子。（师生深情朗读第一自然段）

师：今天的我们，读着这样的文字，也会感到心惊肉跳。亲爱的同学们，"穷"字藏在环境描写中啊！"穷"字还藏在什么地方？

生：我找的是第24自然段的，从渔夫说的"熬"字中，可以显现出他们的穷，如果富有的人家收养一个孩子是很简单的事，但是他们收养却是要"熬"过去的。

师：对他们来说，这就是煎熬。真好！你从一个"熬"字读懂了穷人的"穷"。

生：在第9段就说到"五个孩子已经够他受的了"，再加两个孩子就更够他受的了。

师：也就是说从一番心理描写中，你感受到她的"穷"，是吧？（生点头）还有没有其他地方写出了穷人的穷？

（生继续交流文本中的"穷"，从室内陈设、孩子们的穿着、寡妇睡的稻草铺、孩子们没有鞋子被子等角度发现穷人的"穷"，5位学生发言略。）

师：同学们，全文唯独有一个句子，只有四个字，能深刻地表现穷人的"穷"，却很容易被我们忽略。你能找到吗？它在文章的前四个自然段，谁找出来了？（生举手陆续多起来）

生：睡觉还早。

师：你找到的是——

生：睡觉还早。

（师问，生不断重复）

师：找到"睡觉还早"这四个字的同学，举手！（众多学生举手）同学们，从"睡觉还早"中，你发现了什么？

生：第二段说"古老的钟发哑地敲了十下，十一下……"证明已经都十一点多钟了，睡觉其实不早了。

师：只是十一点钟吗？

生：可能还会到十二点多，因为后面有一个省略号。

师：是啊，这一个个省略号仿佛就是一记记钟声在敲打着我们，表明时间至少是晚上十一点了。

生：这个时候，她还觉得"睡觉还早"，这就证明她可能每天都是十一点以后睡觉的。

师：可能到凌晨才睡觉。"睡觉还早"还让你想到什么？

生：从第二段也可以看出她从早到晚地干活，也就说明了"睡觉还早"。

师：从早到晚？我要说是"从早到早"，从今天早晨到第二天的凌晨，是不是"从早到早"？睡觉真的还早吗？（生摇头）好，我们一起读读表示时间不早的句子。

（课件出示）：

五个孩子正在海风呼啸声中安静地睡着。（第 1 自然段）

古老的钟发哑地敲了十下，十一下……始终不见丈夫回来。（第 2 自然段）

"我也不知道，大概是昨天。唉！她死得好惨啊！……"（第 23 自然段）

师：请大家关注这三句话，分明睡觉已经"不早"了。你看，第 23 段分明写的"大概是昨天"，可见她到凌晨才睡。同学们，桑娜只是这一天"睡觉还早"吗？（生摇头）她长年累月都是这样的！一起再读这四个字。（生读）"睡觉还早"，背后藏着多少意味深长的东西呀！这就是阅读，这就是发现！

（生齐读屏幕上的三句话）

师：同学们，我们回头总结一下这节课的收获。列夫·托尔斯泰改写雨果的叙事诗的时候，是通过对海上环境的描写，通过对人物忐忑的心理描写以及一些不经意间的细节描写进行的。通篇没有一个"穷"字，但是让我们感到"穷"无处不在，这就是大师经典作品的魅力！

第三板块：穷人不穷

师：同学们，通过第一课时的学习，我们从字里行间充分感受了穷人的"穷"。（板书：穷人真穷）穷人真穷，一起读！（生读）但是，如果这篇文章只让你读出了一个"穷"字，那就是托尔斯泰改写的失败，穷人身上不只有穷啊！请大家拿出作业纸，看到第一题。

（课件出示）

穷人虽然很穷很穷，但他们拥有（　　　　　　）。

师：阅读就是发现。静静默读，用心发现，也许你会读到以前没有留意到的东西。请大家边读边做批注（生默读、批注）。

师：（提醒）也许是一番对话，也许是一个动作，也许是一处细节，也许是一个标点，也许是环境描写，也许是内心独白，都能读到穷人身上很多很多的东西。

（生继续读，圈画，时间约5分钟）

师：好，开始交流！最好按照课文顺序来交流。当然也可以先说你觉得最有感触的地方。

生：我找到的是第八自然段，文中说"桑娜用头巾裹住睡着的孩子，把他们抱回家里，她的心跳得很厉害，自己也不知道为什么要这样做，但是觉得非这样做不可。她把这两个熟睡的孩子放在床上，让他们同自己的孩子睡在一起，又连忙把帐子拉好"。我觉得穷人虽穷，但是他们拥有有些富人都没有的善良。桑娜说她的心跳得很厉害，自己也不知道为什么要这样做，但是她的直觉告诉她，她应该这样做。

师："直觉"也就是一种"本能"，是不是？（生点头）请你把"善良"这个词写到黑板上"穷人"的下面。

生："她把这两个熟睡的孩子放在床上,让他们同自己的孩子睡在一起,又连忙把帐子拉好",我觉得这虽然是一个不经意的动作,但是她把西蒙的两个孩子当成了自己的孩子,决定用心去养他们。作为邻居,她觉得拯救两个生命义不容辞、责无旁贷。因为在她看来,这两个孩子毕竟也是生命里盛开的花朵。

师:说得真好!而且这两个孩子,是刚刚从死人旁边抱过来的,一般人都会忌讳的。但是桑娜没有这么想,救人的本能让她这么做。把孩子抱回来之后,桑娜经历了一番内心的挣扎。同学们,自己读一读这番话,让我们试着用朗读来走进桑娜的内心世界。(生自由读桑娜"忐忑不安"地想的那段话)

(课件出示)

桑娜脸色苍白,神情激动。她忐忑不安地想:"他会说什么呢?这是闹着玩的吗?自己的五个孩子已经够他受的了……是他来啦?……不,还没来!……为什么把他们抱过来啊?……他会揍我的!那也活该,我自作自受……嗯,揍我一顿也好!"

师:好,哪位同学愿意通过朗读走进此时此刻桑娜的内心世界?

(生读)

师:谁认为自己读得比她好?

(生读)

师:他刚才朗读的时候跟刚才那位同学有哪些细微的区别?

生:他省略号的地方停顿比较长,因为这是桑娜在思考,在思考把邻居家的孩子抱来会怎么样。

师:嗯,内心挣扎着,是不是?内心里也许有自责,也许还会有什么?

生:也许会有自责,也许会有担忧。

生:欣慰、害怕、恐惧。

师:是的。同学们,桑娜内心非常纠结。如果你刚才把声音放得低一些,也许会更好一些。我们一起来读一读。(师生齐读)从这番内心独白当中，我们读出了穷人的善良。请大家再回到课文，把目光聚焦到第一课时读过的对环境描写的句子，从这里，你又读到了穷人身上什么样的可贵精神？

生：我知道了这段话写出了桑娜非常勤劳，因为文中说"外面又黑又冷，这间渔家的小屋里却温暖而舒适。地扫得干干净净，炉子里的火还没有熄，食具在搁板上闪闪发亮"。写出了桑娜非常勤劳，把家里打理得干干净净。

师：请你把"勤劳"写在"善良"的边上。同学们，我们一起来读一读对屋内的描写。（生读）你觉得这个渔家小屋里除了这些，还可能会有什么？

生：还会有一张张渔网，一根根鱼竿，还可能会有腌鱼，还可能会有一张张破帆，在角落里织了网的蜘蛛。

师：同学们，作者为什么不写渔网，不写渔具，不写鱼竿，不写蜘蛛网，单单写"地扫得干干净净……"？再读。（生读句子）我们来看一看，"地扫得干干净净"写出了什么？

生：地面的干净。

师："炉子里的火还没有熄"，让人感觉到——

生：温暖。

师："食具在搁板上闪闪发亮"，除了干净之外，还让我们感觉到了什么？（生：明亮）这房间里还有那么一些明亮的东西。"五个孩子在海风呼啸声中安静地睡着"，又让人感觉那么——（生：温馨）。

师：同学们，桑娜的美好品质都体现在这一个个细小的地方。托尔斯泰抓住了"温暖而舒适"这个关键词，细细写来，没有一句多余的话，非常简洁地写出了女主人的美好品质。读着读着，我们又仿佛把这段话读成了这样一串词语——

（课件出示）

温暖舒适　　寒风呼啸　　又黑又冷
干干净净　　汹涌澎湃　　波涛轰鸣
炉火没熄　　海浪拍岸　　狂风怒吼

食具发亮　　起着风暴　　心惊肉跳

安静睡着

（课件屏幕左边红底黄字，温馨热烈；右边黑底白字，冰冷凄惨。左右对比强烈）

师：（指着屏幕，深情地）外面是那么冷，那么黑；小屋里是那么暖，那么亮，形成了鲜明的对比。这又是托尔斯泰写文章的高明之处。请大家再把这两幅画面还原到文字当中去，我们一起来读一读。

（生有感情地读第一段）

师：我们回过头去读第一段，又读到了很多很多。是啊，母亲身旁安静地睡着五个孩子，这又让我们想起了另一个母亲身旁睡着的两个孩子。我们再次把目光投注到西蒙死去后的场景描写，你一定会有新的发现。默读课文的第七自然段。想一想，这一段当中的哪些细节深深地触动了你的心灵？拿起笔画出来。

（课件出示）

屋子里没有生炉子，又潮湿又阴冷。桑娜举起马灯，想看看病人在什么地方。首先投入眼帘的是对着门的一张床，床上仰面躺着她的女邻居。她一动不动。桑娜把马灯举得更近一些，不错，是西蒙。她头往后仰着，冰冷发青的脸上显出死的宁静，一只苍白僵硬的手像要抓住什么似的，从稻草铺上垂下来。就在这死去的母亲旁边，睡着两个很小的孩子，都是卷头发，圆脸蛋，身上盖着旧衣服，蜷缩着身子，两个浅黄头发的小脑袋紧紧地靠在一起。显然，母亲在临死的时候，拿自己的衣服盖在他们身上，还用旧头巾包住他们的小脚。孩子呼吸均匀而平静，睡得正香甜。

师：好，我们来交流。通过重读，现在又发现哪些细节深深地触动着你的心？

生：我读到的是"睡着两个很小的孩子，都是卷头发，圆脸蛋，身上盖着旧衣服，蜷缩着身子，两个浅黄头发的小脑袋紧紧地靠在一起"。从"蜷缩"和"紧紧地靠在一起"，我可以读出这个屋子里面十分阴冷；母亲把自己的衣服和旧头巾盖在孩子们身上，可以看出他们家比桑娜家还要穷，他们连被子都没有。

师：你又一次发现了"穷"。

生：我能不能先给前面这位同学补充一下再说下去？她说"紧紧地靠在一起"，为什么要紧紧地靠在一起？因为他们太穷了，只能紧紧地靠在一起，要不然他们就活不下去。

生："显然，母亲在临死的时候，拿自己的衣服盖在他们身上，还用旧头巾包住他们的小脚。孩子呼吸均匀而平静，睡得正香甜。"这里的描写，说明母亲很爱自己的孩子，具有伟大的母爱。还有后面"孩子呼吸均匀而平静，睡得正香甜"。他们睡在稻草铺上，又盖着旧衣服，他们竟然还能睡得正香甜。

师：让你感到吃惊了！来，请在黑板上写下"伟大的母爱"的字样。这个伟大的母亲临死前的一个小动作，也许会带给你很多感动。

生：我也发现他们的屋子非常小，"首先投入眼帘的是对着门的一张床"，说明屋子特别小，对着门就是一张床，旁边就没什么家具了。但是，两个孩子非常温馨地靠在一起，呼吸非常均匀，睡得也非常香甜，说明他们感到非常温暖，没有什么异常。

师：也许母亲平时一直这样悉心照顾他们，他们才会这样适应。同学们，在这段话当中，张老师留意到一个细节。我们来看"冰冷发青的脸上显出死的宁静，一只苍白僵硬的手像要抓住什么似的"，你觉得这个母亲想要抓住什么？

生：母亲想要抓住自己的孩子，用自己的体温温暖自己的孩子。

生：想抓住两个孩子身上的旧衣服，让他们更温暖一些。

生：她还想抓住这些孩子，她想摸摸这些孩子，最后一次再摸摸他们，让他们更加幸福。

师：难道西蒙在临死前，就未曾想到过把孩子托付给桑娜吗？也许同学们没有深入地去想过这个问题。同学们，作为两个孩子的母亲，西蒙在临死前，一定愁肠百结。请大家用一段内心独白，描述西蒙临死前可能的心理活动。写的时候适当运用省略号。让我们一起走进这位了不起的母亲的内心世界。(学生书写)

(课件出示)

西蒙脸色苍白，神情黯然，望望身边躺着的两个孩子，内心充满着不舍、担忧与矛盾。她沉思着："_____。"

（写后，交流）

生：她望着身边躺着的这两个孩子，心里充满着不舍，但犹豫矛盾……她沉思着……"上帝呀，请不要带走我！……我还有两个可怜的孩子，我需要照顾他们……如果我死了，这个家该怎么办？希望有人会发现我的孩子领养他们……哎……邻居桑娜是个好人，如果她发现我的孩子一定会照顾好我的孩子们的。我这一生唯一放不下的就是我那两个孩子呀……"

师：是啊，这是母亲唯一的牵挂。

生："孩子们怎么办？……谁来照顾他们呀？可以把他们托付给桑娜一家吗？……不，不行！……桑娜一家的五个孩子已经让他们忙不过来了……我的孩子虽然不多，只有两个，但也是一个不小的负担……不，不能让他们这么小就跟着我去天国，我死了，到底该怎么办？"

师：母亲，在深深地担忧着。

生："我的病已经很重了，这两个年幼的孩子怎么办？……也许我可以把他们交给桑娜……哦，不行！她和渔夫要养五个孩子，再加上我的两个孩子，他们能熬过去吗？……让我再摸一摸你们的小脸蛋，你们一定要好好地活下去呀！"

师：这是母亲唯一能做的事情，默默地祝愿。

生："孩子啊，这是你们的妈妈最后一次看到你们了……下次……下次……我再也看不见你们了。如果我去了，你们将无家可归，我其实很想将你们托付给桑娜。可是……可是，我又不想给他们一家添麻烦，他们和我们一样穷。原谅我吧！原谅我这个无能的妈妈吧！"

师：妈妈的自责，令人心碎！

生："我就要离开人世，最放心不下的就是这两个孩子了，把他们托付给桑娜？……也许可以……不行！他们家也很穷！……他们不会收下的。我才是他们的亲生母亲啊！我应该在死的时候为这两个孩子做些什么？……我要用我的余温温暖这两个孩子，即使两个孩子活不下去，我也没什么好后悔的了。上帝保佑他们吧！阿门！"

师：同学们，西蒙在临死前一定是百感交集的，我们在读《穷人》这篇课文的时候，最容易忽略的就是这个可怜的母亲。其实，她爱孩子，也爱邻居——她多么希望邻居能收养她的孩子，但不愿意把负担转嫁给邻居。这个容易被忽略的穷人，同样非常了不起！她身上同样拥有——（师指黑板）

生：善良，勤劳，伟大的母爱。

师：同学们，在刚在的阅读中，我们通过对"孩子们安静而甜蜜地睡着"这两处描写，发现了穷人身上很多美好的东西。其实，文中还有很多处写孩子们睡觉的句子。（师生一起寻找课文中描写孩子们睡觉的句子。共找到 4 处），同学们，我们连起来将这四次写睡的内容再梳理一遍，再一次感受作者的匠心独运，（淡淡忧伤而温暖的背景音乐响起）再次走进这个温馨而动人的故事。

（课件出示）

海上正起着风暴，外面又黑又冷，这间渔家的小屋里却温暖而舒适……挂着白色帐子的床上，五个孩子正在海风呼啸声中安静地睡着。

就在这死去的母亲旁边，睡着两个很小的孩子，都是卷头发，圆脸蛋，身上盖着旧衣服，蜷缩着身子，两个浅黄头发的小脑袋紧紧地靠在一起。显然，母亲在临死的时候，拿自己的衣服盖在他们身上，还用旧头巾包住他们的小脚。孩子呼吸均匀而平静，睡得正香甜。

桑娜用头巾裹住睡着的孩子，把他们抱回家里……她把这两个熟睡的孩子放在床上，让他们同自己的孩子睡在一起，又连忙把帐子拉好。

"你瞧，他们在这里啦。"桑娜拉开了帐子。

（教师用低沉的声音，简述课文情景，在感人的音乐声中，引读文中描写"睡觉"的句子。）

师：同学们，读到现在，你们还说，这些穷人身上真的仅仅只有穷吗？

生：穷人不穷！（改写板书：穷人不穷）

346

第四板块：发现财富

师：读完这个催人泪下的故事，我想起了美国作家海明威说的话——

（课件出示）

贫穷的人往往富于仁慈。

——海明威

师：孩子们，让我们记住维克多·雨果写的长诗——

生：《可怜的人们》。

师：让我们记住列夫·托尔斯泰为我们改写的小说——

生：《穷人》。

师：他不但改编了叙事的文体，他还把题目给改掉了。你们认为题目用"穷人"好还是用"可怜的人们"更好？

生：我觉得《穷人》好，虽然穷人很穷，但他们不可怜。

生：前面那个美国作家说过了，穷人往往富于仁慈，虽然他们穷，但是他们不可怜，他们是真正高贵的人。

师：是啊，内心贫穷的人才是真正的穷人。托尔斯泰当时所处的社会，沙皇统治，贵族阶级道德败坏，贫苦农民却葆有高贵的精神。托尔斯泰看到社会现实，深有感触，于是将雨果的诗歌改写成了小说。当然，我们还要感谢把这个故事翻译成中文的翻译家草婴先生，是他最先把托尔斯泰的很多文章介绍给我们的。同学们，无论是维克多·雨果的创作，还是列夫·托尔斯泰的改写，还是草婴的翻译，他们都是用心创造财富。所以，我们在阅读这些文章的时候，要用心发现财富。经典的文字，就是财富，它们是永远的宝藏，常读常新。

师：让我们一起，用心发现财富！下课！

后 记

我在过去的几年中，因为偶有几次机会得以聆听那些名师的课，常常心潮不能平静，乃书写成一些文字来抒发我的观课感想。时间一长，竟也累积成一定规模。后来，在初阳君的推介和推动下，这些文字在江苏凤凰科学技术出版社积集出版，书名为"带着思想去评课"。

出版之后，因为对其中的文章不满意，我宣布"不再评课"。孰料之后又忍不住手痒，陆续写了一些。在长江文艺出版社雯雯姑娘的不断鼓励下，有了重整旗鼓的念头，于是，撤换了原书中不够成熟的几篇习作，同时增补了近几年新写作的一些课堂评述，并给这本书冠以新的名称——仿佛是一瓶过期的老酒，经过了勾兑，贴上了新的标签，又可以招摇过市了。

遗憾的是，凭我的才情和学识，无论是陈酒还是新酒，都不能使之成为好酒。在此次新版中，篇目的增删调整未必表明我的思想进步了，恰恰相反，这正是我思想守旧的一种表现。新增的课评，未必就是优秀的；而删除的几篇，也并非因为课例不合适，只是我觉得自己的文字太粗陋，思想不到位，心虚而不敢再示人罢了。——然而这样做仍然不得人心。

只能怪我自己。

王小庆
2022 年 4 月

图书在版编目（CIP）数据

评课到底评什么：王小庆评析名师课堂 / 王小庆著
. —武汉：长江文艺出版社，2022.10(2023.4 重印)
（大教育书系）
ISBN 978-7-5702-2775-4

Ⅰ . ①评… Ⅱ . ①王… Ⅲ . ①小学语文课－课堂教学
－教学研究 Ⅳ . ①G623.202

中国版本图书馆 CIP 数据核字(2022)第 123543 号

评课到底评什么 ：王小庆评析名师课堂
PINGKE DAODI PING SHENME : WANG XIAOQING PINGXI MINGSHI
KETANG

责任编辑：王雯雯　　　　　　　　　责任校对：毛季慧
封面设计：胡冰倩　　　　　　　　　责任印制：邱　莉　王光兴

出版：长江出版传媒　　长江文艺出版社
地址：武汉市雄楚大街 268 号　　　邮编：430070
发行：长江文艺出版社
http://www.cjlap.com
印刷：武汉中科兴业印务有限公司

开本：720 毫米×1020 毫米　　1/16　　　印张：22.5　　插页：1 页
版次：2022 年 10 月第 1 版　　　2023 年 4 月第 2 次印刷
字数：301 千字

定价：49.80 元
